김상택 교수의 경제원론 첫걸음

쉽게 배우는
경제학⁺

김상택 교수의 경제원론 첫걸음

시장에서는 지시나 강요가 없어도 수많은 상품들이
필요한 시간과 장소에서 어김없이 거래된다.
경제학의 제1원칙 '보이지 않는 손'의 힘이다.
애덤 스미스의 보이지 않는 손의 진짜 의미부터
통화량과 국내 경기 동향의 상관관계까지
알듯 모를 듯 우리를 답답하게 했던 경제학에 대한
궁금증은 이제 시원하게 해소된다.
경제를 알면 대학에 진학할지, 돈을 벌지,
저축은 얼마나 해야 할지, 세금이나 연금은
어떻게 해야할지 등 우리 일상생활의 선택을 좀 더
쉽게 할 수 있다. 바로 우리 생활 자체인
경제학 공부, 지금 당장 시작하자.

쉽게 배우는 경제학⁺

민음인

머리말

 골프 천재 타이거 우즈의 하루는 잔디에서 시작해서 잔디에서 끝난다. 그만큼 타이거 우즈는 잔디에 대해 잘 아는데, 정작 그의 집 잔디는 왜 엉뚱한 '칠득이'가 깎고 있을까? 타이거 우즈가 깎는 것이 더 낫지 않을까? 직장 상사에게 야단을 맞은 부하 직원은 "그렇게 잘하면 자기가 하지, 왜 나를 시켜!"라고 투덜댄다. 과연 상사가 부하 직원의 일을 하는 것이 맞을까?

 일상생활 속에는 호기심을 자극하는 경제 문제들이 가득하다. 개미와 베짱이 얘기를 떠올려 보자. 개미는 여름내 열심히 일한다. 하지만 빈둥거리던 베짱이는 겨울이면 고달프다. 여기서 우리는 '성실'하게 살아야 한다고 배운다. 하지만 또 다른 중요한 문제가 있다. 겨울이 되어 베짱이가 어려워지면, 개미가 베짱이를 과연 도와야 할까? 돕는다면 어디까지 도와야 할까? 이 책 속에 그 해답이 있다.

 열심히 일하기는 마찬가지인데, 왜 유명한 영화배우나 운동선수들은 상대적으로 소득이 높을까? 개나 고양이 같은 애완동물은 너무 많아서 걱정인데, 왜 야생 동물은 너무 적어서 걱정일까? 직장에서 영어를 얼마나 사용한다고 많은 사람들이 영어 공부에 매달리는 걸까? 실수로 영화 표를 잃어버렸다면 다시 사는 것이 나을까? 그냥 집으로 돌아갈까? 물론 이 책이 답을 알려 줄 것이다.

대학에 진학할지 취직을 할지, 취직을 했다면 월급에서 얼마나 저축해야 할지도 고민이다. 물론 저축한 돈을 어디에 투자해야 할지도 골칫거리다. 이런 결정을 하는 데 경제 원칙만큼 잘 맞는 열쇠가 있을까? 정부의 경제 정책도 마찬가지다. 세금이나 연금은 어떻게 결정될까? 이런 문제들의 해답을 안다면 좀 더 훌륭한 노후 대책도 마련할 수 있을 것이다.

이 책을 읽는 이가 학생일지 회사원이나 사업가일지 아니면 정부의 관계자일지는 알 수 없다. 또 경제에 대해서 얼마나 알고 있는지도 모른다. 하지만 누가 어디서 읽든 이 책을 통해 경제를 재미있게 이해할 수 있기를 바란다.

책의 구성

『쉽게 배우는 경제학 플러스』는 다양한 일상생활 속의 사례를 통해서 경제의 원칙을 설명한다. 1부에서는 골동품을 갖고 있다가 헐값에 팔아 버린 시골 할머니의 사례를 통해서 시장의 힘을 설명한다. 또 이런 시장의 힘을 역행하는 정부의 개입이 어떤 부작용을 낳는지 2부에서 설명한다. 옛 소련에서는 긴 줄을 보면 많은 사람들이 반가워하며 그 뒤에 줄을 섰다고 한다. 정부의 잘못된 개입은 이런 이상한 일을 초래할 수도 있다는 것을 설명한다. 재산권이 시장에 어떤 영향을 미치는지는 법률과 경제생활의 관계를 통하여 알아본다.

　3부는 열심히 일한 개미가 게으른 베짱이를 도와야 하는지를 놓고 공평한 분배와 공공 정책에 대해서 설명한다. 눈에 보이지 않기 때문에 많은 사람들이 고려하지 않는 비용을 4부에서 소개한다. 반대로 눈에는 보이지만, 고려하지 않는 것이 더 좋은 비용도 영화 표의 사례를 통해 설명한다. 이를 통해 이윤을 추구하는 기업들이 어떻게 소비자를 대하는지도 살펴본다.

　5부에서는 명품이 비싼 이유를 발견할 수 있다. 또 공부방에서 아이들이 정말 공부하는지 궁금한 부모님들의 사례를 통해서 도덕적 해이에 대해서 분석한다. 6부는 게임 이론을 정리한다. 게임 이론은 우리가 평소에 즐기는 장기나 바둑 같은 게임에서부터, 개인이나 기업 간의 경쟁 상황에 이르기까지 다양하게 적용된다. 연인 간의 데이트 장소 정하기에서부터, 조직 폭력배들의 심문 과정까지 다양한 게임을 통해서 좋은 전략이 무엇인지 알아본다.

　열심히 일하는 사람들은 많은데, 부자가 되는 사람들은 적을 수밖에 없는 이유를 7부에서 다룬다. 유명한 운동선수나 연예인들은 하는 일에 비해서 왜 그렇게 돈을 많이 버는지를 설명한다. 또 사람들이 돈 버는 방법을 분류해 보고, 개인적으로나 국가적으로 바람직한 돈 버는 방법을 소개한다. 마지막으로 직장이나 채용 시장에서 벌어지고 있는 차별을 어떻게 막을 수 있는지 생각해 본다.

　8부부터는 거시 경제학에 대해 설명하고 있다. 먼저 8부는 국가 경제가 얼마나 좋은 상태인지를 알 수 있는 경제 지표를 다루고 있다. 정부에서는 물가가 오르지 않았다고 하는데, 왜 그렇게 느끼기 힘든지를 설명한다. 경기가 미래에 호황일지 아닐지를 어떻게 구분하는지도 생각해 본다. 9부에서는 실물 경제를 다루고 있다. 경제가 '성장'해서 모두가 잘 살게 되려면 어떻게 해야 하는지를 설명한다. 잘 사는 방법은 국가뿐 아니라, 개인적으로도 같은 원칙이 통한다. 시장은 효율적이어서 일확천금을 바라기 보다는 인류가 발견한 가장 위대한 원칙 중 하나인 복리의 힘을 이용하는 것이 국가건 개인이건 좋다고 이야기한다.

마지막 10부에서는 한국은행이 돈을 더 인쇄하거나 태워 버리면 우리 경제가 어떻게 되는지를 다루고 있다. 물론 한국은행이 돈을 실제로 태워 버리지는 않을 것이나, 이를 통하여 금융 정책의 설명이 가능하다. 에필로그에서는 이 책에서 설명하고 있는 경제학의 큰 흐름을 설명한다. 즉 시장 경제의 역할과 시장 실패에 대해서 요약 설명한다.

감사의 말씀

원래 이 책은 KBS 1 라디오의 「성기영의 경제투데이」에서 방송된 '쉽게 배우는 경제원론'의 원고를 이용하여 작성되었다. 칠판을 사용할 수 없는 라디오라는 특수 상황에서도 경제학을 편안하게 이해할 수 있도록 작성된 원고였다. 그런 과정이 쉽지만은 않았지만, 청취자들의 성원이 큰 힘이 되었음은 두말할 나위가 없다.

출판을 맡아준 민음인과 민음인의 편집부 직원들에게 심심한 감사의 마음을 전한다. 특히, 김혜원 씨와 서은미 씨는 책의 품질을 높이는 데 큰 도움을 주었다. 이 책의 개정판 원고는 스티븐 와일드먼 Steven S. Wildman 교수님의 초청으로 방문한 미국 미시간 주립대학교

Michigan State University에서 연구년 중에 작성되었다. 환대해 준 와일드먼 교수님, 최재필 교수님 그리고 바우어 Johannes Bauer 교수님에게 감사의 마음을 전한다. 연구년 기간 중 재정적인 지원을 아끼지 않았던 연암문화재단의 도움에도 심심한 감사의 뜻을 전한다.

'쉽게 배우는 경제원론'이 방송되는 동안, KBS 1 라디오에서 좋은 조언을 아끼지 않았던 김영준 부장, 최봉현 PD, 하석필 PD, 그리고 강성민 PD에게 감사드린다. 그리고 더 좋은 표현을 찾기 위해서 많은 노력을 기울인 김수진 작가와 좋은 멘트를 통해서 방송의 품질을 높였던 성기영 앵커에게 감사의 마음을 표한다. 마지막으로 존경하는 양가 부모님과 아내 그리고 주어진 일에 늘 노력하는 아들 동평과 딸 지희에게 사랑을 보낸다.

2010년 2월 17일
지희의 생일에 저자 김상택

| 목차 |　　　　머리말

제1부　시장의 원리
1　보이지 않는 손　　　　15
2　자유 거래, 모두에게 이롭다　　　　23
3　시장은 균형을 원한다　　　　37
4　탄력적인 것이 자유롭다　　　　45
5　첫사랑이 가장 달콤한 이유　　　　52

제2부　'효율성'으로 가는 길
6　경제 효율성, 어떻게 측정할까?　　　　63
7　'보이는 손'의 부작용　　　　71
8　최저 임금제의 족쇄　　　　80
9　경제생활의 틀, 법률　　　　91

제3부　공공경제학
10　큰 정부, 작은 정부　　　　103
11　개미와 베짱이의 경제학　　　　117
12　공유자원의 비극　　　　125
13　소수의 큰 목소리　　　　133

제4부　기업과 시장
14　보이지 않는 비용 찾기　　　　145
15　건강한 경제의 청사진　　　　153
16　모든 기업의 꿈　　　　164
17　세일의 경제학　　　　173
18　클수록 좋다　　　　184

제5부　정보 경제학
19　명품을 찾는 이유　　　　195

	20 시장엔 나쁜 중고차만 남는다	203
	21 도덕적 해이	213

제6부 게임 이론

22 게임 속에 숨은 경제 이야기 225
23 용의자의 딜레마 233
24 반복 게임 241
25 신뢰가 중요한 이유 250

제7부 노동 경제학

26 부자가 되기 위하여 265
27 슈퍼스타와 소득 격차 276
28 왜 명문대에 가고 싶어 할까? 284

제8부 거시 경제학과 경제 지표

29 경제 지표의 허와 실 293
30 인플레이션이 무섭지 않은 이유 310

제9부 실물 경제

31 성장이냐? 분배냐? 323
32 복리의 힘과 효율적 시장 335
33 투자의 정석 346
34 이자율과 경기 부양 357

제10부 통화량과 물가

35 화폐 공급과 물가 371
36 통화량과 신용 창조 383

에필로그

제1부

시장의 원리

1
보이지 않는 손
경제학의 첫째 원칙

시장에서는 누가 지시하거나 가르쳐 주지 않아도
수많은 상품들이 필요한 시간과 장소에서 어김없이 거래된다.
'보이지 않는 손'의 힘이다.

시간이 지나도 변하지 않는 원칙들이 있다. 경제학에도 여러 가지 원칙이 있는데, 일반적으로 우리가 잘 알고 있는 것은 '세상에 공짜는 없다.' '사람들은 경제적 유인에 따라 움직인다.' '시중에 돈이 늘어나면 물가가 오른다.'와 같은 것들이다.

수많은 경제학의 원칙 중에서 첫 번째로 꼽을 수 있는 원칙은 무엇일까? 그것은 경제학의 대부 애덤 스미스가 얘기한 '보이지 않는 손'이다. 마술과도 같은 보이지 않는 손의 행위는 경제학이 발견한 원칙 중에서 가장 중요한 원칙이다.

보이지 않는 손 — 시장의 힘

세상에 존재하는 상품의 수는 셀 수 없이 많다. 지금도 무수히 많은 상품들이 끊임없이 생산되고 있으며 이 상품들은 다양한 소비자들에 의해 사용된다. 소비자들은 원하는 시간에 원하는 장소에서 원하는 물건을 살 수 있다. 누군가가 시킨 것도 아닌데 물건을 생산, 분배, 판매하는 과정이 질서 정연하게 이루어지고 있는 것이다.

과거에 필자가 예비군 훈련을 받을 때의 일이다. 한여름에 훈련의 일환으로 산에 올랐다. 땀이 줄줄 흘러내렸고 숨도 차고 목도 말랐다. 마음속으로 시원한 음료수나 에어컨을 상상하면서 산 정상에 도착했는데 신기하게도 한 아주머니가 시원한 음료수를 팔고 있었다. 그때 마신 음료수의 시원한 느낌은 아직도 생생하다. 물론 음료수의 가격은 만만치 않았다.

그곳에 음료수를 가져다 놓으라고 누가 시킨 것도 아닌데, 아주머니는 필요한 시간과 장소에서 물건을 팔고 있었다. 만약 회사에서 직장 상사가 부하 직원인 아주머니에게 음료수를 들고 산꼭대기로 가서 팔라고 했다면 어떠했을까? 아주머니는 몹시 불평했을 것이다. 산꼭대기에서 누가 사 먹겠냐고 불평할 것이고, 사 먹을 사람들이 있다고 해도 힘든 일을 시킨다며 불평할지 모른다. 따지고 보면 상사 입장에서도 그런 일을 꼼꼼하게 지시하는 것은 결코 쉽지 않을 것이다. 수많은 예비군 훈련장을 조사해야 하고 예비군들이 산에 올라가는 시간도 조사해야 하기 때문이다. 게다가 일을 해야 하는 아주머니의 불평도 감수해야 한다. 물론 얼마를 받으라고 가격까지 지시해야 한다. 이렇게 복잡해질 수도 있는 일이지만 시장 경제에서는 너무도 자연스럽게 일어나는 현상이다.

졸업식장 앞에는 어김없이 꽃다발 장수들이 몰려들고, 유명 가수의 공연장 앞에는 노점상들이 즐비하다. 막히는 도로에는 어김없이 음료수나 먹을거리를 판매하는 노점상들이 나타난다. 사람들이 무엇

인가 필요하다고 느끼는 곳이면 틀림없이 상인들이 먼저 그 필요에 맞는 물건을 가지고 와서 기다린다. 이렇게 필요한 상품을 만들고, 필요한 곳으로 옮겨 주는 시장의 힘을 '보이지 않는 손'이라고 한다

보이지 않는 손의 또 다른 힘

예를 들어 보자. 동해안에서 명태가 잘 잡히지 않는다고 하자. 그러면 시장에 출하되는 명태는 과거보다 줄어들게 될 것이다. 명태가 귀해지면 어떤 일이 일어날까? 당연히 명태의 가격이 올라갈 것이다. 명태의 가격이 올라가면 소비자들은 누가 시키지 않아도 명태를 과거보다 덜 먹을 것이다. 흔했을 때는 가격이 저렴해서 많은 사람들이

먹을 수 있었던 명태가 귀해지면서 가격이 오르고 귀한 만큼 아껴 먹게 된 것이다. 바로 보이지 않는 손이 귀해진 물건을 아껴 쓰도록 한 것이다.

『생활 속의 경제 원리』에 나오는 예를 응용해서 살펴보자. 여행 중이던 골동품 전문가가 할머니 한 분이 불쏘시개로 쓰려고 부엌 아궁이 앞에 놓아 둔 책을 발견했다. 책은 모두 두 권이었는데 한 권은 이미 거의 없어졌고, 다른 한 권은 온전했다. 그 책은 문화유산으로서 가치가 아주 큰 책이었다. 1억 원 정도 값이 나갈 책이라고 가정하자.

골동품 전문가는 할머니에게 책을 팔라고 권유했다. 할머니는 불쏘시개로 쓰려던 것을 얼마에 팔아야 할지 생각하다가, 인정상 돈을 받기도 뭣해서 그냥 가져가라고 했다. 당신이 이 골동품 전문가라면 어떻게 하겠는가? 그냥 책을 갖고 올까? 아니면 양심에 걸리니 약간의 돈을 지불할까? 그것도 아니면 1억 원을 모두 주고 사 올까?

경제학적인 관점에서 본다면, 할머니에게 이 책의 가치는 불쏘시개에 불과했으므로 그냥 가져온다고 해도 문제될 것은 없다. 너무 야박하게 들리는가? 그렇게 생각하는 사람이라면 어느 정도의 금액을 할머니에게 드렸을 것이다. 하지만 그 돈은 마음의 평안을 위한 대가이지 할머니에게 책값을 제대로 치른 것은 아니다.

어찌 됐건 할머니가 얼마 후에 텔레비전을 보다가 그 책이 1억 원 정도 했다는 사실을 알았다고 하자. 할머니는 참 억울할 것이다. 많은 사람들이 할머니를 동정할 것이고, 책을 싸게 가져간 사람을 욕할지도 모른다. 만약 사람들의 이런 심리를 반영해서 거저 얻은 물건을 주인에게 돌려주도록 하는 법을 만든다면 어떨까? 이 할머니는 책을 돌려받을 테니 더 이상 억울하지는 않을 것이다. 법은 원래의 목적을 달성하는 것이지만 시장의 힘을 거스른 것이다. 그래서 이런 법에는 큰 부작용이 있다.

귀중한 문화유산인 골동품들이 세상에서 사라지는 부작용이다. 왜 그런지 살펴보자. 골동품을 소유하고 있는 또 다른 할머니들이 있다고 하자. 과연 그 할머니들은 앞의 할머니처럼 골동품을 제값대로 받고 팔 수 있을까? 그렇지 못할 가능성이 클 것이다.

왜 그럴까? 골동품 주인은 시골 할머니지만 그것을 발견한 사람은 골동품 전문가이다. 그런데 법이 통과된 이상, 골동품 전문가들은 스스로 골동품을 캐내기 전에는 골동품을 발견해도 더 이상 아무런 혜택이 없다. 발견해도 싸게 샀다면 법대로 원래의 주인에게 돌려줘야 하기 때문이다. 전문가들은 골동품을 발견하려는 노력을 덜 하게 될 것이고 결국 골동품들은 더 이상 발견되기 어려울 것이다. 그렇게 된다면 앞에서 얘기한 1억 원짜리 책은 아마도 불쏘시개가 되어 이 세상에서 영영 사라질 수도 있다.

다시 말하면 책을 돌려주는 법을 만든다면 그 부작용으로 귀하게 보존돼야 할 골동품이 세상에서 더 빨리 사라지게 될 수도 있다. 이처럼 시장의 힘, 또는 보이지 않는 손은 귀한 물건을 보존하는 역할까지 수행한다.

자신의 이익을 위해서 행동하면 모두에게 좋다

"자신의 이익을 위해서 행동하면 모두에게 좋은 결과가 나온다."라는 얘기는 경제학자 애덤 스미스가 발견한 원칙이다. 보이지 않는 손에 대한 설명이기도 한 이 얘기는 '애덤 스미스의 역설'이라고 한다.

말 그대로 역설적인 이야기이다. 사람들이 이기적으로 행동하는

데 이 행동들이 모이면 모두에게 가장 좋은 결과가 생긴다니 말이다. 우리는 흔히 어떤 사람이 이기적이어서 일이 잘못됐다고 말한다. 또 특정 집단이 이기적이어서 사회가 나빠진다고 말한다. 그런데 애덤 스미스는 이기적으로 행동하는 사람들과 시장의 힘이 만나면 바람직한 결과가 나온다고 설명한다.

그런데 실제로 현실에서도 애덤 스미스의 말처럼 농민들이나 정육점 주인, 빵 만드는 사람들의 자비심 때문이 아니라, 그들이 자신의 이익을 챙기는 과정에서 식량이 생긴다. 우리는 그들의 인정에 호소하는 것이 아니라, 반대로 그들의 이기심에 호소해서 먹을거리를 마련하는 것이다. 다른 사람이 필요한 것을 충족시킴으로써 자신의 이익을 추구하게 될 때 좋은 결과가 예상된다는 것이다.

보이지 않는 손과 공산주의의 몰락

역사적으로 볼 때, 공산권 국가들은 사람들의 이기적인 마음과 보이지 않는 손의 힘을 무시했다. 대신 사람들이 서로 협력하면 모두가 잘살게 된다고 생각했다. 특히 일할 능력이 없는 사람들을 위해서 함께 만든 물건을 나눠 쓰도록 했다. 그리고 자신의 이익만을 위해서 노력하는 것을 죄악시했다. 결과는 어땠을까? 잘 알려진 대로 공산주의는 몰락했다. 왜 그렇게 됐는지는 간단하다. 앞서 얘기했듯이 공산주의는 사람들이 같이 협력해서 생산하고 나눠 쓰는 사회이다. 사람들이 서로 협력하면 모두가 잘 살게 된다고 믿었으므로 처음에는 많은 사람들이 열심히 일하고 나눠 썼을 것이다. 그런데 일하지 않는 사람도 일하는 사람과 똑같은 대접을 받는다는 사실을 점차 깨달게 되고, 그 뒤에는 열심히 일하던 사람들 중에 억울한 생각이 드는 사람도 생길 것이다. 이렇게 수십 년이 지나면 일하지 않는 것이 유리하다는 것을 더 많은 사람들이 깨달을 것이다. 일종의 학습 효과가 발생한 것이다. 그래서 점점 더 많은 사람들이 꾀병을 앓고 게을러지는 것이다. 이런 사람들이 많아진 사회의 효율성이 높을 리 없다.

공산주의 정부도 바보는 아니다. 정신 교육이나 벌칙 등으로 이런 행위를 막아 보려 했으나 그것으로는 역부족이었다. 북한의 '천리마 운동', '새벽별 보기 운동'이나 구 소련의 '뉴 소비에트 맨New Soviet Man 운동'은 사람들이 열심히 일하도록 하기 위한 정신 운동이었다. 하지만, 별 소용이 없었다. 시간이 지날수록 백약이 무효하여 비능률적인 경제가 되고 물질적으로 부족해진 것이다. 결정적으로 소유에 대한 개념이 없다 보니, 사회 전체가 뇌물이 판치는 부패한 사회로 변질되고 만 것이다. 보이지 않는 손과 이기적인 마음이 만병통치약은 아니지만, 적절히 활용하지 않고 무시하면 문제가 발생하는 것이다.

반면에 시장 경제 체제는 보이지 않는 손과 이기심을 이해하고 활용했다. 사람들에게 자신을 위해서 열심히 일해야 한다고 강조했다. 보이지 않는 손의 원칙이 적용되면서 사람들은 열심히 일하지 않으면 이익이 없다는 것을 자연스럽게 깨달았다. 그 결과 산 정상에서 음료수를 팔고 에스키모에게도 냉장고를 팔게 된 것이다. 사람들이 열심히 일하다 보니 물질적으로 여유가 생기면서 어려운 사람들을 위해 기부하는 문화까지 생겨났다.

사람들의 이기심을 이용한 시장의 힘 덕에 시장 경제 체제가 공산주의 체제에 승리했다고 볼 수 있다. 그래서 이제 중국 같은 공산주의 국가들도 이를 활용하기 위해 시장 경제 체제를 도입하고 있다.

보이지 않는 손이 '만능'은 아니다 — 시장의 실패

물론 이 원칙이 만능은 아니다. 만능이었다면 경제학이라는 학문은 더 이상 존재하지 않을 것이다. 보이지 않는 손이 잘못 작동하는 경우도 있는데 이런 경우를 '시장의 실패'라고 한다. 예를 들면 시장에 독점 기업이 존재할 때는 보이지 않는 손이 좋지 않은 결과를 가져올 수 있다. 독점 기업은 경쟁이 없다는 사실을 이용해서 소비자에게 해를 끼칠 가능성도 있다. 그래서 정부 규제나 인위적인 경쟁 도입 등의 방법을 동원하게 되는 것이다.

또 다른 시장의 실패는 '정보의 비대칭성'이다. 어떤 사람이 알고 있는 것을 다른 사람이 모른다면, 아는 사람에게만 유리한 결과가 나타날 수 있다. '정보 격차Digital Divide'라고 부르는 현상과도 관련이 깊다. 지식과 정보의 습득이 용이한 선진국이나 고소득층에 비해 상대적으로 열악한 조건에 있는 후진국이나 저소득층의 경우, 정보 격차로 인해 소득 격차가 더욱 심화되고 국가 간, 계층 간 차이와 분리가 커져 심각한 문제로 발전할 수 있다.

이 밖에도 '외부 효과'나 '공공재' 등은 시장 실패의 사례다. 이에 관한 자세한 내용은 뒤에서 다시 다루기로 하자.

2
자유 거래, 모두에게 이롭다
비교 우위와 수요

한 나라가 다른 나라에 비해 모든 면에서 앞선 기술을 보유하더라도
자유 무역을 하면 두 나라 모두 이익을 볼 수 있다.
이것이 '비교 우위'의 원칙이다.

비교 우위의 원칙은 자유 거래가 모든 사람에게 이롭다는 것을 보여 준다. 자유 거래가 어떻게 모든 사람을 이롭게 하는 것일까? 이 장에서는 자유 거래의 원리와 분배 방법을 알아본다.

자유 거래는 모두에게 이롭다

앞에서 '보이지 않는 손'을 통해서 자유롭게 거래가 이루어지는 시장의 힘을 무시해서는 안 된다는 것을 배웠다. 그런데 누구라도 거래만 하면 이로울까? 아니면 거래해서 이득이 생기는 사람은 따로 있을까?

『맨큐의 경제학』에 언급된 골프 천재 타이거 우즈의 사례를 응용해서 보자. 우즈는 어렸을 때부터 많은 시간을 잔디 위에서 보냈다.

물론 운동 신경도 뛰어났겠지만, 많은 시간과 노력을 골프에 투자했기 때문에 세계 최고의 골프 선수가 되었을 것이다. 만약 운동 신경도 뛰어나고 잔디까지 잘 아는 우즈가 자기 집 잔디를 깎는다면 어떨까? 아마도 매우 잘 깎지 않을까? 한두 시간이면 집 앞의 잔디를 모두 깎을 수 있다고 하자. 반면 옆집에 사는 칠득이가 잔디를 깎는 데는 여덟 시간 정도 걸렸다고 하자. 누가 잔디를 깎아야 할까?

많은 사람들이 타이거 우즈가 깎아야 한다고 주장할지 모른다. 만약 그렇게 주장하고 싶다면, 타이거 우즈가 잔디를 깎는 두 시간 동안 할 수 있는 일을 생각해 보라. 타이거 우즈는 잔디를 깎는 두 시간 동안 나이키 광고에 출연할 수 있다. 출연료로 1000만 원을 받을 수 있다고 가정하자. 물론 칠득이도 잔디 깎는 일 대신에 할 일은 있다. 맥도널드에서 일하는 것이다. 칠득이는 맥도널드에서 여덟 시간 동안 일해서 3만 원을 벌 수 있다고 하자.

타이거 우즈는 잔디를 깎는 두 시간 동안 광고에 출연해서 1000만 원을 벌 수 있다. 우즈가 잔디를 깎게 되었을 때 포기한 금액이 1000만 원이라는 얘기다. 반면에 칠득이가 잔디를 깎느라고 포기한 금액은 3만 원이다.(이렇게 무엇을 선택하는 대신 포기한 것을 '기회비용'이라고 한다.)

그렇다면 타이거 우즈가 광고에 출연해서 1000만 원을 벌고, 칠득이는 잔디를 깎아 주는 대가를 타이거 우즈에게서 받는다면 어떨까? 많은 사람들이 타당한 방법이라는 데 동의할 것이다. 칠득이가 잔디 깎는 대가로 타이거 우즈에게 5만 원을 받는다면, 타이거 우즈는 995만 원의 수입이 생기는 셈이고 칠득이는 맥도널드에서 일할 때보다 소득이 2만 원 더 늘어나게 되어 총 5만 원의 수입이 생길 것이기 때문이다. 이처럼 타이거 우즈는 칠득이보다 잔디를 더 잘 깎을 수 있지만, 잔디는 칠득이가 깎는 것이 두 사람 모두에게 이득이다.

물론 두 사람이 거래를 해야 이득이 발생한다. 자유 거래가 좋다는 것을 보여 주는 사례이다.

절대 우위와 비교 우위

타이거 우즈가 칠득이보다 잔디를 더 잘 깎는다면 "잔디 깎는 일에서 타이거 우즈가 칠득이보다 절대 우위에 있다."라고 말할 수 있다. 반면 앞과 같은 상황에서 우즈가 잔디를 깎는다면 우즈는 995만 원, 칠득이는 2만 원의 손해를 본다. 이때 "타이거 우즈에 비해서 칠득이의 손해가 적기 때문에 칠득이는 비교 우위에 있다."라고 말한다. 칠득이는 잔디 깎는 일에서 우즈보다 비교 우위에 있으므로 잔디를 깎는 것은 철득이이다. 반면에 우즈는 잔디 깎는 일에서 절대 우위에 있지만, 비교 우위에 있지 않기 때문에 잔디를 깎지 않는 것이다. 따라서 실제로 어떤 사람이 해야 할 일은 비교 우위가 결정한다고 볼 수 있다.

비교 우위의 원칙은 국가 간의 무역에도 그대로 적용된다. 한 나라가 다른 나라에 비해서 모든 면에서 더 뛰어난 기술을 갖고 있더라도, 자유 무역을 통해서 두 나라 모두 이익을 볼 수 있다. 우리나라와 미국의 예를 통해 비교 우위의 원칙에 따른 자유 거래의 이점을 알아보자. 한국과 미국이 각각 쌀과 비행기, 두 재화만을 생산한다고 하자. 두 나라 국민을 절반씩 나누어서 절반은 비행기 생산에, 나머지 절반은 쌀 생산에 종사한다고 가정하자. 이 경우, 두 나라의 경제 상황은 다음의 표로 정리할 수 있다.

국가 \ 품목	비행기	쌀
미국	500대	100만 톤
한국	1대	50만 톤

위의 표에서 보는 것처럼 두 나라에서 생산하는 비행기는 총 501대, 쌀 생산량은 150만 톤이다. 그런데 미국이 비행기 한 대를 생산하는 데 드는 기회비용(즉 비행기 한 대를 생산하기 위해 포기해야 하는 쌀의 생산량)은 2000톤이다. 반면에 한국이 비행기 한 대를 생산하기 위해 포기해야 하는 쌀은 50만 톤이다. 둘을 비교해 보면 비행기 한 대를 생산하기 위해 포기해야 하는 쌀의 생산량은 미국이 한국보다 적은 것을 알 수 있다. 따라서 미국이 비행기 생산에서 한국보다 비교 우위에 있다고 할 수 있다.

반면에 쌀을 생산하는 데 드는 기회비용(쌀 1만 톤을 생산하기 위해 포기해야 하는 비행기의 생산량)을 보면 미국은 비행기 5대, 한국은 비행기 1/50대로, 한국이 미국에 비해 기회비용이 적다. 이에 따라 쌀 생산에서는 한국이 비교 우위에 있다는 것을 알 수 있다.

각 나라가 비교 우위에 있는 물건을 좀 더 생산하면, 두 나라 모두 더 잘 살 수 있다. 즉 한국은 비행기 생산을 줄이는 대신 쌀을 더 많이 생산해 수출하고 미국은 비행기를 더 많이 생산해 한국과 교역한다면, 두 나라는 교역이 없던 이전보다 더 많은 이득을 얻을 수 있게 된다. 예를 들어서 한국은 쌀만 100만 톤 생산하는 반면 미국은 비행기를 550대 생산하고 쌀은 90만 톤만 생산하는 것이다. 이 경우 두 나라의 생산량을 보면 다음의 표와 같다.

국가 \ 품목	비행기	쌀
미국	550대	90만 톤
한국	0대	100만 톤

미국과 한국을 통틀어서 비행기는 550대를 생산하고, 쌀은 190만 톤을 생산하는 것이다. 과거의 501대와 150만 톤에 비해서 많이 늘어났음을 알 수 있다. 파이가 커졌으니 두 나라 모두 규모가 더 큰 소비 생활을 즐길 수 있음은 물론이다. 이처럼 비교 우위를 이용한 전문화는 모두에게 이롭다는 것을 알 수 있다.

다만 여기서 주의해야 할 것은 미국과 한국은 국가 간 교역을 통해 전체적으로는 더욱 풍족해질 수 있지만, 한국의 비행기 생산 업체나 미국의 쌀 생산 업체는 생산량 감소로 손해를 본다는 것이다. 손해를 입게 되는 이들이 무역 개방에 반대하는 것은 어쩌면 당연하다고 할 수 있다.

비교 우위의 원칙은 무려 200여 년 전인 1817년에 데이비드 리카도David Ricardo(리카도는 대학 교육을 받은 적이 없는 사람이었지만, 증권 중개인으로서 이재에 뛰어나 불과 몇 년 만에 백만장자가 되었다고 한다. 휴양지에서 애덤 스미스의 『국부론』을 읽고 쓴 『정치 경제와 조세의 원리』라는 책에서 비교 우위의 원리를 완성하였으며, 이 책은 경제학의 고전이 되었다.)가 발견했다. 비교 우위의 원칙으로 인해 세계의 거의 모든 나라들이 자유 무역을 신봉하게 되었으며, 이 원칙은 다른 나라가 시장을 닫으려고 할 때 설득하는 수단으로 활용되기도 한다.

자유 거래에서는 '가격'이 가장 중요하다

우리는 앞에서 칠득이와 타이거 우즈의 사례, 그리고 한국과 미국의 사례를 통해서 자유 거래가 모두에게 이득이 된다는 사실을 알았다. 그런데 칠득이는 우즈의 잔디를 깎고 얼마를 받아야 할까? 앞에서는 5만 원으로 설정했지만, 자유 거래가 모두에게 이롭다는 것을 알고 난 상황에서는 어떻게 나눠 가질지 결정하는 '가격'이 중요하다.

만약 타이거 우즈가 칠득이에게 3만 원만 준다면 칠득이는 '자기는 1000만 원이나 벌면서 나에게는 이렇게 조금 주다니 불공평해!'라고 생각할 수 있다. 어쩌면 분배에 불만을 품고 잔디를 깎지 않겠다고 할 수도 있을 것이다. 그렇다면 얼마를 줘야 할까?

이와 같은 경우, 잔디 깎는 비용은 3만 원 이상 1000만 원 이하이기만 하면 두 사람 모두에게 이득이 된다. 그런데 타이거 우즈는 3만 원만 주면 좋겠다고 생각할 테지만 칠득이는 더 많이 받으면 좋겠다고 생각할 것이다. 이렇듯 얼마를 줘야 할지는 간단한 문제가 아니다.

한 가지 참고해 볼 수 있는 것은 잔디 깎는 일을 하는 다른 사람들은 얼마를 받느냐는 것으로, 만약 다른 사람들이 비슷한 면적의 잔디를 깎고 5만 원을 받는다면 타이거 우즈는 칠득이에게 5만 원을 주면 될 것이다.

여기서 어떤 사람들은 "다른 사람들이 잔디를 깎으면서 받는 5만 원은 어떻게 결정됐을까?"라고 질문할 수 있다. 이 중요한 질문에 대한 대답은 '수요와 공급'이다. 즉 시장의 가격은 수요와 공급이 일치하는 지점에서 결정된다는 얘기다. 수요와 공급이 일치하는 가격에서는 물건을 사고자 했는데 사지 못하는 사람이 없고 팔고자 했는데 팔지 못하는 사람이 없다. 이것을 '균형 가격'이라고 한다. 균형 가격에서는 사고자 하는 사람은 원하는 만큼의 물건을 살 수 있고 팔고자 하는 사람은 원하는 만큼 물건을 팔 수 있어 두 사람 모두 만족할 수 있게 된다. 타이거 우즈는 이런 균형 가격을 칠득이에게 지불하면 된다.

수요와 공급이 가격을 결정한다

수요와 공급이 일치하는 가격이 곧 균형 가격이다. 그렇다면 궁극적으로는 수요와 공급에 영향을 미치는 요인들이 가격을 결정하는 것이다. 수요와 공급에 영향을 미치는 요인들을 살펴보자.

먼저 수요에 영향을 미치는 요인을 알아보자. 수요는 앞서 얘기했듯이 물건을 사려고 하는 것으로, 수요에 영향을 미치는 요인은 매우 다양하다. 먼저 가격이 있고 주머니 사정도 있을 수 있다. 소득이나 재산이 얼마나 되는지 다른 물건의 값이 어떤지도 수요에 영향을 줄 것이다. 소비자의 취향이나 미래에 대한 기대도 수요 변화에 한몫할 것이다.

수요에 영향을 미치는 대표 요인들을 살펴보자.

1. 가격

수요에 영향을 미치는 가장 큰 요인은 가격이다. 일반적으로 물건의 가격이 올라가면 파는 사람은 더 많이 팔고 싶어 할 것이고 사는 사람은 덜 사려고 할 것이다. 만약 물건의 가격이 조금 떨어지면 어떨까? 가격이 조금 떨어졌다고 모든 사람이 그 물건을 더 사지는 않을 것이다. 하지만 더 살 사람이 없는 것도 아니다. 백화점 세일 기간에 사람들이 평소보다 더 많은 물건을 구입하는 경우처럼 말이다.

이처럼 가격이 떨어졌을 때 싼 가격 때문에 더 많이 구매하는 사람들도 있을 것이다. 하지만 같은 물건의 가격이 떨어졌다는 이유만으로 더 적게 사는 사람은 없을 것이다. 이것을 경제학에서는 '수요의 법칙'이라고 한다. 가격과 수요량은 반대로 움직인다는 것이 바로 수요의 법칙이다.

2. 소득

수요에 가장 큰 영향을 미치는 것이 가격이라면, 그 다음으로는 개인의 소득이나 재산 상태를 들 수 있다. 소득이나 재산이 증가하거나 감소하면 수요도 이에 따라 달라지기 때문이다.

그런데 소득이 증가하면 수요가 늘어날까 아니면 줄어들까? 많은 사람들은 소득이 증가하면 수요가 늘어난다고 대답한다. 하지만 정확한 답은 아니다. 소득이 늘어나면 수요가 증가하는 물건이 있는 반면 줄어드는 물건도 있기 때문이다. 즉 소득이 증가할 때는 물건의 종류에 따라 수요가 달라진다.

소득이 늘면 자동차, 고급 가전제품, 가구 그리고 해외여행 상품 등은 더 많이 산다. 소득이 늘어날수록 더 좋은 자동차, 더 좋은 집, 해외여행에 대한 욕구가 커지는 것이다.

반대로 소득이 늘수록 덜 쓰고 싶은 물건도 있다. 예를 들면 고무신, 라면, 막걸리 같은 상품이다. 개인적으로 이런 상품을 좋아하는 사람은 소득이 늘더라도 기호품으로써 똑같이 소비할지 모른다. 하지만 우리나라 경제 전체적으로 볼 때 이런 상품은 소득이 늘면 소비가 줄어든다.

IMF 위기가 닥친 1997년 말, 우리나라의 일인당 국민소득은 1만 달러 정도였다. 다음 해에는 7000달러 정도로 국민소득이 30% 정도 감소했다. 소득이 줄어들면 사람들은 지출을 줄이게 된다. 소비가 줄어들자 많은 물건의 판매량이 떨어졌다. 하지만 모든 상품이 다 그런 것은 아니었다. 당시 소주와 라면의 판매는 전년도에 비해 급증했다. 또 경차의 판매도 크게 늘어났다. 이렇게 소득이 낮아질수록 더 많이 팔리는 물건을 '열등재'라고 한다. 반면 소득이 낮아질수록 덜 팔리는 물건을 '정상재'라고 한다. 나이키 같은 유명 상표 운동화, 고급 의류, 스타벅스 커피 같은 것들이 정상재에 속한다.

경기가 좋지 않을 때 상인들은 매상이 부진하다고 한다. 그래서 모든 물건이 덜 팔리는 것으로 생각하기 쉽지만, 사실 모든 상품이 그런 것은 아니다. 백화점, 호텔, 일식집, 자동차 판매점에서는 매출이 줄어든다. 하지만 불경기에도 더 많이 팔리는 물건은 있게 마련이다. 예를 들어 경기가 좋지 않았던 해에도 SKT나 KTF의 실적은 더 좋아졌다. 그리고 각종 할인점, 중국집, LPG 충전소 등도 매출이 늘었다. 이런 업종은 불경기일 때에도 판매가 그리 나쁘지 않다는 뜻이다.

수요에 영향을 미치는 것으로 재산의 많고 적음도 들 수 있는데, 이는 소득의 증가와 감소에 따른 변화와 거의 같다.

3. 관련 재화의 가격

수요에 영향을 미치는 또 다른 요인은 관련 재화의 가격이다. 어떤 사람이 시원한 콜라를 사고 싶어 상점에 갔다. 콜라의 가격은 그대로인데, 사이다의 가격은 그전보다 절반이나 떨어졌다. 이 사람은 콜라를 마실까? 아니면 사이다로 바꿀까? 이 질문에 대한 대답은 사람마다 다를 것이다.

예를 들어 사이다를 몹시 싫어하는 사람도 있을 수 있는데, 이 사람에게는 사이다 값의 변화가 콜라의 수요에 아무런 영향을 주지 않을 것이다. 하지만 사이다를 마셔야겠다고 생각하는 사람도 있을 수 있다. 이 경우 콜라의 가격은 변화가 없었지만, 연관된 제품인 사이다 값의 변화에 따라 콜라의 수요량이 줄어든 것이다.

이런 관계는 일상생활에서 흔히 발견할 수 있다. 버스와 지하철도 콜라와 사이다의 관계와 비슷하다. 버스 요금이 올라가면 지하철의 수요가 늘어난다. 물론 이 경우에도 가고자 하는 곳에 지하철이 없다면 할 수 없이 버스를 타야 한다. 하지만 버스와 지하철 중에 선택할 수 있다면 지하철을 선택하는 사람들이 늘어날 것이다. 지하철 요금은 그대로여도 버스 요금이 올라가면 지하철의 수요에 영향이 미친다는 얘기다. 물론, 요즘은 지하철과 버스의 요금이 같지만 말이다.

영화 관람료가 올라가면, 비디오 대여료는 변함없더라도 영화 관람을 미루는 사람이 생기는 것도 비슷한 이치다. 영화 관람료가 많이 올라가면 비디오 또는 DVD가 출시될 때까지 기다리는 사람이 생길 수 있기 때문이다. 비디오 대여료나 DVD의 가격은 같은데, 수요가 증가한 것이다. 이렇게 다른 재화의 가격이 올라갈 때 원래 재화의 수요도 함께 올라가는 경우를 '대체재의 관계'라고 부른다.

'보완재'는 대체재와 반대의 경우다. 승용차의 가격이 많이 올라가면, 승용차의 수요가 줄어드는 것은 물론이거니와 휘발유 소비도 줄어든다. 휘발유를 쓸 자동차가 줄어들기 때문이다. 이런 관계를 보완재라고 한다. 보완재의 가격이 올라가면 원래 상품의 수요도 줄어든다. 스키 장비와 리프트 이용권, 컴퓨터와 소프트웨어도 보완재 관계라고 할 수 있다.

4. 취향, 유행, 미래에 대한 기대

이제 남은 것은 취향이나 유행인데, 물건에 대한 수요는 사람들의 취향이 커다란 변수로 작용한다. 저마다 취향에 따라 어떤 물건이 더 좋다면 더 이상 설명이 필요 없다. "나는 아침에 피자 먹는 것을 좋아해!"라고 얘기하는 사람은 아침에 피자를 먹을 것이다. 누가 뭐라 해도 소용없고 상관할 일도 아니다. 자신의 취향에 맞는 제품을 구입하면 그만이다.

그런데 취향에 영향을 미치는 것이 있다. 교육이나 유행이다. 교육은 사람들에게 정보를 제공하여 기존에 갖고 있던 취향을 바꾸게 한다. 그리고 유행도 취향에 영향을 미친다. 유행이 변할 때, 취향이 그대로인 사람도 많겠지만, 바뀌는 사람도 있으므로 전체적으로 보면 수요가 바뀐다.

마지막으로 수요에 영향을 미치는 요인은 미래에 대한 기대를 들 수 있다. 예를 들어 가까운 미래에 자동차 가격이 올라갈 것으로 예상된다면 자동차가 필요한 사람은 미리 구입하려고 할 것이다. 자동차에 대한 특별 소비세가 인하되었다가 다시 원래대로 될 것으로 예상된다면 미리 사 두는 것이 유리할 것이다. 따라서 자동차에 대한 수요가 급증할 것이다. 미래에 대한 기대가 자동차의 수요에 영향을 미친다는 얘기다. 만약 특별 소비세를 인하하고 난 뒤 앞으로도 세금 인하가 그대로 유지될 거라고 발표한다면 부담하게 될 가격은 같아도 자동차 구매가 급증하지는 않을 것이다. 천천히 구매해도 되기 때문이다.

담뱃값 인상과 담배 수요

지금까지 설명한 수요에 영향을 미치는 요인에 대해 담배 수요를 줄이기 위한 정부의 정책으로 정리해 볼 수 있다. 정부에서 담뱃값을 인상하는 가장 큰 이유는 국민 건강을 지키기 위한 것이다. 과연 담뱃값 인상으로 담배 수요를 줄일 수 있을까?

담배 가격에 따른 흡연량의 변화에 대한 외국의 연구 결과를 참조하면, 담배 가격이 10% 상승하면 흡연량은 4% 감소하는 것으로 나타났다. 특히 청소년 흡연은 12% 감소해 담뱃값 인상이 청소년들의 흡연량을 줄이는 데 효과가 더 큰 것으로 밝혀졌다.(우리나라의 연구 결과가 있으면 더 확실하겠지만, 필자는 아직 국내에서 이런 연구를 확인하지 못했다.) 앞에서 배운 수요에 영향을 주는 요인들을 다시 한 번 생각해 보면, 가격을 인상하는 것은 수요를 줄이는 데 기여하는 것이 확실하다. 이것이 수요의 법칙이다. 미국 뉴욕의 담배 가격은 높은 세금으로 인해서 한 갑에 8달러나 한다. 우리나라의 담배 가격과 비교하면 무척 비싸다는 것을 알 수 있다. 이렇게 가격을 높이 책정한 것은 수요의 법칙을 활용하여 담배 수요를 줄이려는 노력으로 해석된다.

수요에 영향을 미치는 두 번째 요인은 소득이나 재산 상태인데, 담배 때문에 소득이 늘거나 줄어들지는 않으므로 다른 측면에서 접근해 보면 다음과 같이 질문할 수 있다. 소득이 늘면 담배 소비가 줄어들까? 혹은 반대로 소득이 줄면 담배 소비가 줄어들까?

일반적으로 담배 소비의 경우, 후진국에서 중진국이 되면 소비가 늘고 중진국에서 선진국으로 도약하면 소비가 줄어든다. 담배는 중진국보다 못 사는 국가에서는 정상재이고, 중진국보다 잘 사는 나라에서는 열등재라는 이야기다. 현재 우리나라는 중진국과 선진국 사이라고 할 수 있으므로, 소득이 늘면 담배 소비는 줄어들 것이다. 담배의 소비를 줄이기 위해서라도 경제를 발전시켜야 한다.

세 번째로 수요에 영향을 미치는 것은 관련 재화의 가격이다. 담배의 수요를 줄이기 위해서는 담배의 보완재 가격을 올리고 대체재 가격을 낮춰야 한다. 담배의 보완재는 라이터나 재떨이, 흡연 허용 장소 등인데, 이런 보완재의 가격을 높이거나 사용을 불편하게 만드는 것이 필요하다. 요즘 금연 빌딩이 늘고 있는데 이는 담배의 보완재인 흡연 장소를 드물게 함으로써 담배 소비를 줄이는 데 기여할 것이다. 반면에 담배의 대체재인 금연초 등을 저렴하게 공급하면 담배의 소비가 줄어들 것이다.

네 번째로 수요에 영향을 미치는 것은 취향과 유행 그리고 미래에 대한 기대다. 예를 들자면 담배의 폐해에 대해서 널리 알리고 설득하는 금연 문구나 금연에 관한 공익 광고 등을 들 수 있다. 담배를 많이 피워 폐암에 걸린 사람의 폐 사진 등이 광고로 나오면 담배가 앞으로 자신의 건강에 어떤 영향을 미칠지를 깨닫게 하여 담배를 끊게 하는 데 도움이 될 것이다.

3
시장은 균형을 원한다
공급과 시장의 균형

수요와 마찬가지로 공급에도 영향을 주는 다양한 요인들이 있다.
그중 가격은 수요와 공급, 모두에게 영향을 미치지만 효과가 나타나는 방향은 반대다.
이때 수요와 공급이 일치하는 가격이 바로 균형 가격이다.

앞에서는 수요에 영향을 미치는 다양한 요인들을 살펴봤다. 이 장에서는 수요와 함께 시장의 한 축을 이루는 공급에 대해서 살펴본다. 수요와 마찬가지로 공급에 영향을 미치는 요인들을 알아보고, 수요와 공급이 일치하는 시장의 균형에 대해서 설명한다.

공급에 영향을 미치는 네 가지 요인

1. 가격

가격이 낮아지면 공급은 늘어날까 줄어들까? 휴대폰을 예로 들어 보자. 휴대폰을 만드는 두 기업이 똑같은 휴대폰을 만든다고 가정하자. 그런데 A 기업은 20만 원이면 물건을 만들 수 있는데 반해, B 기업은 30만 원을 들여야 물건을 만들 수 있다. 만약 시장에서 휴대폰이 10만 원에 팔린다면, A와 B 기업 모두 휴대폰을 만들지 않을 것이다. 하지만 가격이 20만 원보다 높아진다면 A 기업은 휴대폰을 만들어 팔 것이다. 그러다가 휴대폰의 가격이 30만 원보다 높아진다면 B 기업도 물건을 만들어 팔기 시작할 것이다.

이렇게 물건의 가격이 높아지면 그 물건을 공급하는 판매자가 늘어나면서 전체적인 공급이 증가한다. 이것이 공급의 법칙이다. 공급의 법칙을 보다 정확하게 말하면, 다른 조건은 변하지 않고 가격만 상승했을 때 공급이 줄어들지는 않는다는 것이다. 왜 이렇게 복잡한 말을 사용할까? 그 이유는 가격이 올라가도 공급을 늘릴 수 없는 경우도 있기 때문이다. 예를 들어 지구나 태양은 가격이 아무리 올라가도 공급을 늘릴 수 없다.

2. 생산 요소의 가격

물건을 만들기 위해서는 재료가 필요하다. 이 재료를 '생산 요소'라고 부른다. 휴대폰의 경우, 생산 요소로 건전지, 액정 화면 등을 들 수 있다. 또 여러 가지 컴퓨터 칩, 무선 출력 장치나 수신 장치 등의 생산 요소도 필요하다. 그런데 만약 생산 요소 중의 하나인 액정 화면의 가격이 올라간다면 어떻게 될까?

어떤 휴대폰 제조 회사가 휴대폰을 만드는 데 30만 원의 비용이 든다고 하자. 휴대폰 가격이 35만 원이면 이 기업은 개당 5만 원씩 이윤이 남으므로 휴대폰을 만들어 판매할 것이다. 그런데 휴대폰 제조에 필요한 액정 화면의 가격이 10만 원 상승한다면 휴대폰 제조 비용도 액정 화면 가격이 상승한 만큼 올라 제조 비용은 40만 원이 된다. 그렇다면 이 기업은 현재의 휴대폰 가격인 35만 원에는 휴대폰을 판매하지 않을 것이다. 휴대폰 한 대를 팔 때마다 5만 원씩 손해를 보기 때문이다. 이렇게 휴대폰을 제조하는 기업이 제조를 포기한다면 휴대폰의 공급은 줄어든다. 결국 생산 요소인 액정 화면의 가격이 상승하면 휴대폰 가격은 변함이 없는데도 불구하고 휴대폰의 공급은 줄어드는 것이다. 생산 요소의 가격이 올라가면 공급이 줄어들고 반대로 생산 요소의 가격이 낮아지면 공급이 늘어난다.

3. 기술

공급에 영향을 주는 세 번째 요인은 기술이다. 현재는 휴대폰 한 대에 열 개 정도의 컴퓨터 칩이 들어가지만 기술이 발달해서 단 한 개의 컴퓨터 칩으로 똑같은 성능의 휴대폰을 만들 수 있다면 어떻게 될까? 생산 비용이 절감될 것이고 보다 낮은 가격에 휴대폰을 공급할 수 있는 기업들이 늘어날 것이다. 더 많은 기업들이 휴대폰을 공급하면서 휴대폰 공급은 전체적으로 늘어나게 된다. 결과적으로 기술이 발전하면 공급이 늘어난다.

4. 미래에 대한 기대

공급에 영향을 주는 네 번째 요인은 미래에 대한 기대이다. 앞으로 휴대폰 가격이 크게 오를 것으로 기대되면 휴대폰 제조 업체들은 현재의 생산량을 모두 내다 팔기보다는 나중에 더 많은 돈을 받고 팔기 위해서 일부를 창고에 보관해 둘 것이다. 미래에 생길 더 많은 이익을 기대하며 현재의 공급을 줄이는 것이다.

수요와 공급의 일치, 균형 가격

수요와 공급이 딱 맞아떨어지는 가격을 '균형 가격'이라고 한다. 앞서 배운 것처럼 수요와 공급은 가격의 변화에 따라 많은 영향을 받는다. 하지만 그 영향의 방향은 반대로 나타난다. 즉 수요는 가격이 올라가면 떨어지지만 반대로 공급은 올라간다. 시장 가격이 균형 가격보다 낮으면 사람들은 물건을 더 사고자 한다. 반대로 팔고자 하는 사람들은 줄어든다. 이렇게 사고자 하는 사람이 팔고자 하는 사람보다 많은 것을 '초과 수요'라고 한다. 초과 수요 상태가 되면 사고자 했지만 사지 못한 사람들은 물건의 가격을 인상해서라도 사려고 할 것이다.

가격이 올라가기 시작하면 사려는 사람은 점점 감소하고 팔려는 사람은 점점 늘어날 것이다. 많았던 수요는 줄어들고 적었던 공급은 늘어난다. 만약 이것이 지나쳐서 공급량이 수요보다 많은 상태가 된다면, 그 상태를 '초과 공급'이라고 한다. 그러면 판매하는 사람들은 다시 물건 가격을 인하해 수요를 유도한다. 결국, 팔고자 하는 사람은 모두 팔고 사고자 하는 사람은 모두 사는 가격에 도달하게 된다.

이렇게 수요와 공급이 일치하는 가격을 균형 가격이라고 하는데, 이 가격이 가장 좋은 가격이다. 보이지 않는 손이 바로 균형 가격을 통해 나타나며, 앞에서 언급했던 비교 우위의 혜택을 분배하는 가격도 균형 가격이어야 한다.

그렇다면 수요와 공급은 항상 일치할까? 신문이나 뉴스를 보면 재고가 많아서 '공급 과잉'이라는 얘기도 하고 반대로 물건이 없어서 못 파는 '품귀 현상'이 일어난다고도 한다. 즉 수요와 공급이 늘 일치하는 것은 아니다.

수요와 공급은 앞서 설명한 여러 가지 요인들이나 천재지변, 사고 등 무수히 많은 이유로 인해 변화하기 때문에 일시적으로 일치하지 않는 경우가 발생할 수 있다. 수요와 공급이 일치하지 않을 때는 균형 가격으로 돌아가려는 힘, 즉 수요의 법칙과 공급의 법칙이 각각 작용한다. 그래서 당장은 아니더라도 결국에는 균형 가격으로 돌아가게 된다.

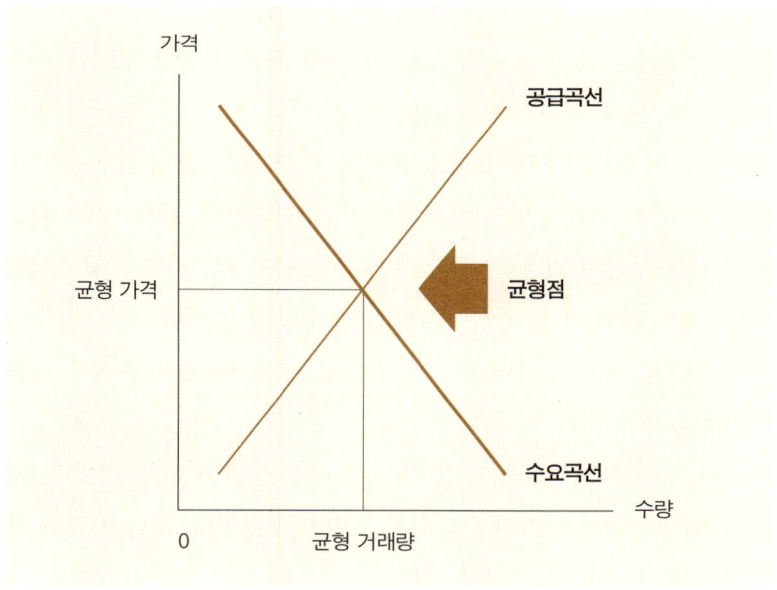

가격이 균형 가격보다 높을 때 나타나는 현상

가격이 지나치게 높은 상황을 생각해 보자. 예를 들어 휴대폰 가격이 100만 원이라면 어떤 일이 벌어질까? 꼭 필요한 소비자를 제외하고는 휴대폰을 바꾸지 않을 것이다. 가격이 너무 높아서 수요가 줄어든 것이다.

　반면에 휴대폰 제조 업체들은 20~30만 원 정도면 휴대폰 한 개를 만들 수 있는데, 가격이 100만 원이나 하기 때문에 휴대폰 하나만 팔아도 70~80만 원의 이익이 난다. 휴대폰 제조 업체는 하나라도 더 팔기 위해 공급을 늘릴 것이다. 휴대폰을 공급하는 사람들은 제품을 많이 만들지만 사는 사람은 없기 때문에 재고가 증가할 것이다.

　그다음에는 어떻게 될까? 휴대폰 제조 업체들은 만들어 놓은 물건을 팔아야만 한다. 처음에는 임직원들을 통해서 약간 저렴한 가격에 처분할 수도 있다. 하지만 만들어 놓은 물건이 너무 많아서 모두 처분하지 못하는 경우가 많아질 것이다. 이럴 경우, 휴대폰 제조 업체들이 선택할 수 있는 방법은 가격의 대폭 인하이다. 휴대폰을 100만 원에 사는 사람이 없다면, 휴대폰이 다 팔릴 때까지 가격을 낮추어야 한다. 예를 들어 30만 원까지라도 낮추려고 할 것이다. 결국 가격이 너무 높으면 공급 업체에서는 팔리지 않는 물건들을 처분하기 위해 가격을 낮추게 된다.

　월드컵이 개최되었을 당시, 월드컵 휘장은 값이 아주 비쌌다. 제조 업체들이 물건을 많이 만들었지만 팔리지 않았다. 결국 저렴한 가격에 판매되거나 재고 처분되었다.

가격이 균형 가격보다 낮을 때 나타나는 현상

　가격이 너무 높으면 만들어 놓은 물건이 팔리지 않아 제조 업체는 물건을 처분하기 위해 가격을 낮춘다고 했다. 그런데 반대로 가격이 균형 가격보다 낮으면 어떻게 될까?

　사고자 하는 물건의 가격이 균형 가격보다 낮으면 소비자들은 너도나도 물건을 사려고 할 것이다. 반면에 공급 업체에서는 그 가격으로는 이익이 생기지 않기 때문에 차라리 물건을 팔지 않겠다는 생각을 할 수도 있다.

　휴대폰의 사례로 돌아가자. 최신 휴대폰 한 대의 제조 비용이 20만 원인 기업과 30만 원인 기업이 있는데 시중 휴대폰 가격은 10만 원이라면 두 기업은 모두 휴대폰을 만들지 않을 것이다.

　기업과 반대로 소비자들은 가격이 싸니까 너도나도 휴대폰을 사려고 할 것이다. 물건은 없는데 모두가 사려고 하기 때문에 휴대폰 구입이 어려워질 것이다. 그래서 돈을 조금 더 주더라도 휴대폰을 사겠다는 사람이 생길 수 있다. 이런 사람들은 휴대폰 가게에 가서 20만 원을 지불할 테니 휴대폰을 구해 달라고 할 수도 있다. 이런 사람들이 많아지면 결국 휴대폰 가격은 20만 원에서 거래가 될 것이며 휴대폰 제조 업체 중에는 가격이 20만 원이라면 휴대폰을 만들겠다는 기업이 생기게 될 것이다.

　만약 20만 원인데도 물건이 부족하다면 더 내겠다는 사람도 생길 수 있다. 결국에는 가격이 더 올라갈 것이다.

　이런 현상을 설명할 수 있는 대표적인 예가 월드컵 4강전 티켓 가격이다. 공급량은 한정되어 있는데 많은 사람들이 4강전을 보고 싶어 했다. 결국 가격이 다섯 배 이상 올라 200만 원에 인터넷에서 거래되기도 했다.

균형 가격은 '안정'을 향해 유지되기 위해 움직인다

시장에서 가격이 균형 가격보다 낮으면 구매자들이 높은 가격을 제시하고, 반대로 시장 가격이 균형 가격보다 너무 높으면 제조 업체에서 재고를 없애기 위해서 세일을 실시한다. 궁극적으로 시장 가격은 균형 가격으로 돌아가게 되어 균형 가격은 안정적으로 유지된다.

4
탄력적인 것이 자유롭다
수요와 탄력성

탄력성은 요인의 변화에 따른 반응의 정도를 의미한다.
예를 들어 수요의 가격 탄력성은 가격이 변할 때
수요가 얼마나 변하는지 측정한다.

앞에서 월드컵 4강전 티켓이 200만 원까지 올랐던 일화를 얘기했다. 가격이 그렇게 많이 올라가야 4강전을 보려는 사람들의 숫자가 경기장의 관람석 수만큼 줄어든다는 것이다. 가격이 올라가면 구매하려는 사람이 줄어드는 것을 '수요의 법칙'이라고 했던 것을 상기하자.

그런데 가격이 올라갔을 때 수요는 과연 얼마나 줄어들까? 이 질문에 대한 답을 찾기 위해 '탄력성'에 대해서 알아본다.

'탄력적'이라는 말의 의미

탄력성이라는 개념이 머리에 잘 떠오르지 않는다면 고무줄을 연상해 보자. 고무줄처럼 쉽게 늘리거나 줄일 수 있는 물건은 탄력성을 설명하는 좋은 도구가 된다.

그렇다면 잘 늘어나는 고무줄을 탄력적이라고 할까? 아니면 잘 늘어나지 않는 고무줄을 탄력적이라고 할까? 당연히 잘 늘어나는 고무줄을 탄력적이라고 할 것이다. 고무줄의 탄력성과 마찬가지로 가격이 변할 때 수요가 많이 변하는 것을 경제학에서 '탄력적'이라고 표현한다. 반면에 가격이 변할 때 수요가 적게 변하면 '비탄력적'이라고 표현한다.

그런데 고무줄로 탄력성을 얘기할 때 한 가지 생각해야 할 것이 있다. 만약 어떤 고무줄은 힘을 많이 주어 더 세게 늘리고 어떤 고무줄은 힘을 덜 주어 늘린 다음 각각 늘어나는 정도를 비교해서는 안 된다는 것이다.

탄력성을 측정할 때에는 요인이 똑같은 비율로 변했을 때 반응이 어떻게 나타나는지를 비교해야 한다. 그래서 요인 1%의 변화로 기준을 설정한다. 예를 들어 가격이 1% 변했을 때 수요가 변한 정도를 '탄력성'이라고 한다. 좀 더 정확히 얘기하면, 가격이 변했을 때 수요가 얼마나 변했는지를 측정한 것이므로 '수요의 가격 탄력성'이라고 한다.

탄력성의 종류

탄력성은 가격뿐만 아니라 앞서 배운 수요와 공급에 영향을 미치는 모든 변수에 적용된다. 수요에 영향을 주는 요인 중 하나인 소득을 예로 들어 보자. 소득이 변할 때 수요가 얼마나 변하는지를 측정할 수 있는데, 이것을 '소득 탄력성'이라고 한다. 뒤집어 말하면, 소득 탄력성은 소득이 1% 변할 때 해당 재화의 수요량이 얼마만큼 변하는지를 나타낸다.

예를 들어 아이스크림 수요에 대해 생각해 보자. 어느 해 여름에 당신의 용돈이 절반으로 줄어든다면 아이스크림 수요량은 감소할 것이다. 소득이 감소하면 지출할 수 있는 돈이 적어지므로 대부분 재화의 구입량을 줄이기 때문이다. 앞서도 이야기하였지만, 이와 같이 소득이 감소함에 따라 수요가 감소하는 재화를 정상재라고 한다. 정상재의 경우, 수요량과 소득이 같은 방향으로 움직이므로 소득 탄력성은 양수이다.

반면에 소득이 감소하면 수요가 증가하는 재화를 열등재라고 하는데 시내버스가 사례가 될 수 있다. 많은 사람들이 소득이 감소하면 버스를 주로 이용하고 자가용 승용차나 택시 이용을 줄인다. 반면에 소득이 증가하면 자가용 승용차나 택시를 이용한다. 이 경우, 자가용은 정상재에 해당되고 시내버스는 열등재라고 할 수 있다. 열등재의 경우, 수요량과 소득은 반대로 움직이므로 소득 탄력성은 음수이다.

수요에 영향을 미치는 변수는 탄력성의 계산에서 자주 사용되므로 앞에서 언급한 다른 변수들도 기억하면 좋다. 이를테면 관련 재화의 가격도 수요에 영향을 미친다. 예를 들어 스키 리프트와 스키처럼 보완재인 경우에는 리프트 가격이 대폭 인상된다면 스키 수요는 내려갈 것인데(음수) 그 정도를 측정하는 것도 '탄력성'이다. 두 재화를 연관지어 생각한 탄력성이므로 보다 정확하게는 '교차 탄력성'이라고 부른다. 보완재인 경우의 교차 탄력성은 음수이지만, 대체재의 경우에는 양수인 것을 짐작할 수 있다. 다만 정확한 수치는 실제로 측정해야만 알 수 있다.

그렇다면 공급에 영향을 미치는 요인들을 통해서도 공급 탄력성을 구할 수 있을까? 물론이다. 가격이 공급에 얼마나 영향을 미치는지 측정하는 탄력성을 '공급 탄력성'이라고 한다. 또 생산 요소의 가격이 공급에 얼마나 영향을 미치는지를 측정하는 탄력성도 있다.

탄력성은 물건마다 다르게 나타나는데 대체로 생활필수품에 대한 수요는 비탄력적이고 사치품은 탄력적이라고 할 수 있다.

대표적인 비탄력적 상품, 농산물

탄력성의 사례를 들어 보자. 몇 년 전에 실제로 있었던 일이다. 농부들이 배추와 무 농사를 열심히 지어서 대풍년을 맞았다. 보통 때는 밭에서 7톤 정도 생산했는데, 그 해에는 10톤을 생산했다. 농부들은 기뻤다. 열심히 일한 만큼 좋은 결과가 나왔기 때문이다. 그런데 얼마 지나지 않아 크게 낙담하게 되었다. 배추와 무 가격이 폭락했기 때문이다.

무와 배추 가격 폭락으로 농부들은 무 밭과 배추 밭을 갈아 버렸고, 주유소에서 공짜로 무를 나눠 주는 일도 있었다. 왜 이렇게 된 것일까? 원인은 가격 폭락 때문이다. 더 많이 생산했지만 손해만 보게 된 것이다. 가격이 폭락한 이유는 한 농부만 농사를 잘 지어 풍년을 맞은 것이 아니라 다른 농부들도 모두 풍년을 맞았기 때문이다. 경제 전체적으로 무와 배추가 너무 많이 생산된 것이다. 무와 배추의 공급이 갑자기 늘어났기 때문에 가격이 폭락할 수밖에 없었던 것이다.

풍년이었지만 농민들의 소득은 오히려 더 감소한 것이다. 이런 경우를 비탄력적인 수요라고 한다.

농민들의 입장에서는 '흉년보다 나쁜 풍년'이라고나 할까?

흉년보다 나쁜 풍년

앞의 사례를 놓고 보면 농민 입장에서는 풍년보다 오히려 흉년이 낫지 않을까?

그럴 수도 있다. 농산물에 대한 수요는 거의 고정되어 있으므로 흉년이 들어서 농산물이 부족해진다고 해도 그대로 사 먹을 수밖에 없다. 서로 농산물을 사려고 하게 될 것이고, 그러면 결국 가격은 폭등하게 된다. 농산물 가격이 폭등한다면 흉년이라도 농민 소득은 오히려 늘어날 수 있기 때문이다.

실제로 몇 년 전, 고추 농사가 흉작이어서 결과적으로 고추 값이 폭등했다. 그때 고춧가루가 들어가는 음식인 김치를 '금(金)치'라고 할 정도였다.

결국 고추 값이 폭등하다 보니 정부가 동남아나 중국 등에서 고추를 수입하기로 결정했고, 고추 가격은 내리막을 걷게 되었으며, 고추 수급은 다시 안정을 되찾았다.

따지고 보면 우리 농민들은 풍년이 들면 가격이 폭락해서 걱정이고, 흉년이 들면 외국 농산물이 들어와서 걱정이니 이래저래 시름을 덜 날이 없다.

농민들이 이런 어려움을 겪을 수밖에 없는 이유는 농민들의 생산품인 농산물의 성격에 기인한다. 농산물은 비탄력적이어서 공급량이 조금만 변해도 가격 변화가 심하기 때문이다.

공급량이 많이 변해도 가격 변화가 적은 상품 — 탄력적인 상품

공급량이 많이 변해도 가격 변화가 적은 상품을 탄력적 수요를 가진 상품이라고 한다.

어떤 물건의 공급량이 줄었을 때, 소비자들이 그 물건 대신 다른 물건을 사거나 그 물건을 사지 않고 가격이 떨어지기를 기다릴 수 있다면 그 물건은 가격 변화가 적을 것이다. 이 얘기를 현실에 적용해 보면 더욱 명확해진다.

예를 들어 상점에 들어가서 콜라를 찾았더니 없었다. 다른 음료수는 모두 있었다. 어떻게 할까? 다른 곳에서라도 악착같이 찾아서 마실까? 아니면 다른 것으로 마실까?

콜라를 꼭 마셔야겠다는 사람들이 많을 경우, 콜라의 공급이 줄면 높은 가격을 주고서라도 마실 것이므로 콜라 가격이 올라간다. 그런데 대부분의 사람들이 콜라가 없을 때 다른 것을 마신다면 콜라의 공급량이 많이 변해도 콜라 값은 적게 변할 것이다.

또 다이아몬드 등 사치품의 가격이 높아진다면 소비자들은 안 사면 그만이다. 사실 다이아몬드를 갖고 있는 사람이 우리 국민들 중 얼마나 되겠는가? 설령 다이아몬드를 갖고 있더라도 쓸 일이 있는 사람은 더 적을 것이다. 그렇기 때문에 다이아몬드와 같은 귀금속류, 사치품들은 공급량에 따른 가격 변화가 심하지 않다. 다이아몬드 공급량이 줄어도 나는 꼭 필요하니까 높은 가격을 지불하고서라도 꼭 사겠다는 사람은 아마 많지 않을 것이다. 결국 가격 변화도 적을 것이라는 이야기다.

5
첫사랑이 가장 달콤한 이유
한계효용 체감의 법칙

새 옷을 입을 때나 처음 사랑에 빠졌을 때 느끼는 만족감은 매우 크다.
하지만 이런 일들이 반복될 경우 만족감은 점차 줄어드는데
그것을 한계효용 체감의 법칙으로 설명할 수 있다.

첫사랑의 추억은 달콤하다. 설령 첫사랑과 결혼했더라도 지금보다 과거가 더 달콤했다고 기억하는 경우가 많다(이는 『열보다 큰 아홉』에 나온 사례이다). 이렇게 처음이 가장 강렬한 기억으로 남는 사례는 많다. 새 옷을 처음 입을 때의 즐거움은 크지만 그 옷을 다시 입을 때는 즐거움이 다소 줄어든다. 또 새로운 직장에 첫 출근할 때는 몹시 설레지만 직장을 다니면서 이 설렘이 다소 줄어든다. 결국 세월이 흐르면서 첫 경험은 빛바랜 추억이 되고 반복되는 일상은 별다른 감흥을 주지 못한다. 반면에 첫 번째 경험은 강한 인상을 준다.

필자는 해 보지 않은 일을 하겠다는 용기도 첫 경험이 주는 강한 인상 때문이 아닐까 생각한다. 자신이 해 보지 못한 일을 시도하는 것은 물론이고 아무도 해 보지 못한 위험한 일에 도전하는 이유도 아마 첫 경험이 주는 만족감이 매우 크다는 데 있을 것이다. 남극을 정복하거나 에베레스트를 등정하는 것도 그런 이유가 아닐까! 독자들

중에는 히말라야 14좌를 모두 정복한 사람들의 얘기를 들으면서 '참 대단하구나!'라고 생각하면서도 다른 한편으로는 '그런데 왜 그렇게 위험한 일을 할까?' 하며 의문을 가진 적이 있을 것이다. 필자도 그중 한 명이다. 필자는 그런 일을 하면 소득이 많이 생기는지 궁금했다. 하지만 소득보다 그런 일을 함으로써 다른 사람이 못한 일을 해냈다는 성취감이 무엇보다 클 것이라는 결론을 내렸다. 바로 첫 경험이 주는 최고의 만족감 때문에 위험하지만 그런 일을 해내는 것이다.

무언가를 발명하는 사람들도 아마 비슷한 만족감을 느끼지 않을까 생각한다. 물론 좋은 물건을 발명해서 얻는 금전적 혜택도 클 것이지만 본인의 마음속에서 느끼는 만족감도 상당히 클 것이다. 좋은 물건을 발명해서 부자가 됐다 하더라도 또 새로운 것을 발명하기 위해 꾸준히 노력하는 경우가 많은데 이 역시 그로 인한 만족감이 주된 요인일 것이다.

경제학에서는 마음속에서 느끼는 만족감이나 행복감을 '효용'이라고 부르고 소비의 단위를 하나씩 증가시킬 때마다 추가적으로 늘어나는 효용의 증가분을 '한계효용'이라고 한다.

하나 더 사용할 때의 만족감, 한계효용

한계효용은 두 단어를 합쳐서 만든 말이다. 한 단어씩 풀어 보자. 먼저 '효용'은 마음으로 느끼는 만족감이나 행복감, 충만감 등을 의미한다. 이제 남은 것은 '한계'라는 말인데, 이 말은 '하나 더 사용할 때'라고 생각하면 된다. 그래서 한계효용이라고 하면, 어떤 재화를 하나 더 사용할 때 증가하는 만족감이라고 설명할 수 있다.

'한계'의 개념을 사례를 통해서 알아보자. 어느 고등학생이 선배에게 상담을 한다. "대학에 갈까요? 아니면 졸업하고 어디 취직할까요?"라고 묻자 선배는 초등학교만 졸업한 사람과 대학원을 졸업한 사람의 인생을 비교해서 설명했다. 이 얘기를 들으면서 후배는 어떤 생각을 했을까? '큰 도움이 안 되는구나.'라는 생각이 들었을 것이다. 왜냐하면 선배는 초등학교 졸업생과 대학원 졸업생을 비교했는데 초등학교 졸업생은 질문한 당사자와 아예 관련이 없고 대학원 졸업생도 큰 관련이 없기 때문이다. 따라서 약간의 도움은 되었지만 큰 도움은 못된다고 느꼈을 것이다.

선배의 대답이 후배에게 도움이 되기 위해서는 고졸인 사람과 대졸인 사람의 인생을 비교했어야 한다. 이 사람은 고등학교를 졸업할 예정이므로 고등학교까지의 과정은 이미 지나간 일, 즉 엎질러진 물이다. 그러니까 선배는 후배에게 앞으로의 선택에 대한 얘기만을 했어야 한다는 말이다. 이 사람에게 앞으로의 선택은 대학교에 진학하느냐 아니면 취직을 하느냐이다. 그런데 그 선배는 이미 지나간 초등학교 이야기를 했으니 후배의 선택에 큰 도움이 되지 못한 것이다. 이렇게 당장 눈앞에 직면한 문제만을 고려하는 것을 '한계'적으로 고려한다고 표현한다. 한계라는 말은 전체적으로 어떻게 되느냐를 따지는 것이 아니라 당면한 선택의 차이만을 따지는 것이다. 흥미롭게도 앞으로 어떻게 되는지만 따지면 전체적으로도 좋은 결론을 얻을 수 있다.

한계의 개념을 기업의 사례를 통해 보다 명확하게 파악해 보자.

컴퓨터 판매로 큰 이익을 내는 기업이 있다. 한 대에 200만 원씩 1000대를 팔아서 10억의 이익을 내고 있다고 가정해 보자. 그런데 어떤 사람이 컴퓨터 판매자에게 새롭게 생산할 컴퓨터를 150만 원에 팔라고 권유한다. 싸게 팔았다는 소문이 퍼지지 않는다는 전제하에서 이 물건을 팔아야 할까 팔지 말아야 할까? 이 문제를 해결하기 위해서는 새로 컴퓨터를 생산하는 데 비용이 얼마나 들어가는지 알아야 한다. 한 대를 더 추가해 생산하는 것이 손해라면 팔지 않고 이익이면 팔면 된다. 컴퓨터를 다시 만드는 데 100만 원이 든다고 가정하면 150만 원을 받아도 이윤이 남기 때문에 파는 것이 맞다. 하지만 다시 만드는 데 200만 원이 든다면 손해 보는 장사이므로 팔지 않는 것이 맞다. 현재까지 흑자를 10억이나 보고 있는 것은 생각할 필요가 없다는 뜻이다. 앞으로 한 대 더 팔아서 이익이 남는지 아닌지를 생각하면 된다는 것인데, 바로 이것을 한계라는 말로 표현한다.

기업의 입장에서 하나 더 팔 때 생기는 수입을 한계 수입이라고 하고, 그때 발생하는 비용을 한계 비용이라고 한다. 이처럼 한계라는 말은 수입이나 비용에도 적용할 수 있다. 한계 수입이 한계 비용보다 더 많으면 팔고 아니면 팔지 않으면 된다.

한계효용 체감의 법칙 — 좋은 것도 한두 번이다

한계의 뜻과 효용을 뜻을 살펴보았다. 이제 경제학에서 중요한 의미를 갖고 있는 '한계효용 체감의 법칙'을 알아보자.

어떤 아이가 부모님 몰래 피자를 잔뜩 먹었다고 하자. 그런데 엄마가 저녁으로 피자를 또 먹자고 한다면 아이는 당연히 좋아하지 않을 것이다. 만약 억지로 더 먹어야 한다면 아주 싫을지도 모른다. 이 아이가 엄마가 오기 전에 먹은 피자는 참 맛있었을 것이다. 이렇게 똑같은 피자라도 처음 먹을 때의 만족감과 나중 먹을 때의 만족감은 전혀 다르다.

이와 같이 어떤 행동을 반복했을 때 추가적으로 느끼는 만족감은 줄어드는 경향이 있다. 이런 경향을 '한계효용 체감의 법칙'이라고 한다.

첫사랑이 가장 달콤한 이유는 처음 하는 사랑의 한계효용이 나중에 반복해서 사랑할 때 느끼는 한계효용보다 크기 때문이다. 바로 한계효용 체감의 법칙 때문인데 이 얘기를 실제 물건에 응용하면 '다이아몬드의 역설'이 된다. 물과 다이아몬드를 비교해 보면, 물은 우리 생명을 유지하는 데 지대한 공헌을 하고 있다. 반면에 다이아몬드는 좋긴 해도 물보다 우리에게 공헌하는 바가 적다. 그런데도 왜 다이아몬드의 가격이 물보다 훨씬 더 비싼 것일까? 이 질문이 바로 다이아몬드의 역설이다.

즉 우리에게 더 절실하다면 가격도 더 높아야 하는 것이 아닌가를 묻는 것이 다이아몬드의 역설이다. 이것은 애덤 스미스와 그 스승인 허치슨 교수가 묻고 대답했던 주제인데 이 질문에 대한 대답이 바로 한계효용과 관련이 있다.

다이아몬드는 희귀하기 때문에 다이아몬드를 갖는 것은 쉽지 않다. 반면 물은 흔하고 꼭 필요하기 때문에 많이 소비하게 된다. 바꿔 말해 물은 많이 소비하기 때문에 한계효용이 낮다는 말이다. 곧 물의 총효용은 높지만, 한계효용은 낮기 때문에 가격이 낮다. 반면에 다이아몬드는 총효용은 물보다 형편없이 낮지만 희귀하기 때문에 소비하는 양이 극히 적다. 그래서 한계효용이 높고 가격도 높다.

다이아몬드를 매일 소비하는 사람이 얼마나 있을까? 다이아몬드를 갖고 있는 사람도 많지 않을 뿐만 아니라, 갖고 있는 사람들도 잃어버릴까 봐 깊숙이 보관해 놓고 잘 꺼내지도 않는다. 다이아몬드의 소비는 극히 제한되어 있으므로 처음 소비하는 사람이 많고, 그러므로 이 사람들이 느끼는 한계효용은 아주 높다. 그래서 가격도 아주 높은 것이다. 첫사랑의 기억이 우리에게 오래 남는 것과 같은 이치이다.

경제학은 사랑을 싣고

경제학에서는 사람들의 행동을 합리성의 원칙에 따라 분석하기 때문에 사랑과 결혼도 분석해 볼 수 있다. 실제로 미국 시카고 대학교의 게리 베커 교수는 이런 분석을 시도했다. 설명을 시작하기 전에 질문을 해 보려 한다.

먼저 사람들은 결혼을 왜 할까? 당연히 '사랑하니까 결혼하겠지.'라고 생각할 것이다. 정답이고 명답이다. 사랑한다면 서로를 즐겁게 해주기 위해서 노력하는 것이 일반적이다. 이득을 보기 위해 노력하는 이해관계에서 벗어나서 이타적인 행동을 하도록 해 주는 것이 바로 사랑이다. 그래서 사랑하는 사람과 인생의 모든 것을 나누면 서로 좋다는 것을 깨닫고 그렇게 하기로 한 것이 바로 결혼인 셈이다. 계약서를 작성한 것은 아니지만 공동의 행복을 추구하기로 동의한 것이다.

결혼을 하면 다음과 같은 이점이 있다. 우선 같이 있고 싶은 마음을 충족시켜 주고 떨어져 있는 아쉬움은 줄여 준다. 두 사람이 거의 모든 것을 나누기 때문에, 따로 따로 지불했던 생활비가 줄어드는 장점도 있다(이런 현상을 '규모의 경제'라고 부른다). 각각 살 집을 마련하는 것보다 집을 하나만 구해서 같이 살고, 밥도 각자 먹을 것을 따로 하는 것이 아니라 2인분을 한꺼번에 하기 때문에 비용도 줄일 수 있다.

또 집안일을 나눠서 하기 때문에 분업의 장점이나 전문성도 생긴다. 물건 또한 보다 효율적으로 쓸 수 있다. 예를 들어 텔레비전을 볼 때 한 사람이 더 본다고 해서 손해가 되는 것은 없지만 텔레비전을 보고 얻는 즐거움은 두 배가 된다(참고로 이런 물건을 '공공재'라고 한다). 비용은 더 발생하지 않지만 혜택이 늘어나는 것도 결혼의 이점 중 하나이다.

이렇게 이점이 많은데 이혼하는 사람은 왜 생길까? 아마도 사랑이 식었기 때문일 것이다. 사랑이 식었는데 결혼 생활을 지속한다면 문제가 많을 것이다. 텔레비전을 다시 예로 들면 내가 보고 싶은 것을 보려고 하는데 다른 프로그램을 보자고 하는 사람이 바로 자기의 배우자인 것이다. 또 나는 생선을 좋아하는데 배우자는 생선을 싫어한다면, 같이 식사를 준비하여 편리하였던 장점도 줄어들 것이다. 집안일도 서로 사랑하는 마음으로 나눴을 때는 좋았는데 상대방에 대한 사랑이 사라지면 서로 미룰 것이다. 그래서 계속 사랑할 수 있는 사람과 결혼해야 하는 것이다.

이혼에 대해서 조금 더 말하자면, 결혼은 두 사람이 서로를 독점하기로 평생 동안 계약을 맺은 것과 같다. 하지만 장기 계약에는 단점이 있다. 계약으로 인해서 안전을 보장받을 수 있기 때문에 상대방에게 함부로 대할 수 있다는 것이다.

게다가 독점 계약을 통해 이룬 가정이더라도 이 독점을 깨려는 외부의 위험에 노출되어 있다. 아내와 남편 모두에게 외부의 유혹이 있기 마련인데 배우자에 대한 사랑의 한계효용이 체감할수록 그 유혹을 뿌리치기 힘들다. 이혼해서 얻는 혜택도 그 유혹에 포함된다. 하지만 이혼의 비용은 만만치 않다. 그동안 둘이서 만든 모든 습관과 익숙함을 포기해야 하고 정든 친지들과도 헤어져야 한다. 가장 치명적인 것은 자녀들에게 좋지 않은 영향을 주는 것은 물론, 그들과 헤어져야 하는 경우도 발생할 수 있다는 점이다. 이와 같은 비용을 모두 치러야 하기 때문에 사랑이 식어도 실제 이혼하지 못하는 경우가 많다.

화목한 가정 만들기 — 한계효용 체감의 법칙 적용하기

행복한 결혼 생활을 하기 위해서는 어떻게 해야 할까?

필자는 한계효용 체감의 법칙이 비결까지 설명할 수 있다고 생각한다. 이 법칙에 따르면 처음의 효용이 훨씬 높다. 그러므로 반복된 일상에서 한계효용이 체감하는 것을 극복하기 위해서는 부부가 새로운 일을 찾아 함께해야 한다. 새로운 일은 아무리 작은 일이더라도 큰 만족을 줄 수 있다. 예를 들어 부부 싸움도 너무 크게 하지 않는다면, 상대방을 새롭게 보는 계기가 될 것이다. 같이 즐길 수 있는 운동이나 놀이를 찾아보는 것도 좋은 방법일 것이다. 같은 사람과 살면서 한계효용이 체감하는 것을 느낄 때, 생활 속에서 약간의 변화를 찾는다면 또 다시 새로운 느낌을 갖게 되지 않을까?

제2부

'효율성'으로 가는 길

6
경제 효율성, 어떻게 측정할까?
소비자 잉여와 생산자 잉여

소비자 잉여와 생산자 잉여의 총합이 가장 클 때, 경제적 효율성은 극대화된다.
바꾸어 말하면 가장 효율적으로 생산할 수 있는 사람이 생산하고,
가장 필요한 사람이 그 물건을 소비할 때 효율성이 가장 크다.

소비자 잉여와 생산자 잉여는 효율성을 따지는 중요한 기준으로 경제의 효율성과 관련이 있다. 정부 정책을 평가하든 시장의 상황을 평가하든 효율성에 대한 평가 기준이 필요한데, 그 기준이 바로 소비자 잉여와 생산자 잉여이다.

소비자 잉여와 생산자 잉여

효율성을 따지기 전에 소비자 잉여와 생산자 잉여가 무엇인지 알아보자. 필자가 미국에서 공부를 마치고 돌아와 처음 이사를 했을 때의 일이다. 이사를 끝낸 후 몇 달이 지나고 보니, 베란다 창문 새시의 아랫부분이 망가져 빗물이 새어 들고 있었다. 벽에 곰팡이가 피고 바닥에 물까지 고여 이만저만 불편한 게 아니었다. 당장 집 앞에 있는

인테리어 가게를 찾았다. 사정을 설명하고 고쳐 달라고 하니 고장 난 부분뿐만 아니라 새시 전체를 모두 바꿔야 한다면서 수리비로 50만 원을 요구했다. 비싸다고 생각했지만 수리를 부탁하고 연락처를 남겨 두었다. 하지만 며칠이 지나도 연락이 없었다. 가격도 비싸고 약속도 지키지 않으니 안 되겠다 싶어 새시를 고칠 수 있는 다른 곳을 찾았다. 노력 끝에 새시 공장을 찾을 수 있었고 망가진 새시 얘기를 했다. 그리고 전화번호를 남겨 놓고 집으로 돌아왔다. 다음 날 근무 중에 집에서 전화가 걸려 왔다. 새시 공장에서 사람이 와 창문을 모두 고쳤다는 것이다. 가격이 얼마냐고 물어보았더니 10만 원이라는 것이다. 주저 없이 10만 원을 지불하라고 얘기했다.

　이 이야기를 통해 두 가지를 생각해 볼 수 있다. 한 가지는 필자의 입장, 즉 소비자의 입장이다. 처음에 갔던 인테리어 가게에서 필자는 새시 수리비로 50만 원을 낼 용의가 있었다. 그런데 새시 공장을 찾아가 10만 원을 내고 수리했으니 40만 원이나 절약할 수 있었다. 경제학에서는 이 돈 40만 원을 '소비자 잉여'라고 부른다.

　다른 한 가지는 새시를 수리한 사람, 즉 생산자의 입장이다. 공장에서 나와 새시를 수리한 사람도 속으로 '5만 원이면 고칠 텐데……' 라고 생각했을지 모른다. 만약 그렇다면 10만 원을 수리비로 받았으니 5만 원 이익인 셈이다. 경제학에서는 이 5만 원을 '생산자 잉여'라고 부른다.

　소비자 잉여와 생산자 잉여의 사례는 영화에서도 찾아볼 수 있다. 영화 「귀여운 여인」에서 리처드 기어는 줄리아 로버츠에게 일주일 동안 함께 지내자고 제안한다. 이 제안에 줄리아 로버츠는 4000달러를 요구하고 리처드 기어는 2000달러를 제시한다. 이에 줄리아 로버츠가 3000달러를 받겠다고 하자 결국 둘의 계약은 이루어진다. 계약이 성사된 이후, 두 사람의 얘기가 더 재미있다. 줄리아 로버츠가 "2000달러에도 계약하려고 했는데……." 하면서 약을 올리자, 리처드 기어는 "4000달러를 줄 의향도 있었는데."라고 응수한다. 결국 피장파장인 셈이다.

리처드 기어는 소비자의 입장이고 줄리아 로버츠는 생산자의 입장이다. 먼저 리처드 기어는 4000달러라도 줄 용의가 있었는데 3000달러만 주었으니 소비자 잉여가 1000달러 발생했다. 반면에 줄리아 로버츠는 2000달러만 받아도 된다고 생각했는데 3000달러를 받았으니 역시 1000달러의 생산자 잉여가 발생한 것이다.

소비자 잉여와 생산자 잉여의 정의를 좀 더 정확하게 내려 보자. 소비자 잉여는 한 사람이 "이 가격보다 비싸면 안 사!"라고 얘기할 만큼의 가격에서 실제 지불한 금액을 뺀 나머지를 말한다. 전문 용어로 표현하면 전자는 최대 지불 용의라고 하며, 후자는 실제 지불 금액이다. 소비자 잉여는 최대 지불 용의에서 실제 지불 금액을 뺀 것을 말한다(소비자 잉여=최대 지불 용의-실제 지불 금액). 소비자 잉여는 소비자가 자유 거래에 참여해 얻는 이득이므로 소비자들에게는 많을수록 좋다.

소비자와 생산자 사이의 가격 경쟁 — 에누리와 남는 장사

만약 가격이 떨어지면 소비자 잉여는 어떻게 될까? 소비자 잉여는 최대 지불 용의에서 실제 지불 금액을 뺀 것이므로 이 두 가지를 살펴보면 가격에 따른 소비자 잉여의 변화를 알 수 있다. 최대 지불 용의는 마음속에 정해져 있기 때문에 가격과 관계없이 일정하다. 하지만 일단 가격이 떨어지면 돈이 덜 든다. 즉 실제 지불 금액이 적어진다. 따라서 소비자 잉여는 증가하므로 소비자들은 가격이 내리면 좋아한다고 경제학에서는 설명한다.

소비자들이 가격을 내리는 것을 좋아한다고 가격을 계속 떨어뜨려야 할까? 그렇지는 않다. 가격이 계속 떨어지면 소비자는 좋을지 모르지만 생산자는 낭패다. 정확하게 표현하면 생산자 잉여가 줄어들기 때문이다. 생산자 잉여는 생산자가 판매한 금액에서 생산자의 비용을 뺀 나머지다.(생산자 잉여=생산자가 받은 금액-생산 비용) 이것이 생산자의 이익, 즉 생산자 잉여인 셈인데 생산자 잉여는 가격이 떨어지면 같이 떨어진다. 가격이 떨어지면 생산자 잉여는 감소하고 소비자 잉여는 증가하지만, 반대로 가격이 올라가면 생산자 잉여는 증가하고 소비자 잉여는 줄어든다. 따라서 소비자 입장에서는 가격을 내리려고 하고 생산자 입장에서는 가격을 올리려 하는 상황이 발생하는 것이다.

소비자와 생산자 모두를 위한 가격

생산자, 소비자 모두를 만족시키는 가격은 없을까? 생산자 대표와 소비자 대표가 모여 적절한 가격을 찾는 방법, 또는 투표를 통해 결정하는 방법도 있을 것이다. 요즘 많이 일어나는 노조의 파업도 가격 책정 방법의 한 사례인데 노조 파업은 힘으로 노동의 가격인 임금을 높이려는 것이다.

공평한 방법 중 하나는 생산자 잉여와 소비자 잉여의 총합을 제일 크게 하는 가격을 찾는 것이다. 즉 생산자와 소비자를 차별하지 말고 종합적으로 잉여의 총합이 가장 큰 가격을 찾자는 것이다.

소비자 잉여와 생산자 잉여의 합을 가장 크게 하는 가격은 시장에서 자유롭게 거래할 때 수요와 공급이 일치하는 균형 가격이다. 이것은 애덤 스미스의 역설, 그리고 보이지 않는 손이 작용한 결과라고 볼 수 있다. 또 이것은 정부의 간섭이 바람직하지 못하다고 보는 근본적인 이유이기도 하다. 그런데 정부의 간섭 없이 보이지 않는 손이 제대로 작용하기 위해서는 앞에서도 언급했지만 시장이 실패하면 안 된다. 즉 몇 가지 전제 조건이 필요하다. 먼저 독점이어도 안 되고 공공재여도 안 된다. 그리고 물건의 품질이나 가격을 소비자가 잘 알고 있어야 한다는 점이다. 따라서 정부가 개입하는 경우는 이런 전제 조건들이 깨졌을 때에만 효율성을 높일 수 있다.

소비자 잉여와 생산자 잉여의 총합 — 경제 효율성 측정 지표

그렇다면 가장 큰 경제의 효율성은 어떻게 찾을까?

첫 번째는 소비자 잉여와 생산자 잉여의 총합을 가장 크게 할 수 있는 가격을 찾는 것이라고 앞서 설명했다. 두 번째는 모든 재화를 생산할 때 가장 저렴하게 생산할 수 있는 사람이 생산하고, 소비할 때는 그 재화를 가장 필요로 하는 사람이 소비하도록 하는 것이다. 참고로 이 두 가지 방법은 관점이 다르지만, 같은 결론에 도달한다. 두 번째 방법은 기회비용의 관점에서 설명한 것인데 타이거 우즈와 칠득이의 이야기를 통해 다시 한 번 확인할 수 있다.

타이거 우즈는 잔디를 깎는 두 시간 동안 광고에 출연한다면 1000만 원을 벌 수 있는데, 광고 출연을 포기하고 잔디를 깎는다면 1000만 원의 기회비용이 발생한다. 반면에 칠득이는 잔디를 깎는 여덟 시간 동안 맥도널드에서 일하면 3만 원을 벌 수 있는데, 그 일을 포기하고 잔디를 깎으면 3만 원의 기회비용이 발생한다. 이 둘 중 누구의 기회비용이 더 클까? 타이거 우즈의 기회비용이 칠득이보다 훨씬 크다. 따라서 가장 저렴하게 생산할 수 있는, 즉 기회비용이 가장 적은 칠득이가 잔디를 깎고, 잔디를 깎아 줄 사람을 가장 필요로 하는 타이거 우즈가 잔디 깎기 서비스를 소비하도록 하는 것이다.

암표상의 긍정적 역할

가격이 수요에 따라 자유롭게 변할 때 소비자와 생산자 모두가 이익을 얻는 사례가 있다. 바로 암표 시장이다. 암표상들은 시장에서 자원을 효율적으로 배분하는 역할을 한다. 암표상들은 운동 경기나 영화 입장권을 미리 사 두었다가 원래 가격보다 높은 가격에 판다. 이런 상황에서 소비자들이 기존의 표 값보다 몇 배나 높은 가격을 부르는 암표상을 좋게 볼 리가 없다.

하지만 암표도 장점이 없는 것은 아니다. 돈을 더 얹어 주고서라도 표를 꼭 사야 하는 사람들은 암표상을 통해서 표를 살 수 있다. 재화가 가장 필요한 사람은 높은 가격일지라도 표를 사겠다는 사람일 것이다. 가장 필요한 사람에게 표를 판매하는 것은 소비자 잉여를 높여주므로 결국 암표상의 행위는 효율적인 배분을 돕는 것이 된다.

그렇다면 암표를 파는 행위를 합법화해야 할까? 이 부분에 대해서는 논란의 여지가 있다. 물론 이것은 효율성에 관한 논란이 아니라 사람들의 고정 관념에 대한 논란일 것이다. 예를 들어 정치인들은 암표 행위를 규제하지 않는다면 표 값이 너무 올라가 대부분의 사람들이 표를 구하지 못할 것이라고 생각한다. 미국의 캘리포니아 주에는 암표 금지법이 없다. 하지만 캘리포니아의 암표 값이 비싸다는 증거도 없다. 한 가지 더 생각할 수 있는 것은 아무리 암표상들이 높은 가격을 받으려 해도 비싼 값을 내려는 사람들이 없다면 암표의 가격은 그리 높아지지 않는다는 점이다.

암표 판매 행위를 합법화한다면 어떨까? 암표상들이 오히려 타격을 입지 않을까? 아마도 그럴 것이다. 왜냐하면 합법화한 이후에 암표상들은 서로 가격 경쟁을 벌여야 할 것이기 때문이다.

가격 경쟁을 벌인다면 결과적으로 암표 가격은 떨어지게 된다. 또 표가 꼭 필요한 사람은 다소 비싼 금액을 주더라도 표를 구할 수 있게 되니 효율적인 방법이다. 결국 암표 행위를 합법화해서 암표 판매에 경쟁을 도입하는 것이 암표를 근절하는 방법이 될 수도 있다.

미국 뉴욕과 영국 런던은 뮤지컬의 본고장이다. 시내 한복판에 뮤지컬 티켓을 파는 가두 판매소가 있다. 이 가두 판매소에서는 당일 뮤지컬 좌석 중에서 예약 판매되지 않은 표를 저렴한 가격에 팔고 있다. 물론 표가 모두 판매되었을 때에는 예외이다. 가두 판매소가 처음 문을 열었을 때, 극장 주인들은 너무 급진적이고 위험한 발상이라면서 걱정했다. 하지만 시간이 지나면서 극장 주인들은 어차피 팔리지 않았을 입장권을 싸게 내놔서 수입이 늘어난다는 사실을 깨닫게 되었고 결국 가두 판매소를 환영하게 됐다.

소비자들의 반응은 어땠을까? 일종의 암표지만 뮤지컬을 싸게 볼 수 있는 기회가 생겼으니 당연히 좋아했을 것이다. 상황에 따라 표의 가격을 조정하면서 판매자와 구매자 모두 좋은 결과를 얻게 된 것이다. 암표도 공연 시작 시간이 지나면 원래 표보다 더 싸게 파는 것과 같은 이치이다.

7
'보이는 손'의 부작용

정부와 보이지 않는 손

가장 이상적인 가격은 균형 가격이지만 정부가 시장 개입을 통해 가격을 일정하게 통제하는 가격 제한 제도도 있다. 하지만 이 제도를 잘못 도입하면 부패가 발생하거나 암시장이 발달하여 경제 전체의 효율성을 떨어뜨릴 수 있다.

사회주의 국가에서는 정부가 수요와 공급을 결정했다. 그 결과 생산성이 떨어지고 국민들은 정작 필요한 물건을 구할 수 없었다. 그래서 많은 사회주의 국가들은 시장 경제 체제를 도입하게 됐다. 정부의 보이는 손이 경제에 오히려 나쁜 영향을 미쳤다는 것을 스스로 인정한 셈이다. 그럼 여기서 정부가 시장에 개입해 가격에 영향을 주면 어떻게 되는지 알아보자.

시장의 균형에 정부가 영향을 미친다면?

시장의 균형 가격은 시장의 수요와 공급이 서로 일치하는 가격이다. 많은 사람들이 균형 가격이 이론적으로 일리가 있는 것으로 느끼지만 현실에서는 균형 가격이 너무 비싸다고 생각하는 경우가 있다.

예를 들어 보자. 굴비 한 두름의 균형 가격이 100만 원이라고 할 때, 대부분의 사람들은 이 굴비가 최상품이라고 해도 100만 원은 너무 비싸다고 생각할 것이다.

그래서 소비자들이 단체를 조직해 가격을 제한해 달라고 정부에 건의했다고 하자. 굴비 가격은 아무리 비싸도 한 두름에 10만 원을 넘지 못하도록 법으로 제한해 달라고 요구한 것이다.

이렇게 가격에 상한선을 정해 놓고 그 이상 받지 못하게 제한하는 정부의 정책을 '가격 상한제'라고 한다. 정부는 소비자 단체의 건의를 고려해 가격 상한제를 시행할 것인지 아닌지를 결정해야 한다.

참고로 굴비에 대한 가격 규제는 없다. 하지만 다른 상품에 대해서는 이런 법이 때때로 존재한다. 버스나 지하철 같은 대중 요금을 규제하는 나라는 많으며, 전기 요금, 가스 요금, 상수도나 하수도 요금도 규제하고 있다.

미국은 아파트 임대료에 가격 상한제를 적용하고 있다. 1970년대 오일 쇼크 때 휘발유 가격에 상한을 정했던 적도 있었다. 또 우리나라는 이자율에 '이자 상한제'를 두고 있는데, 이것도 돈을 사용하는 대가에 부여하는 가격 상한제라고 할 수 있다.

하지만 가격 상한제는 상황에 따라 전혀 상반된 결과를 낳을 수 있다. 그래서 가격 상한제 도입을 두고 경제학자들과 정부의 관리들이 다른 입장을 보이기도 한다. 그렇다면 과연 가격 상한제를 적용해야 할까 말아야 할까?

가격 상한제가 불합리한 이유

가격 상한제를 적용해야 할지 말지를 분석하기 위해서 먼저 생각해야 할 것은 '높은 가격'이다. 가격의 상한을 정하자는 것은 가격이 너무 비싸다는 인식이 전제되어 있기 때문이다.

앞에서 얘기한 굴비 가격은 왜 이렇게 높아졌을까? 그 이유는 최상품 굴비가 희귀해졌기 때문이다. 요즘 어민들이 쓰는 장비는 아주 좋아졌다. 어군 탐지기라는 장비는 배 위에서도 물속에 물고기가 있는지 없는지는 물론이고 물고기의 종류까지 알아낸다. 또 배의 규모도 커지고 그물까지 좋아져서 과거보다 훨씬 많은 물고기를 쉽게 잡을 수 있게 되었다. 하지만 이런 방법으로 조기를 너무 많이 잡아들이면서 시간이 지날수록 최상품 조기를 잡기가 더욱 힘들어졌다.

결국 최상품 굴비의 가격은 100만 원까지 올라갔다. 당연히 사람들은 희소 자원인 굴비 소비를 줄이게 되었다. 희소한 자원은 아껴 먹도록 하는 '보이지 않는 손'이 역할을 한 것이다.

만약 희귀해진 최상품 굴비 가격을 정부가 한 두름에 100만 원이 아닌 10만 원으로 정하면 어떻게 될까? 싼 가격에 굴비를 먹고자 하는 소비자들이 점점 늘어날 것이다. 하지만 최상품 조기는 바다에 몇 마리 없다. 어민들은 조기를 잡고 싶어도 잡기 어려워졌을 뿐 아니라 굴비 가격도 높지 않으니 굳이 조기를 잡으려고 더 열심히 일하지도 않을 것이다.

소비자들은 사고 싶지만 공급이 뒷받침하지 않는 상황이 된 것이다. 바꿔 말하면 굴비의 가격은 높지 않은데 굴비를 살 수 없게 되는 상황이 벌어진 것이다. 굴비가 비쌀 때는 비싼 가격을 지불할 능력과 용의가 있다면 최상품 굴비를 구매할 수 있었다. 그러나 이제는 그런 사람들조차 구매할 수 없게 된 것이다. 이런 현상이 소비자와 판매자에게 과연 이롭다고 할 수 있을까?

소련의 추억

뭔가 줄이 길게 늘어선 것을 보면 피해 가는 것이 일반적이다. 마음속으로 내가 저 줄에 끼어 있지 않은 것을 다행이라고 생각하면서 말이다. 하지만 옛 소련 사람들은 긴 줄을 보면 아주 반가워하면서 그 줄 뒤에 섰다고 한다. 무슨 줄인지도 모르면서 말이다. 참 이상한 풍경이지만 나름대로 이유가 있었다. 바로 싼 가격에 물건을 살 수 있었기 때문이다.

당시 소련은 물건 가격을 정부에서 결정했다. 그보다 높은 가격을 받으면 처벌까지 받았다. 물건의 가격이 저렴하기 때문에 소비자들은 닥치는 대로 물건을 샀다. 결국 상점에는 물건이 남아나지 않았다.

이런 현상이 지속되면서 소비자들은 원하는 물건을 살 수 없게 되었다. 그러자 정부는 소비자 한 사람이 구매할 수 있는 수량에 제한을 두게 되었고 일부 소비자들은 소량이지만 물건을 구매할 수 있었다. 긴 줄에서 기다려야 했던 것은 물론이지만, 여전히 가격은 저렴했기에 소비자들은 어떤 물건이든 가능한 한 많은 물건을 구입하고 싶어 했다. 결국 소비자들은 길게 늘어선 줄만 보면 물건을 구매하기 위해 그 뒤에 설 수밖에 없게 된 것이다.

결과적으로 소비자들을 위해서 가격 상한제를 설정했지만 오히려 소비자들이 더욱 불편해진 것이다. 이런 가격 상한제의 폐단에는 다음과 같은 것들이 있다.

1. 부패

상점 주인에게는 가격 상한제가 어떤 영향을 미칠까? 결론부터 말하자면 상점 주인 입장에서도 가격 상한제는 그리 좋지 않다. 물건은 많이 팔릴지 모르지만 가격이 싸다 보니 별로 남는 것이 없다. 또 사람들이 항상 줄을 길게 서기 때문에 손님에게 친절할 필요도 없다. 소비자의 입장에서도 불친절을 감수해야 하는 결과가 나타난 것이다.

이 상황이 계속 진행된다면 어떨까?

상점 주인의 어머니가 아들인 상점 주인에게 굴비가 필요하다며 전화했다고 하자. 이럴 경우 상점 주인이 자신의 어머니에게 "줄 서세요!"라고 했을까 아니면 "알겠어요. 가지고 가세요."라고 했을까? 아마 어머니는 줄을 설 필요 없이 물건을 가지고 갔을 것이다.

하지만 문제는 전화하는 사람이 점점 늘어날 경우이다. 처음에는 어머니였지만, 다음에는 친척, 다음에는 친구…… 하는 식으로 차츰 범위가 넓어질 수 있다. 권력층도 한몫할지 모른다.

가격 상한제가 없을 때에는 균형 가격이 높았지만 그 가격을 지불할 능력과 용의가 있는 사람들은 물건을 살 수 있었고, 그 가격을 지불할 용의가 없는 사람은 살 수 없었다. 그러니 물건이 부족하거나 남는 일이 없었다. 물론 부패도 없었다. 하지만 가격 상한제가 생기면서 낮은 가격으로 인해 물건이 부족해지고 부패도 만연하게 되는 것이다.

2. 암시장

정부는 부패를 막기 위해서 많은 노력을 할 것이다. 이럴 경우 상점 주인은 자신에게 주어진 기회를 활용할 수 있는 또 다른 방법을 찾을 것이다.

어떤 주인은 상점에서 잘 안 팔리는 물건을 구입하는 사람에게 굴비를 살 수 있는 우선권을 줄지 모른다. 예를 들면 안 팔리는 갈매기 고기를 일정량 사는 사람에게만 굴비를 파는 것이다. 사는 사람의 입장에서는 억울한 마음이 들겠지만 어쨌든 굴비를 구하면 다행이라고 생각할 것이다.

좀 더 나쁜 상점 주인이라면 굴비를 몰래 빼돌려서 암시장에서 판매하기도 할 것이다. 결국 상점 진열대에서는 굴비가 사라지고 암시장에서 높은 가격에 거래될 것이다.

우리나라에서도 외국환으로 바꿀 수 있는 금액을 제한한 적이 있다. 유학이나 이민을 가는 경우, 공무상 외국에 출장을 가는 경우에만 달러를 바꿔 주었다. 물론 가격 상한제를 실시할 때처럼 낮은 가격에 바꿔 주었다. 하지만 결과는 그리 좋지 않았다. 바로 암시장이 형성된 것이다.

가격 상한제는 어떤 물건의 가격이 치솟아서 서민들의 생계를 위협하게 되는 경우를 막기 위해 시작되었다. 하지만 선의로 시작한 일도 부패나 암시장의 형성과 같은 나쁜 결과로 끝날 수 있다.

모든 선택에는 대가가 있다. 그런데 대가가 너무 크다면?

가격 상한제에는 문제가 있지만 서민들 입장에서 보면 가격이 낮기 때문에 좋은 것도 사실이다. 또 모든 일에는 대가가 따르는 법이니 낮은 가격에 물건을 제공한 대가로 나타난 문제점 정도는 감수해야 하는 게 아닐까 하는 생각도 할 수 있다. 물론 일리 있는 생각이다.

하지만 낮은 가격에 원하는 만큼 물건을 살 수 있으면 좋겠지만, 가격 상한제 때문에 많은 사람들이 물건 자체를 살 수 없게 될 수도 있다. 가격이 아무리 낮아도 물건을 살 수 없다면 소용없는 일이다. 오히려 암시장에서 더 높은 가격을 지불해야 물건을 살 수 있게 될지 모른다. 게다가 줄을 서서 기다리는 시간을 생각해 보자. 가격은 싸지만 몇 시간 동안 줄을 서서 기다려야 한다면, 결코 싼 가격이라고 할 수 없다.

기다리는 시간 대신 쉴 수 있다면 더 좋지 않을까? 아니면 그 시간에 돈을 더 벌 수도 있지 않을까? 국가적으로 봐도 손해다. 사람들이 줄을 서서 기다리는 시간 대신 열심히 일하도록 하는 것이 국가적으로 훨씬 큰 이득일 것이다.

뉴욕 임대료 상한제의 종말

사례를 하나 더 들어 보자. 월세나 전세를 사는 사람들은 보통 2년에 한 번씩 재계약을 한다. 그런데 세입자들은 계약 때면 항상 걱정이 앞선다. 주인이 집값을 터무니없이 올려 달라고 하면 어쩌나 하고 말이다.

서민들의 이런 걱정을 덜어 주기 위해서 정부에서 '주택 임대법'을 만들었다고 가정하자. 이 법에 따라 재계약을 할 때 월세나 전세금을 5% 이상 올릴 수 없다고 한다면 서민들에겐 더할 나위 없이 좋을 것이다. 실제 미국 뉴욕에서는 이런 임대료 규제법을 만들어 시행했다.

이 법은 어떤 결과를 낳았을까? 가격 상한제 때문에 물건을 구할 수 없는 것처럼 아파트를 구하는 것도 어렵게 되었음을 짐작할 수 있다.

뉴욕의 임대료 규제법은 새로 아파트를 구하는 사람에게는 적용되지 않았다. 왜냐하면 새로 아파트를 구하려는 사람은 임대료가 비싸면 다른 곳에서 아파트를 구하면 되기 때문이다. 어차피 이사를 하는 것은 기정사실이기 때문에 주거 보호의 대상에서 제외된 것이다. 결국, 기존에 있던 사람들만 이 법의 보호를 받아 낮은 임대료를 내고 계속 살 수 있게 되었다. 아파트에서 살고 있던 사람에게는 참 좋은 제도였다.

그런데 예상하지 못한 현상이 발생했다. 기존에 아파트를 임대한 사람들이 낮은 임대료 혜택을 받기 위해 이사를 가지 않으려고 하는 것이었다. 이사를 가지 않으니 이사 오려는 사람들에게 공급되는 아파트 숫자가 부족해질 수밖에 없었다. 따라서 새로 이사해야 하는 사람들은 높은 임대료를 부담하고도 아파트를 구하기 힘든 부작용이 생긴 것이다.

뉴욕의 시장에 당선된 카치는 시장 공관으로 입주하는 것을 거부했다고 한다. 시장 공관은 공짜인데도 말이다. 이유는 이렇다. 시장 공관에 들어갔다가 몇 년 후에 임기가 끝나 다시 아파트로 돌아가야 할 때 높은 임대료를 지불하는 것이 두려워서 현재 살던 아파트에서 계속 살겠다고 한 것이다. 부작용의 대표적인 사례이다.

집 주인의 입장에서도 문제다. 집 주인은 아파트를 임대하는 대가로 더 많은 돈을 받을 수 있지만 가격 상한제 때문에 돈을 덜 받게 되었다. 집 주인들은 아파트를 새로운 사람들에게 임대해서 높은 임대료를 받기를 원했지만, 기존의 사람들이 이사를 가지 않으니 새로운 사람들에게 임대하는 것도 아주 드물게 생기는 일이었다. 그리고 기존 임대료의 인상은 가격 상한제로 인해 제한되었다. 수입을 높일 수 있는 길이 없는 것이다. 결국 아파트에 지출해야 하는 비용, 즉 아파트를 개조하거나 보수하는 비용이라도 최대한 줄이려고 노력했다.

게다가 새롭게 아파트를 건설하는 경우도 줄어들었다. 많은 비용을 들여 아파트를 건설해서 임대한다고 해도, 이 법 때문에 수입이 많지 않을 것이 뻔하기 때문이었다.

이렇게 몇 십 년이 지나고 나니, 뉴욕의 중심부는 금방 무너져 내릴 것 같은 낡은 아파트들로 가득 찼다. 미국에서 할렘 가 같은 빈민가들이 도시 한복판에 있는 것도 바로 아파트 임대료에 대한 가격 상한제 때문이라고 할 수 있다. 그래서 많은 경제학자들은 대도시를 폐허로 만드는 방법으로 전쟁보다 임대료에 대한 가격 상한제가 훨씬 효율적이라고 말한다.

8
최저 임금제의 족쇄
정부 개입과 최저 임금제

시장에 개입하는 정부의 가격 통제 방법 중에는 어떤 재화의 최저 가격을 법적으로 규제하는 '가격 하한제'가 있다. 대표적인 예가 '최저 임금제'다. 그런데 좋은 의도로 도입된 최저 임금제가 늘 바람직하기만 할까?

경제적으로 자유로운 국가일수록 경제 발전도가 높다. 아무리 좋은 의도를 가진 정책이라도 시장의 힘을 거스르는 것은 경제에 부작용을 가져올 수 있기 때문에 시장의 힘을 이용하는 정책을 세울 필요가 있다는 얘기다.

정부의 가격 통제가 시장에 얼마나 나쁜 영향을 미치는지 '최저 임금제'를 통해 알아보자. '최저 임금제'는 노동자들에게 일정 수준의 생활을 보장하기 위한 좋은 의도로 도입되었지만, 시장의 반응은 전혀 다르게 나타날 수 있음을 보여 주는 좋은 사례이다.

'가격 하한제'의 대표적 예, 최저 임금제

재화에 대한 판매 가격의 최고치를 법적으로 정한 '가격 상한제'

의 반대 개념으로 재화의 가격에 대한 법적인 최저치를 정해 놓은 것을 '가격 하한제'라고 한다.

'가격 상한제'를 잘못 적용하면 부작용이 나타날 수 있는 것처럼 '가격 하한제'도 부작용을 낳을 수 있다. '가격 하한제'의 대표적인 예로 '최저 임금제'를 들 수 있다.

하버드의 실험

일반적으로 월급쟁이들은 임금이 계속 올라간다면 좋아할 것이다. 월급 더 준다는데 싫어할 사람은 없을 것이다. 임금이 오르면 물론 좋다. 물론 본인의 임금만 오른다면 더더욱 좋을 것이다.

미국의 하버드 대학교에서 직장인들을 대상으로 두 가지 설문 조사를 했다고 한다. 보기 두 개 중 하나를 선택하는 것이다.

첫 번째 질문의 보기는 현재 봉급이 500만 원인데, 이것을 1000만 원으로 올려 주는 대신 다른 사람의 봉급은 2000만 원으로 올려 준다는 내용이었다. 두 번째 보기는 현재 자신의 봉급 500만 원 중에서 200만 원을 깎아서 300만 원을 받는 대신 다른 사람의 봉급은 더 많이 깎아서 100만 원 받게 한다는 내용이었다. 어느 쪽을 선택한 사람들이 많았을까?

놀랍게도 두 번째 것을 더 많이 선택했다고 한다. 첫 번째 보기는 자신의 절대적 임금이 올라가는 것이고, 두 번째 것은 임금의 절대적 수준은 내려가지만 상대적 임금이 올라가서 자신이 남들보다 봉급을 더 받는 것이다. 곧 미국의 임금 생활자들은 절대적인 임금보다 남들과 비교해서 더 많이 받는 것을 중요시한다는 얘기다.

같은 사람들을 대상으로 두 번째 질문을 했다. 만약 본인의 휴가를 현재의 두 배로 늘려 주고 다른 사람의 휴일은 네 배로 늘려 주는 경우와 본인의 휴가를 반으로 줄이고 다른 사람의 휴가는 반의반으로 줄이는 경우에 어느 쪽을 선택하겠느냐는 질문이었다. 독자들도 어떤 경우를 선택할지 잠시 생각해 보라.

실험에 응답한 사람들은 휴가를 늘리는 경우를 선택했다. 임금은 상대적인 것이 중요하지만 휴가는 절대적인 것이 중요하다는 것이다.

이 실험은 일종의 심리 테스트이다. 하지만 경제 원리로 볼 때, 모든 사람의 봉급이 함께 오르면 별로 좋을 것이 없고 본인의 봉급만 오를 때 더 좋은 경우가 많다. 봉급이 왜 오르는지, 상승 요인이 어디에 있는지에 따라서 실제 이런 경우가 발생한다. 왜 그런지 다음의 설명을 통해서 자세히 알아보자.

임금 상승이 노동자들에게 오히려 해로울 수도 있다

임금 수준을 결정하는 구체적 요인은 노동 생산성, 물가, 기업의 지불 능력, 동종 업종의 임금 수준 등 다양하다. 이런 여러 가지 요인들이 복합적으로 작용해서 임금이 결정된다. 그중에서 물가 상승으로 임금이 오를 경우는 거의 모든 노동자의 임금이 상승한다. 그런데 이 경우에는 임금이 분명히 올랐지만 노동자의 복지에는 변화가 없거나 도리어 더 나빠질 수 있다. 예를 들어 주로 사는 물건들의 가격이 평균 10% 정도 상승했는데 봉급은 다른 노동자들과 같이 5%만 상승했다면 손해일 것이다. 하지만 다른 노동자들의 봉급은 5% 상승했는데 자기 봉급은 20% 상승했다면 절대적으로나 상대적으로 더 좋을 것은 자명하다.

　강남의 부동산 가격이 폭등해 문제가 되고 있다. 이 지역의 부동산을 사고자 하는 사람의 입장에서는 임금이 10% 올라도 복지가 좋아졌다고 느끼지 못할 것이다. 왜냐하면 임금이 오르는 것보다 강남의 부동산 가격이 더 빨리 올라서 집을 사고 싶어도 살 수 없기 때문이다.

　임금 상승의 또 다른 경우를 보자. 노동자들의 임금이 전반적으로 올라가면, 기업은 대개 제품의 가격을 올려서 예전과 동일한 수준으로 이익을 유지하려고 한다. 이럴 때, 제품 가격을 올려도 여전히 잘 팔리는 물건을 만드는 회사는 아무 문제가 없을 것이다. 제품의 가격을 올려서 임금 상승분을 흡수하면 되기 때문이다. 하지만 제품 가격이 올라가면 판매가 저조해질 기업은 경쟁력이 떨어져서 더 이상 이익을 유지하지 못하고 어려움에 처할 것이다. 이런 기업은 인건비를 절약하기 위해서 정리 해고를 단행할 수밖에 없을 것이다. 이 경우에는 남아 있는 노동자들의 임금은 높아져 좋을 수 있다. 하지만 이렇게 높은 임금의 대가가 사실은 동료의 정리 해고로 인한 결과라면, 모두의 임금이 올라가는 것이 도리어 좋지 못한 결과를 야기한 것이다.

생활 수준을 높이려면 노동 생산성을 향상시켜라

　노동 생산성이 향상되어 임금이 상승하면 노동자의 생활 수준은 높아질 것이다. 노동 생산성을 향상시킨 몇몇 노동자의 임금만 올라간다면, 전체 노동자의 임금이 올라간 경우와는 달리 경쟁력에 영향을 줄 리 없기 때문이다. 따라서 임금이 올라간 노동자는 절대적 임금 수준이 올라가서 좋고, 상대적으로도 주변 사람들보다 높은 임금을 받으니 좋을 것이다.

하지만 주변 사람들보다 더 높은 임금을 받기 위해서는 열심히 일해서 주변 사람들보다 높은 생산성을 나타내야 한다. 이렇게 남들보다 임금을 더 받는 것을 보고, 주변 사람들도 점점 더 열심히 일하게 되었다고 하자. 만약 열심히 일하는 사람들이 늘어나서 노동자들의 생산성이 전반적으로 향상된다면 모두의 임금이 오를 것이다. 이 경우의 임금은 생산성이 향상되어 올라간 것이기 때문에 경쟁력은 물론이고 가격 수준에도 변화가 없을 것이다.

이와 같이 생산성이 향상되어 노동자의 임금이 상승하면 아무런 문제가 없다. 자신이 기여한 만큼 더 받는데 비난할 사람도 없다. 경쟁력도 높아지고 임금도 더 받을 수 있으므로, 임금이 올라가는 요인 중에서 가장 좋은 경우라고 할 수 있다.

실업이 발생하는 이유

임금은 기본적으로 사람들이 노동을 판매하고 받는 대가이다. 앞서 배운 것처럼 수요와 공급에 영향을 받는 것에는 노동도 포함된다. 어떤 이유에서 균형 가격보다 너무 높은 가격을 설정하면 공급이 수요보다 많아진다. 가격이 너무 높기 때문에 팔겠다는 사람은 많고, 사겠다는 사람들은 적어지기 때문이다.

이럴 때는 제품을 팔겠다는 사람들이 팔 수 없기 때문에 결국 가격을 낮추게 된다. 가격이 싸지면 사려는 사람은 늘어나고 팔려는 사람은 줄어들게 되므로, 결국 그동안 쌓여 있던 재고가 모두 팔리는 균형 상태로 돌아간다. 즉 초과 공급이 해소되는 것이다.

이런 현상은 노동 시장에서도 일어난다. 임금이 높아지면 일하려는 사람은 많고 채용하겠다는 기업은 적어진다. 노동 시장에서 공급이 수요보다 많아지는 것이다. 이런 상태를 '실업'이라고 부른다.

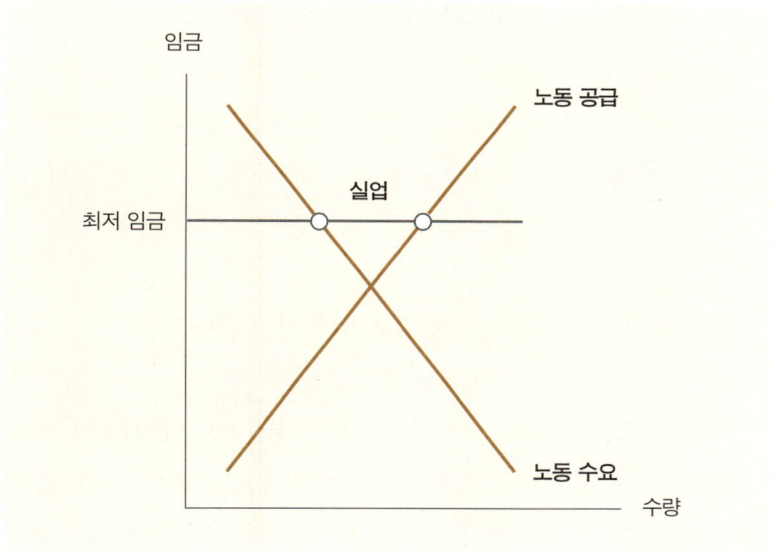

경기가 침체될 때 실업 문제가 발생하는 이유를 알아보자. 경기가 침체될 때는 물건이 안 팔린다. 제조 업체의 노동자들이 상품을 잘 만든다 해도 팔리지 않으니 소용이 없고, 서비스업에 종사하는 노동자들이 좋은 서비스를 제공하려고 해도 손님이 없다. 따라서 기업의 판매액은 줄어든다. 노동자가 회사에 기여하는 바도 함께 줄어드는 것이다. 생산성이 노동자의 의도와는 달라지는 것이다. 이런 상황에서 기업이 예전 그대로 노동자들에게 임금을 주어야 한다면 기업의 경쟁력은 떨어질 것이다.

기업은 살아남을 방법을 찾을 것이고 먼저 신규 채용을 소극적으로 하는 방법을 취할 것이다. 최근 청년 실업률이 아주 높다고 한다. 통계로 보면 실업률이 6~7% 정도 된다고 나오지만 체감 실업률은 30%를 넘는다. 신규 채용의 대상은 대개는 청년들이다. 이런 이유에서 청년 실업률이 높아진 것으로 짐작된다.

기업의 어려운 상황이 계속되면 기업은 현재 일하고 있는 직원까지 정리 해고하려 할 것이다. 여러 가지로 노력해 보다가 실패해서 결국 도산하는 기업들도 생길 것이다. 해고된 사람들이나 도산하는 기업들이 늘면 실업자의 숫자가 늘어나는 것은 당연하다고 할 수 있다.

실업 문제를 해결하려면 임금을 낮추어야 한다

실업은 개인적으로나 사회적으로 모두 좋을 것이 없기 때문에 시급한 대책이 필요하다. 경기가 다시 좋아지면 실업 문제는 곧바로 해결되지만 경기 회복이 지연될 경우에는 실업을 줄이는 별도의 방법을 찾아야 한다.

어떻게 해야 실업을 없앨 수 있을까?

가장 효과적인 방법은 바로 임금 수준을 떨어뜨리는 것이다. 임금 수준이 생산성 수준과 비슷해지면 문제가 사라진다. 나아가 같은 돈으로 더 많은 사람을 고용할 수 있기 때문에 기업들은 직원을 더 채용하려 할 것이다. 이것이 실업 문제 해결의 실마리다.

앞서 언급했듯이 노동 시장에서 공급이 수요보다 많은 것을 실업이라고 한다. 그러므로 실업 문제를 해결하기 위해서 노동의 공급을 줄이고 수요를 늘이는 방법을 찾아야 한다. 노동 시장의 가격인 임금이 떨어지면 공급은 줄고 수요는 늘어나므로 문제가 해결된다. 결국 실업 문제도 시장에 맡겨 둔다면, 구직자들이 낮은 임금에 일하겠다고 제안하여 임금이 떨어진다. 기존 근로자들의 반발은 있겠지만, 자연스럽게 실업이 사라질 것이다.

'작은 쥐꼬리'는 지켜 주마 ― 최저 임금제의 도입 배경

임금이 떨어져서 실업 문제가 해결되면 좋다. 그렇다면 모든 문제가 해결된 것일까? 물론 아니다. "임금 수준이 어느 정도인가."라는 문제가 남는다.

월급쟁이들은 대부분 자신의 봉급을 쥐꼬리만 하다고 얘기한다. 신기한 것은 대부분의 월급쟁이들이 월급이 절대적으로 많건 적건 쥐꼬리만 한 월급으로 살아간다고 얘기한다. 쥐꼬리 중에는 큰 것도 있고 작은 것도 있는데 말이다. 게다가 월급이 더 떨어진다면 생활하기 어렵다고 말할 것이다.

그런데 쥐꼬리 중에서 큰 것은 조금 떨어져도 별 문제 될 것이 없다. 하지만 작은 쥐꼬리는 봉급이 더 떨어진다면 생계에 위협이 될 수 있다. 잘못하면 노동력을 착취당하는 사태까지 갈 수 있다. 바로 이런 것을 방지하기 위해서 '최저 임금제'가 도입되었다. 작은 쥐꼬리는 정부에서 강제로라도 지켜 주겠다는 의미이다.

최저 임금제는 사람을 고용하려면 최소한 얼마는 주어야 한다고 정한 법령이다. 임금의 하한선을 정한 것이다. 가격 하한제라고 부르는 이유도 거기에 있다. 노동자의 최저 생계를 보호하고 소득 격차를 줄이며 후생을 증진시킨다는 좋은 목적으로 만든 정책이다.

최저 임금제의 부작용

문제는 최저 임금제를 도입한 정책의 의도대로 시장이 반응한다면 참 좋겠지만 결과는 그렇지 않다는 점이다.

만복이라는 사람이 있다고 하자. 만복이는 일을 잘 못한다. 만복이가 회사를 위해서 최대한 노력한다고 해도 회사에 기여할 수 있는 정도는 30만 원에 불과하다. 만복이의 가치는 회사의 입장에서 보면 30만 원인 셈이다. 회사가 만복이를 채용해서 손해를 보지 않으려면 한 달에 30만 원보다는 적은 월급을 줘야 한다.

그런데 최저 임금제를 적용해서(2009년 7월 현재 우리나라의 최저 임금은 80만 원이다.) 만복이에게 80만 원을 봉급으로 줘야 한다면 그 기업은 어떻게 할까? 신규 채용의 경우라면 만복이를 채용해서 50만 원만큼 손해를 보느니 아예 채용하지 않을 것이다. 이렇게 된다면, 원래 노동자를 보호하기 위해서 만든 최저 임금제 때문에 오히려 실업자가 되는 일이 발생할 수도 있는 것이다.

만복이가 이미 취업한 상태라면, 기업은 50만 원씩 계속 손해를 보고 있는 것이다. 기업은 만복이를 정리 해고하고 싶을 것이다. 30만 원만 받더라도 계속 근무하고 싶은 만복이는 최저 임금제 때문에 해고될 수도 있는 것이다.

만약 정리 해고가 어렵다면 만복이에게는 신나는 일이다. 기여하는 것보다 봉급도 많이 받으면서 안정된 직장까지 있으니 말이다. 하지만 이 경우, 만복이는 기업의 경쟁력에 50만 원어치의 해를 끼치고 있는 셈이다. 기업은 50만 원으로 고용할 수 있었던 다른 구직자를 고용할 수 없게 된다. 최저 임금제가 없었다면 채용될 수도 있었던 또 다른 구직자를 실업 상태로 그냥 두게 된다는 뜻이다.

만복이만 생각하면 당연히 최저 임금을 주어서 먹고살 수 있도록 해야 한다. 만복이가 직장을 가졌고 해고를 피할 수 있다면 최저 임금제라는 소기의 목적은 달성된 것이다. 그런데 노동 시장 전체로 보면 이로 인해 실업률이 높아지고 또 다른 사람이 희생된 것이다.

노동자들을 보호하기 위해서 만든 최저 임금제가 일부 노동자에게는 도움이 되지만, 또 다른 노동자들에게는 해가 될 수도 있다. 또한 기업체의 경쟁력도 함께 떨어진 것이다. 정부에서 의도하지 않았던 부작용인 셈이다.

경제는 자유로울수록 발전한다

이와 같이 정부의 규제가 시장의 힘을 거스르려 할 때 여러 부작용이 나타난다. 시장의 힘은 만유인력과 비슷하다. 그것을 무시하면 언젠가는 탈이 난다.

많은 사람들이 지나친 자유는 혼란과 과다 경쟁을 유발해서 부정적인 결과를 가져올 것이라고 우려한다. 그래서 정부가 어느 정도 경제적 자유를 속박해야 한다고 생각하기도 한다. 하지만 세계 여러 나라의 사례를 보면 경제적으로 자유로운 나라일수록 경제 발전도도 더 높은 것으로 나타난다.

미국의 헤리티지 재단이 발표한 2009년도 경제 자유 지수를 보면 경제 자유도가 최하위인 쿠바나 북한이 최빈국에서 벗어나지 못하고 있는 것을 알 수 있다. 그리고 대부분의 경제학자들은 이것이 결코 우연한 결과가 아니라고 생각한다.

또한 많은 사람들은 정부가 항상 모든 문제를 해결할 수 있다고 생각하는 것 같다. 역사적 경험으로 볼 때 오히려 그 반대였는데도 말이다. 특별한 몇몇 경우를 제외하면 경제에 자유를 주는 것이 경제 발전에 유익하다.

정부가 개입해도 좋은 경우

정부의 개입이 필요할 때는 보이지 않는 손이 실패한 경우로, 경제적 자유만으로 해결될 수 없는 문제가 발생했을 때이다.

독점 기업의 시장 지배력이 문제가 된다거나 외부 효과가 존재하는 경우, 아니면 제1장에서 설명한 것처럼 중요한 정보를 누구는 알고 누구는 모르는 '디지털 디바이드'가 존재하는 경우 등이다. 이런 상황에서는 시장이 실패할 수도 있기 때문에 정부가 개입하는 게 나을 수 있다.

9
경제생활의 틀, 법률
법 경제 이론

경제학에서 효율적이라고 결정된 것을 실생활에 적용시켜 주는 것은 법률이다.
시장 경제의 근간을 이루는 법률은 재산권 관련법이다.
재산권이 명확하고 거래 비용이 상대적으로 적으면 효율적인 자원 배분이 가능하다.

경제학은 경제를 연구하는 학문이다. 경제학에서 좋다고 연구된 것을 실생활에 적용시켜 주는 것은 법률이다. 그러니 법률과 경제학은 불가분의 관계가 있다고 할 수 있다. 사실 잘 생각해 보면, 동네 슈퍼에 가서 물건을 하나 사는 것도 재산권이나 계약법에 적용을 받고 있는 것을 알 수 있다. 법률은 우리의 경제생활에서 중요한 위치를 차지하고 있다는 사실을 알고 있어야 한다.

재산권은 시장 경제의 버팀목

가장 효율적이라고 알려진 시장 경제는 물건을 시장에서 거래한다는 특징을 가지고 있다. 시장 경제의 또 다른 이름인 자본주의는 단어 자체로도 자본의 소유권이 중요하다는 사실을 이야기한다. 이와 같이 시장 경제의 근간을 지켜 주는 것은 재산권Property rights 관련 법률이라고 할 수 있다. 시장에서의 거래를 통해 소유권을 거래하는 것이 시장 경제의 기본이다. 그런데, 소유권이 없거나 제대로 정의되지 못한다면 시장 경제는 제 기능을 다할 수 없을 것이다. 역사적으로 보면, 재산권을 명확하게 하기 위하여 노력해 왔으나 아직도 재산권이 불분명한 경우는 존재한다.

실생활의 사례를 통해서 시장 경제와 재산권에 대해서 살펴보자. 농부가 수박 농사를 짓는 상황을 생각해 보자. 농부가 씨를 뿌리고 열심히 가꾸어서 밭에 수박이 가득하다. 옛날에는 이런 시기에 동네 아이들이 수박 서리에 나서는 경우가 종종 있었다. 지금은 정감이 가는 옛이야기로 떠올릴 수 있지만, 농부의 입장에서는 속상한 일이었을 것이다.

아이들은 들키면 혼이 나니까, 들키지 않으려고 대개 밤에 서리를 하게 된다. 그런데 깜깜한 밤에 맛있는 수박을 고르는 것은 쉬운 일이 아니다. 그래서 아이들이 개발한 방법은 일단 수박을 깨뜨리고 보는 것이다. 맛있는 수박이면 먹고, 맛없는 수박이면 또 다른 수박을 찾아 맛있는 수박을 찾을 때까지 계속 깨뜨리는 것이다. 이 방법은 확실하게 맛있는 수박을 찾는 방법이다. 아이들은 재미있겠지만, 수박 밭을 가꾼 농부의 입장에서 보면 큰 피해인 셈이다. 농부가 화나는 것은 당연하다고 할 수 있다.

계속해서 이런 일이 반복된다면, 농부는 수박 서리를 막기 위해서 아마 밤에 원두막에서 지키고 있을 수도 있다. 수박 서리 나온 아이들을 잡으면, 혼내 주기도 하면서 말이다. 하지만 밤마다 이렇게 수박을 지키는 일은 여간 힘든 것이 아니다. 그래서 간혹 집에 가서 쉬게 되는데, 이때도 수박 서리가 계속된다면 농부는 아마 수박 가꾸기를 포기하거나 서리가 없는 다른 작물로 바꿀 수도 있을 것이다. 재산권을 보호하는 것이 경제생활에 어떤 영향을 끼치는지 알 수 있는 부분이다.

또 다른 사례인 애완동물과 야생 동물을 들어 설명해 보자. 강아지나 고양이 같은 애완동물은 주인이 있다. 재산권이 명확한 것이다. 반면에 곰과 호랑이 같은 야생 동물은 대부분 주인이 없다. 그런데 재미있는 것은 재산권이 명확한 애완동물은 점점 번창하고 있지만, 곰이나 호랑이 같은 야생 동물들은 반대로 점점 멸종 위기에 처하고 있다는 사실이다. 생존 능력만 따져보면 야생 동물이 훨씬 뛰어난데도 말이다. 재산권이 동물의 생존을 좌우할 만큼 큰 차이를 만들어 낸 것이다.

재산권을 보장하기 위한 장치들

재산권을 법에서는 어떻게 보장해야 하는 것일까? 법으로 재산권을 보호하기 위해서는 재산권을 구체적으로, 그리고 명확하게 정의해야 함은 물론이다. 재산권은 배타적 사용권, 양도권과 양수권 등으로 구분할 수 있다. 배타적 사용권은 말 그대로 다른 사람을 배제하고 독점적으로 사용할 수 있는 권리인데, 법적으로 이 권한을 보호해야 재산권이 보호된다. 그리고 해당 권한을 팔거나 살 수 있는 권리, 즉 양도권과 양수권도 보장되어야 한다.

수박 서리의 사례에서 보듯이 농부에게 수박의 배타적 사용권이 주어지지 않는다면, 농부는 피해 입은 수박에 대한 보상을 아이들에게 요구할 수 없게 된다. 이에 따라 아이들은 계속 수박 서리에 나설 수 있게 되며, 그에 따른 결과로 농부는 농작물을 서리가 없는 다른 농작물로 바꾸거나, 농사를 짓지 않게 될 것이다. 야생 동물의 사례에서는 배타적 소유권이 주어진 애완동물은 번성하게 되고, 소유권이 불분명한 야생 동물은 멸종 위기에 처하게 되었다. 그래서 배타적 사용권은 중요하다.

배타적 사용권과 함께 양도와 양수에 대한 권리도 같이 보호되어야 한다. 자기 것이지만, 팔 수 없다면 소용없기 때문이다. 양도권이 중요한 이유도 사례를 통해서 알아보자. 국가 대표 축구 선수인 박지성 선수가 유명 오페라 「카르멘」의 표를 가지고 있다고 하자. 반면에 유명한 소프라노인 조수미 씨는 올림픽 축구 경기 관람권을 가지고 있다고 하자. 이것은 두 사람이 모두 자신이 가지고 있는 표에 대해서 배타적 사용권을 소유하고 있다는 뜻이다.

그런데 박지성 선수는 나이 때문에 올림픽 축구에는 참가할 수가 없으므로 경기라도 관람하고 싶고, 반면에 조수미 씨는 축구보다는 오페라를 더 관람하고 싶었다. 이 경우에 두 사람이 표를 교환하면 두 사람 모두 더 행복해질 것이다. 자신이 원하는 것을 볼 수 있으니까 말이다. 하지만 만약 두 사람이 가지고 있는 표에 각자의 이름이 쓰여 있어서, 다른 사람이 사용할 수 없게 되어 있다면, 두 사람은 자신이 보고 싶은 것을 볼 수가 없게 된다. 박지성 선수는 자신이 가지고 있는 표로 오페라 「카르멘」을 그냥 보거나, 아니면 표를 버려야 한다. 두 가지의 경우, 어느 경우이든지 표를 교환하여 축구 경기를 볼 수 있을 때보다는 좋지 않을 것이다.

결국 양도, 양수의 권한이 없으면 시장 경제의 장점인 거래를 통한 이득을 얻을 수 없게 된다는 의미가 된다. 표를 교환할 수 없을 때에도 박지성 선수나 조수미 씨는 각자가 가지고 있는 표에 대해서 배타적 소유권을 가지고 있지만, 양도, 양수권까지 가지고 있을 때보다는 효용이 떨어지게 된다. 양도, 양수권도 소유권의 일종으로써 중요한 법적 보장 장치인 것이다. 그렇다면 법률로 배타적 소유권과 양도, 양수권을 보호한다면, 더 이상 조심해야 할 점은 없을까?

노예 제도 같은 경우에는 배타적 사용권이나 양도, 양수권에 대해서 인정하면 안 된다. 아무리 본인이 노예로 팔려야 되겠다고 주장해도 노예 제도 자체는 인정해서는 안 될 일이기 때문이다. 그런 의미에서 마약에 대한 배타적 사용권이나, 양도와 양수권도 인정하면 안 될 것이다. 또, 매춘과 음란물도 비슷한 경우라고 할 수 있다. 이런 것들은 당연히 예외로 제외하고 재산권을 인정해야 할 것이다.

코오즈의 정리

소유권과 관련해서 경제학에서 발견한 중요한 연구 결과가 있는데, 노벨상을 수상한 경제학자인 코오즈Ronald Coase에 의해 발견되었다고 해서 '코오즈의 정리'라고 부른다.

코오즈는 재산권이 잘 보호되고 거래 비용이 적다면, 재산권을 누가 가지고 있는지에 관계없이 자유로운 거래를 통해서 가장 효율적인 사용 방식을 찾아간다는 이치를 발견했다. 두 가지 전제하에(즉 재산권이 잘 보호되어야 하고 거래할 때 발생하는 거래 비용이 적어야 한다는 조건만 만족하면) 누가 재산권을 가지고 있는지에 관계없이 가장 효율적으로 자원을 사용하게 된다는 뜻이다.

코오즈의 정리가 말하고 있는 이치가 무엇인지, 사례를 통해 알아보자. 성경에 보면 아담과 이브의 아들인 농부 카인과 양치기 아벨이 나온다. 카인은 땅에 밀도 심고, 채소도 심으면서 열심히 농사를 짓고 있었다. 반대로 아벨은 양을 키우고 있었다. 그런데 알다시피 양을 키우는 데는 풀이 필요하다. 그래서 양들을 방목을 하고 있었는데, 아벨이 키우는 양들이 카인의 밭에 들어가 밀과 채소를 뜯어 먹어 버렸다. 그래서 카인은 피해를 잔뜩 보게 되었다. 이 문제를 어떻게 해결해야 할까?

    법률적으로 보면, 농부인 카인은 농지에 대한 권한을 가지고 있는 반면에 양치기인 아벨은 방목할 권한을 가지고 있다고 해석할 수 있다. 이럴 경우 누구의 권한이 우선인지가 문제가 되는데, 만약 이 권한이 불분명하면 두 사람 사이에 싸움이 생길 수도 있다. 잘못되면 성경에서처럼 살인 사건이 일어날지도 모르는 상황이 생기는 것이다. 울타리를 쳐서 문제를 미연에 방지하는 것은 어떨까?

    문제는 울타리를 치기 위해서는 비용이 발생한다는 사실이다. 이런 비용을 거래 비용이라고 부른다. 이런 상황에서 가장 효율적인 해결책은 손해 금액과 거래 비용 중 어느 것이 큰지와 연관이 있다. 설치 비용은 100만 원이지만, 손해 금액이 1억 원이어서 울타리 설치 비용보다 훨씬 크다면, 울타리를 설치하는 것이 효율적일 것이다. 반면에 울타리 설치에 10억 원의 비용이 든다면 손해 금액인 1억 원보다 훨씬 크므로 울타리를 설치하는 것은 비효율적일 것이다.

    먼저, 울타리 설치 비용이 백만 원인 경우 자유 거래가 어떻게 효율적인 결과를 가져오는지 살펴보자. 물론, 재산권은 명확하게 둘 중 한 명에게 주어져 있어야 한다. 먼저 카인에게 재산권이 보장되어 있는 상황을 생각해 보자. 카인은 자기 재산이니까 아무 일도 안 하고 있다가 아벨의 양들이 농사를 망치면 피해 보상을 받으면 된다. 하지만 아벨은 어떤 선택을 해야 한다. 즉 울타리를 설치하거나 아니면 카인에게 피해를 보상해야 한다. 그런데 울타리 설치 비용이 100만 원이어서 피해 보상 금액인 1억 원보다 크게 저렴하다. 아벨은 당연히 울타리를 설치할 것이다.

이제 아벨이 우선권을 가졌다고 생각해 보자. 과연 효율적인 결과가 가능할 것인가? 아벨이 우선권을 갖고 있다면, 아벨은 양들을 방목하고 있으면 된다. 반면에 카인은 울타리를 설치하거나 아니면 손해를 감수해야 한다. 울타리 비용이 손해 비용보다 훨씬 적기 때문에, 카인은 울타리를 설치하는 것이 능률적이라고 생각할 것이므로 당연히 울타리를 설치할 것이다. 결국, 누구에게 재산권(우선권)이 있든 울타리는 설치된다. 이 결과는 울타리를 설치하는 것이 효율적이었다는 위의 결론과 같다. 앞에서 이야기한대로 거래 비용이 적고 재산권이 명확하다면, 시장 자율적으로 가장 효율적인 결론에 도달하는 것이다.

이제 울타리 설치 비용이 손해 비용보다 아주 커서 10억 원이라고 하자. 코오즈의 정리에서 이야기하는 거래 비용이 큰 경우인데, 코오즈는 이 경우에 자율 거래가 효율적인 결론에 도달하지 못할 수도 있다고 예측하고 있다. 왜 그럴까? 카인에게 재산권을 부여하면, 카인은 가만히 있으면 되지만 아벨에게는 세 가지 선택이 있다. 울타리 비용을 부담하거나 양치기를 포기하거나, 아니면 카인에게 손해 배상을 해야 한다. 반대로 아벨에게 우선권을 준다면, 카인에게도 세 가지 선택이 있다. 울타리 비용을 부담하거나 농사를 포기하거나 아니면 아벨에게 손해 배상을 받는 것이다.

먼저, 카인에게 우선권이 있다고 하자. 아벨은 울타리 설치 비용인 10억 원보다는 1억 원으로 보상해 주면 괜찮겠다고 생각할 것이다. 하지만 카인의 생각은 다르다. 자신의 손해 금액은 1억 원이지

만, 아벨이 협상을 통해서 면제받는 돈은 울타리 설치 비용인 10억 원이니까 더 큰 보상을 요구하는 것이다. 예를 들면, 아벨이 이익을 보게 되는 9억 원의 절반을 정신적 피해 보상으로 내 놓으라고 요구할 수도 있다. 이 경우 아벨이 협상에 응하지 않는다면, 카인은 울타리를 설치하라고 계속 요구할 수도 있다. 아벨은 불합리하다고 생각하지만, 재산권이 카인에게 있는 한 아벨의 선택은 제한된다. 이렇게 자율 협상을 통하여 효율적인 결론에 도달하지 못할 수도 있는 것이다. 물론 아벨이 협상에 응해서 효율적인 결론에 도달할 수도 있지만 말이다. 만약 효율적인 결론에 도달하지 못한다면 카인과 아벨은 성서에서와 같이 반목하여 살인이라는 불상사로 결론지어 질 수도 있는 것이다.

이렇게 거래 비용이 큰 경우는 반대의 경우와는 전혀 다른 결론에 도달할 수 있다. 재산권의 향방에 따라 결론이 달라질 수 있는 것이다. 예를 들어 아벨에게 재산권이 있다면, 둘 사이에는 협상조차 필요 없이 카인이 손해를 감수하는 것으로 끝날 것이다. 울타리가 설치되지 않는 결론이며, 울타리 설치 비용이 매우 높으므로 가장 효율적인 결론이기도 하다.

이 이야기는 간단한 이야기지만 매우 큰 영향력을 가지고 우리에게 다가온다. 공해 문제를 포함한 환경 문제에 똑같은 이치가 적용되기 때문이다. 예를 들어 쓰레기를 많이 만들어서 버리는 것은 다른 사람에게 피해를 주는 행위이다. 이런 행위를 어떻게 하면 줄일 수 있을까? 코오즈의 정리는 거래 비용이 적은 경우에는 시장에서 자체적으로도 해결이 가능하다고 이야기하고 있다. 우리나라의 쓰레기 종량제는 코오즈의 정리에 의거해 경제학자들이 만든 제도이다. 정부의 주도로 종량제를 도입하니까 사람들이 모두 쓰레기를 줄이기 위해서 노력하였고, 결과적으로 종량제의 도입은 쓰레기의 총량을 줄이는데 매우 성공적이었다.

한 가지 생각할 것은 "쓰레기 종량제에 있어서의 거래 비용은 무엇인가?"하는 문제이다. 첫 번째 거래 비용은 봉투를 사고팔기 위해 지불하는 유통 비용이다. 봉투를 만들고 파는 사람들이 갖는 돈이 첫 번째 거래 비용이라는 것이다. 모두 짐작할 수 있겠지만, 상대적으로 작은 돈일 것으로 예상된다. 두 번째 거래 비용은 종량제 봉투를 사용하지 않고 무단 투기하는 사람들을 감시하는 비용이다. 대도시의 아파트나 상가 같은 곳에서는 서로가 서로를 감시하기 때문에 이 비용은 저렴하다. 하지만 시골이나 낙도에서는 감시가 용이하지 않으며, 따라서 감시자를 별도로 고용해야 하므로 그 비용이 매우 크다. 따라서 시골이나 낙도에서는 종량제가 제대로 작동하지 않으며, 많은 경우에는 아예 종량제를 시행하지도 않는다. 반면에 도시의 아파트나 상가에서는 종량제가 잘 지켜지는 것을 보면, 코오즈의 정리가 정확하다는 것을 알 수 있다.

  마지막으로 도시의 단독 주택가에서는 어떨까? 감시 비용이 중간 정도인 이곳에서는 중간 정도의 일이 벌어진다. 즉 감시하지 못하여 발생하는 쓰레기 무단 투기가 벌어지는 곳도 존재한다는 이야기다. 예를 들면, 도시 주택가의 후미진 곳에서 협박성 문구가 적혀 있는 것을 본다. 쓰레기를 무단 투기하면 제재한다는 등의 문구 말이다. 간혹이라도 이런 무단 투기가 이루어지고 있다는 것을 짐작할 수 있으며, 그 원인이 감시 비용 또는 거래 비용에 있다는 것을 생각할 수 있다.

제3부

공공경제학

10
큰 정부, 작은 정부
세금 결정과 그 문제점

세금은 자산을 재분배하는 역할을 한다. 큰 정부를 선호하면 국민들은
세금을 더 많이 내야 하고 작은 정부를 선호하면 세금을 덜 내도 된다.
그런데 높은 세금은 탈세를 낳고, 일할 동기와 투자 의욕을 저하시킬 수 있다.

　세금은 국민이 정부에 내는 돈이나 재화를 말한다. 세금은 다양하다. 가게에서 음료수 한 병을 사더라도 세금이 포함되어 있고, 월급을 받아도 상당한 액수의 돈이 세금으로 공제된다. 지하철이나 자동차를 타도 세금을 낸다. 자동차를 굴리려면 차를 살 때도, 또 주유할 때도 세금을 내야 한다. 우리나라 기름 값의 절반 이상이 세금이라는 사실도 기억하자.
　세금은 국민들이 힘들여 번 돈인 만큼 나라에서 잘 관리하는지 관심을 가져야 한다. 그렇지 않으면 국민이 번 돈을 낭비한 후에 점점 더 많은 세금을 걷을 수 있기 때문이다.
　"인생에서 확실한 것은 언젠가는 죽는다는 것과 세금밖에 없다." 미국의 유명한 정치가인 벤저민 프랭클린이 한 말이다. 세금은 동서고금을 막론하고 우리 경제생활에서 중요한 부분을 차지하고 있음을 나타내는 말이다.

세금에 관한 일화를 하나 더 소개하자. 미국 마피아의 두목 알 카포네! 형사들은 그를 체포하기 위해 수년간 수사한 끝에 결국 감옥에 넣는 데 성공했다. 그는 살인이나 다른 강력 범죄를 많이 저질렀지만 정작 그를 기소할 때의 죄목은 어이없게도 탈세였다. 알 카포네도 세금으로부터 자유롭지 못했다는 얘기다.

큰 정부 작은 정부

세금과 정부 크기의 관계를 이해하려면 정부에서 하는 일부터 생각해야 한다. 정부는 국방, 치안 등을 책임진다. 이런 임무를 수행하려면 정부는 국방이나 치안을 책임질 만한 인력을 유지해야 한다. 만약 정부에서 사회 복지 정책을 강화해서 어려운 사람들을 적극적으로 돕기로 결정한다면 정부의 일은 늘어난다. 할 일이 늘어나면 그 일을 하기 위한 인력이 필요하다. 일할 사람 수가 늘어난다면 정부 규모는 커질 것이다.

이 과정에서 필요한 것이 바로 돈이다. 돈이 있어야 월급도 주고 어려운 사람도 도울 수 있다. 정부가 돈을 조달하는 방법 중 가장 중요한 것이 바로 세금이다. 결국 정부의 규모가 커졌다면 세금이 늘어났다고 생각하면 된다. 마찬가지로 정부 예산이 늘어나면 정부의 크기가 커졌다고 생각하는 것도 옳다.

큰 정부와 작은 정부 중 어느 쪽이 더 좋은지 그 해답을 찾기는 쉽지 않다. 하지만 정부 크기를 결정할 때 고려해야 할 점은 분명하다.

큰 정부는 세금이 많이 필요하다. 결국 세금을 내기 싫은 사람들은 작은 정부를 선호할 것이다. 반면에 정부가 현재보다 더 많은 일을 해야 한다고 생각하는 사람들은 큰 정부를 선호할 것이다. 물론 이 경우에는 세금을 더 내야 한다. 그런데 세금 부담은 생각하지 않으면서 정부가 더 많은 일을 하기를 바라는 사람도 있다. 욕심쟁이라고 할 수 있다.

참고로 가장 큰 정부는 공산주의 국가의 정부다. 국민에게 필요한 것을 정부가 모두 조달하고 공급하기 때문이다. 그래서 공산주의 국가는 국민들이 생산하는 모든 것을 세금으로 징수한다. 그 세금으로 국민들을 위한 다양한 일들을 처리한다. 하지만 역사적으로 볼 때 대부분의 공산주의 국가는 가난하거나 망했다. 소련, 북한이나 쿠바 같은 공산 국가가 대표적인 사례이다. 너무 큰 정부는 좋지 않다는 증거이다.

그렇다면 작은 정부가 좋을까? 일단 작은 정부를 추구하면 세금을 적게 낸다는 점은 좋다. 하지만 무조건 작기만 하다고 좋은 것은 아니다. 정부가 아주 작다면 치안과 국방만 담당할 것이다. 이런 국가를 야경국가라고 한다. 야경국가는 도움을 줘야 할 어려운 국민들이 생기더라도 도와줄 여력이 없을 가능성이 크다.

결국 정부가 어느 정도의 사회 복지를 담당할지에 대해서 국민들이 동의할 수 있는 규모의 정부가 필요한 것이다.

국민들이 동의할 수 있는 정부의 규모는?

국민 수가 많을수록 모든 국민이 동의하는 정부의 규모를 제시하기 어렵다. 랜스버그의 『페어플레이』에서 처음 언급된 개미와 베짱이의 얘기를 각색해서 정부의 역할과 규모에 대해 생각해 보자.

비행기가 태평양 상공을 날다가 무인도에 추락했는데 탑승자 중 세 명이 살아남았다. 개미, 베짱이, 그리고 방아깨비다. 무인도는 열대 지방답게 따뜻하고 열매도 많아서 그런대로 살 만했다. 그런데 표류한 세 사람은 각자 이름값을 하기 시작했다. 개미는 열심히 일했다. 음식을 저장하고 살 집도 마련했으며 농기구, 낚시 도구, 사냥 도구 등도 만들었다. 베짱이는 열매나 따먹으면서 편하게 살았다. 그리고 방아깨비는 베짱이보다 열심히 일하긴 했지만 개미보다는 덜 했다. 그저 자기 먹을 것을 마련하는 정도였다.

어느 날 무인도에 태풍이 몰아쳤다. 나무 위에 풍성하던 과일들이 모두 떨어져서 썩어 버렸다. 베짱이는 더 이상 먹을 게 없었다. 이 경우 불쌍해진 베짱이를 그냥 놔 둬야 할지 아니면 어떻게든 도와서 먹고살 수 있도록 해 줘야 할지가 고민이다.

인도적인 차원에서 도와준다면 어떻게 될까? 이 질문에 대답하기에 앞서 먼저 생각해야 할 것은 개미, 베짱이, 방아깨비의 입장이 서로 다를 수 있다는 점이다. 베짱이 입장에서는 당연히 도와 달라고 할 것이다. 하지만 개미의 입장에서는 측은한 생각은 들지만 자신이 열심히 일할 때 옆에서 놀던 베짱이의 모습이 떠오를 것이다. 결국 개미가 도와줄지 그렇지 않을지 제3자가 미리 예측하기는 어렵다. 그리고 개미의 입장에서는 자신이 열심히 일해서 모아 둔 것을 왜 베짱이에게 줘야 하는지 의문을 가질 가능성이 크다.

반면에 방아깨비는 베짱이가 불쌍하니 도와주라고 할 가능성이 크다. 측은한 마음이 들기도 하고 자신이 직접 도와주는 것이 아니기 때문에 쉽게 도우라고 할 수 있다는 얘기다. 하지만 실생활에서 방아깨비의 입장이 된다면 양쪽 입장을 잘 고려해서 결정해야 할 것이다. 측은지심만을 앞세워 도우라고 얘기하는 것은 다른 사람에게 부담을 주는 무책임한 행위가 될 수 있기 때문이다.

어쨌든 세 명으로 구성된 이 나라에서 베짱이를 도울지의 여부를 민주주의 방식으로 결정한다면, 개미가 설사 반대하더라도 베짱이를 돕도록 결정이 날 것이다. 방아깨비가 베짱이를 도와주라고 할 것이기 때문이다.

돕기로 결정이 나면 세금을 걷을 것이다. 그런데 세금을 낼 수 있는 사람은 개미밖에 없다. 방아깨비는 자신이 먹을 것 정도밖에 없고 베짱이는 아예 없기 때문이다. 결국 개미가 모아 놓은 것을 세금을 받아서 베짱이에게 주는 방법밖에 없는 것이다.

세금을 걷게 될 때 각각의 입장을 정리해 보자. 먼저 베짱이 입장에서는 편히 살다가 곤란해지니까 나라에서 먹고살게 해 준 셈이다. 반면에 개미 입장에서 보면 자신이 힘들여 일해서 모아 둔 것을 세금이라는 명목으로 베짱이에게 빼앗긴 셈이다. 물론 본인이 돕고 싶었다면 문제가 없겠지만 돕고 싶지 않았다면 문제가 된다. 왜냐하면 개미는 나중에 베짱이가 또 곤란해지면 자신이 아무리 열심히 일하더라도 베짱이에게 빼앗기게 될 것임을 알기 때문이다. 그래도 여전히 열심히 일할 수도 있겠지만 방아깨비처럼 조금만 일하거나 아예 베짱이가 되기로 마음먹을 수도 있을 것이다.

결국 베짱이가 다시 곤란해질 경우, 도와줄 여력이 있는 사람은 줄어들게 될 것이다. 나라 경제가 좋지 않게 된다는 얘기다. 이와 비슷한 방식으로 공산주의 사회가 무너진 것이다.

또 다른 사례를 들어 보자. 앞의 얘기와 비슷한 상황이다. 똑같이 세 사람이 무인도에 들어갔다. 세 사람 중에서 베짱이는 빠지고 벌이 무인도에 도착했다. 아시다시피 개미나 벌은 둘 다 열심히 일한다. 그런데 갑자기 홍수가 나서 개미집이 모두 떠내려갔다. 하지만 벌집은 나무에 매달려 있어서 무사했다. 운이 좋아서인지 방아깨비네 집도 무사했다. 이번에는 개미가 불쌍해졌다. 개미가 도움을 청했을 경우, 벌은 어떻게 할까? 열심히 일하던 개미의 불운은 벌에게 동병상련의 정을 느끼게 할 것이고, 벌이 도움을 줄 가능성은 아마도 클 것이다. 물론 결정은 벌의 몫이며, 벌은 개미를 돕지 않을 수도 있다. 하지만 앞의 상황에서처럼 민주주의 방식으로 결정한다면 중간에 있는 방아깨비의 역할로 개미를 도울 가능성이 크다. 결국 세금을 거두게 되고 벌이 세금을 낼 것이다.

개미인 척하는 베짱이

많은 사람들은 베짱이가 얄밉긴 하지만, 굶어 죽도록 놔 둘 수는 없다고 생각한다. 그런데 도와주고 나서 베짱이가 열심히 일할지 생각해 보면 그러지 않을 가능성이 더 크다. 반면에 개미는 한 번 도와주면 열심히 일할 것으로 예상되고, 자신이 받았던 도움을 다른 사람에게 베풀 가능성도 크다. 결국 개미를 도와주고 싶은 마음이 드는 것은 당연하지만 베짱이는 돕고 싶지 않을 수도 있다.

물론 베짱이도 사람들이 그렇게 생각한다는 것을 알고 있다. 베짱이는 그냥 있으면 도움을 받지 못할 가능성이 있고 혹시 받더라도 액수가 적을 수도 있다. 결국 베짱이는 운이 나빴던 개미인 척할 가능성이 있다. 만약 베짱이가 이 작전에 성공한다면 좀 더 쉽게 많은 사람들의 도움을 받을 것이다. 더 큰 액수를 받을 수 있을지도 모른다. 남들이 열심히 일할 때 놀기만 했던 베짱이의 배짱을 생각해 보면 못할 것도 없다.

세금 결정의 문제점

힘들여서 번 돈을 돕고 싶지 않은 사람에게 주거나 낭비하게 될 것 같다면 내놓고 싶지 않을 것이다. 그런데도 강제로 도와야 한다면 앞서 얘기한 대로 방아깨비로 변신하는 개미들이 늘어날 것이다. 아예 베짱이로 변신하는 개미들도 생길 수 있다.

이런 것이 세금을 결정할 때 발생하는 문제들이다. 그런데 세금을 더 걷자는 얘기와 똑같은 의미로 불쌍한 사람을 돕자는 얘기가 나오면 많은 사람들이 더 이상 얘기하기를 꺼려한다. 왜냐하면 돕지 말자고 하면 차가운 사람으로 평가될 것이고 혹시 도와야 할 사람이 베짱이 아니냐고 되물으면 돈이 아까워서 그러는 것이라고 다른 사람들이 오해할 수 있기 때문이다. 하지만 불쌍한 사람들을 모두 베짱이로 간주해서 아예 돕지 않는다면 그것도 심각한 문제이다. 운 나쁜 개미들도 얼마든지 있을 수 있기 때문이다.

세금의 규모에 따라 정부의 크기가 달라진다

첫 번째 사례에서는 베짱이를 도와야 한다고 생각할 수도 있고 아닐 수도 있다. 그런데 자신은 돕지 않으면서 남한테 도우라고 강요할 수는 없다. 방아깨비처럼 자신은 돈을 내지 않으면서 다른 사람에게 도우라거나 돕지 말라고 얘기하는 것은 무책임하기 때문이다. 돕는 것으로 결정한다면 누군가가 열심히 일해서 번 돈을 세금으로 더 낸다는 사실을 고려해야 한다. 돕기로 결정한 경우에는 큰 정부가 될 것이다. 반면에 베짱이를 돕지 말자고 결정하면 세금을 덜 거둬도 되기 때문에 정부 규모는 작아진다.

두 번째 사례에서도 홍수를 당한 개미를 도와야 한다고 생각할 수도 있고 아닐 수도 있다. 하지만, 첫 번째 사례보다는 많은 사람들이 도와야 한다고 이야기할 것이다. 만약 베짱이를 돕지 말거나 최소한으로 돕기로 하고 불운한 개미를 적극적으로 돕자고 결정한다면, 중간 정도 규모의 정부가 될 것이다.

마지막으로 불운한 개미도 돕지 말자고 한다면 아주 작은 정부면 된다. 물론 불운한 개미조차 돕지 말자고 한다면 잔인하다고 생각할지 모른다. 하지만 꼭 그런 것은 아니다. 개미를 도울 필요가 없다고 생각하는 사람들은 개미가 처음부터 집을 잘못 지었기 때문이라고 생각하는 것이다. 자기 잘못으로 홍수 피해를 본 것이며 도와주면 또다시 그곳에 집을 지을 것이고 홍수 피해를 매년 볼 것이라는 논리이다. 홍수 피해를 볼 때마다 개미를 계속 도와야 하는지 물어본다면 아니라고 얘기하는 사람들이 생길 것이다. 이런 사람들은 개미가 집을 옮기기로 할 때만 도와줄 수 있다는 논리를 펼 것이다.

세금이 경제에 미치는 영향

세금이 경제에 미치는 영향은 이루 말할 수 없이 많다. 물론 좋은 점도 있고 나쁜 점도 있다. 먼저 좋은 점은 국방이나 치안에 꼭 필요한 재원으로 세금을 활용할 수 있다는 것이다. 세금으로 어려운 사람들을 도와줄 수도 있다.

하지만 세금은 경제를 왜곡시키는 부작용도 있다. 먼저 세금이 부과되면 소비자들은 자신이 실제로 소비할 수 있는 가처분 소득이 줄어든다. 당연히 소비자들은 세금을 싫어한다. 물론 그 돈을 좋은 데 쓰면 세금에 대한 부작용을 줄일 수 있다. 하지만 그 돈을 정부에서 낭비라도 한다면 더욱 기분이 나빠질 것이다. 결국 경제 전체적으로도 좋지 못할 것이다.

참고로 미국에서는 세금의 효용이 대략 70~80%라고 알려져 있다. 국민들이 세금을 100만 원 내면 그중에서 70~80만 원만 제 역할을 하고 20~30만 원은 낭비된다는 것이다. 이것이 미국만의 얘기는 아닐 것이다. 세금이 비효율적으로 이용되는 것은 전 세계적인 현상이다. 그래서 세금을 좋지 않게 생각하는 경제학자들이 많다.

그렇다면 혈세가 낭비되지 않도록 신경을 쓴다고 문제가 해결될까? 세금이 낭비되지 않더라도 또 다른 문제가 발생할 수 있다. 세금은 일하고자 하는 동기에 영향을 미친다. 사람들이 열심히 일하는 이유는 다양하다. 자아를 실현하거나 무엇인가 성취해서 사회에 기여하고 싶을 수 있다. 물론 금전적 보상도 큰 동기 중 하나이다. 그런데 세금은 금전적 보상을 줄인다. 세금이 많이 부과되면 열심히 일해서 돈을 벌던 사람들은 맥이 빠지기 마련이다. 열심히 일해 번 돈이 상당 부분 세금으로 빠져 나가기 때문이다.

1. 불법적인 탈세

사람들은 대부분 어떻게든 세금을 적게 내려고 한다. 세금을 절약하는 방법 중에 불법적인 형태로는 탈세가 있다. 합법적인 방법은 조세 제도를 잘 알아서 절약하는 것이다. 그리고 아예 세금이 낮은 나라로 이민 가는 방법도 있다.

실제 북유럽의 여러 나라들은 세율이 아주 높다. 소득의 절반 이상을 세금으로 내는 나라도 있다. 이곳 출신의 유명한 운동선수들 중에는 세계 대회에서 우승해서 큰돈을 벌면 바로 국적을 바꾸기도 한다. 세금을 절약하기 위해서 세율이 낮은 나라로 이민을 가는 것이다. 왕년의 테니스 스타인 비욘 보리도 그랬고 킴 클리스터스도 그랬다.

결국 세금은 국적도 바꾸게 할 만큼 국민들의 생활에 큰 영향을 미친다. 그런데 이런 사람들이 국적을 바꾸면 그들이 원래 속했던 나라는 손해가 크다. 유명한 선수도 잃고 그로부터 세금도 받지 못한다. 세금을 피하려고 이민을 가는 사람들은 상당히 얄밉게 느껴진다. 그렇지만 이 사람들에게 특혜를 주어서 남게 하거나 아니면 떠나는 것을 보고 미워하는 것 말고는 별로 할 수 있는 일이 없다. 물론, 모두의 세금을 낮추는 방법은 차치하고 하는 이야기다.

2. 생산성 하락

설령 다른 나라로 이민가지 않고 남아 있어도 세금이 부과되기 전과 후에 다르게 행동하는 사람들도 있다. 세금 때문에 자기 손에 떨어지는 돈이 적어지기 때문에 일을 덜 하는 사람들도 생길 수 있는 것이다. 이런 사람들은 일을 좀 줄이는 대신에 여가를 즐길 가능성이 크다. 하루에 네 시간만 자면서 열심히 일한 끝에 한 달에 100만 원을 더 벌었는데, 100만 원 중에 40만 원이나 세금으로 내야 한다면 잠이나 좀 더 자자고 생각할 수 있다는 것이다. 물론 그동안 함께 하지 못했던 가족과의 시간을 늘릴 수도 있고 가고 싶었던 여행을 갈 수도 있다.

개인적으로 보면 일 대신에 여가를 선택한 것이니까 큰 문제는 없다. 금전적으로 약간 손해라고 느낄 정도이다. 하지만 국가적으로 보면 얘기가 다르다. 사람들이 열심히 일을 해야 국가의 생산성이 높아져서 잘 살게 되기 때문이다.

그런데 세금 때문에 일을 줄이고 여가를 즐기자고 나서는 사람들 중에는 능력이 뛰어난 사람들이 많을 것이다. 돈이 많지 않고 능력도 없는 사람들은 세금을 좀 더 내더라도 한 푼이라도 더 벌려고 할 가능성이 크다. 하지만 능력 있는 사람들은 이미 돈을 많이 벌고 있기에 세금이 많이 부과된다고 하면 돈을 조금 덜 벌고 여가를 즐기는 방향으로 바꿀 것이다.

결국 높은 세금을 부과하면 능력 있는 사람들을 외국으로 이민 보내거나 일을 덜하게 해서 나라 전체의 생산성에 악영향을 미칠 수 있다. 참고로 우리나라 소득세의 최고 세율은 35%이다. 여기에 주민세를 더하면 38.5% 정도다. 100만 원을 벌면 40만 원 정도를 세금으로 내고 나머지 60만 원 정도만 자신이 갖게 되는 셈이다.

3. 투자 부진

높은 세금을 책정하면 투자가 줄어들 가능성도 크다. 사실 기업들이 투자하는 이유는 돈을 벌기 위해서이다. 이윤을 추구하는 기업은 기대되는 수익이 비용보다 클 때만 투자한다. 예를 들어서 어느 기업이 투자를 하려고 따져 보니 수익이 비용보다 높을 것으로 예상되었다. 그런데 투자하기 전에 다시 한 번 잘 따져 보았더니 세금을 올리겠다는 정부의 발표를 고려하지 못했다는 것을 발견했다. 세금을 고려해 계산해 보니 실수익이 대폭 줄어들어서 투자하면 손해를 볼 것으로 예상되었다면 이 기업이 과연 투자를 할까? 당연히 투자하지 않을 것이다.

이처럼 세금이 올라가면 투자를 취소하는 기업도 생길 것이다. 그렇지만 모든 기업이 그런 것은 아니다. 원래 수익성이 낮았던 기업 중에서 투자를 줄이는 기업도 생길 것이라는 얘기다.

그런데 세금이 높아졌을 때 투자를 줄이는 것은 기업뿐만이 아니라 개인도 마찬가지일 것이다. 여유 자금이 100만 원쯤 있다면 저축할 수도 있고 집에 있는 낡은 가전제품을 새것으로 바꿀 수도 있다. 하지만 이 사람이 가전제품을 포기하고 저축하기로 했다면, 그 이유는 그 돈을 모아서 나중에 쓰려는 의도일 것이다. 그러니 돈을 모을 때 이자가 많다면 금상첨화이다. 그런데 저축해서 받을 이자에서 세금을 많이 뗀다면 저축의 매력이 줄어들 것이다.(저금할 때 세금 우대 저축을 활용하는 이유도 여기에 있다.) 어쨌거나 세율이 높아지면 실수령 이자가 줄어들고 이자가 줄면 저금도 적게 한다는 것이다.

그렇다면 세금을 낮추면 투자가 늘어날까? 그렇다. 세금을 낮추면 기업은 기대되는 수익이 높아지기 때문에 투자를 더 하게 된다. 또 개인도 세금이 낮아지면 세금을 차감하고도 높은 이자를 받기 때문에 더 저축하려고 노력할 것이다. 결국 낮은 세금은 개인이나 기업 모두에게 저축과 투자를 증대시키는 효과가 있다.

실제로 이런 정책을 실천해서 국가 경제를 부흥시킨 사례가 있다. 바로 영국 옆에 있는 작은 나라 아일랜드다. 이 나라는 1998년부터 2002년까지 경제가 빠르게 성장했다. 그 기간동안 우리나라는 국민 소득 1만 달러의 문턱에서 주저앉은 후 4.7% 정도의 평균 성장률을 기록하고 있었던 반면 아일랜드는 8.46%의 높은 성장률을 보였다. 아일랜드가 성장한 이유는 다양하지만 낮은 세율도 한몫을 한 것으로 전해진다. 소득에 대한 낮은 세율로 해외 투자를 유치하고 우수한 인력들을 아일랜드로 영입한 것이다.

세금 책정 방법

그렇다면 세금은 어떻게 책정될까? 세금에는 역진세, 누진세, 정률세 그리고 인두세 등이 있다. 역진세는 돈을 많이 버는 사람일수록 세율을 낮추는 방법이고 누진세는 돈을 많이 버는 사람일수록 세율을 높이는 방법이다. 반면에 인두세는 소득과 관계없이 한 사람당 얼마씩 세금을 받는 방법이다. 인두세는 경제 왜곡을 줄이는 제도로 알려져 있다. 한 사람당 얼마씩 세금을 걷기 때문에 돈을 더 번다고 세금을 더 내지 않는다. 앞서 얘기한 세금의 나쁜 점이 줄어드는 것이다. 사람들이 세금 때문에 일을 덜 하는 일도 없고 기업이 투자 계획을 다시 생각하는 경우도 없다.

그렇다면 인두세를 도입하지 않는 이유는 무엇일까? 왜곡을 줄일 수 있지만 또 다른 문제점이 있기 때문이다. 가난한 사람들도 세금으로 똑같은 금액을 내야 한다는 것이다. 옛날이야기 속 탐관오리들이 괴롭히는 대상은 항상 가난한 사람들이다. 그때 괴롭히는 방법이 바로 인두세이다. 부자들은 세금을 내는 데 문제가 없기 때문에 탐관오리들이 괴롭히는 일이 별로 없다. 반면에 가난한 사람들은 부자와 같은 액수의 세금을 내야 하는데 가난해서 내지 못하기 때문에 괴롭힘을 당하는 것이다. 이 때문에 인두세는 현대에 와서 활용되지 못하고 있다.

그 대신 돈을 많이 버는 사람에게 더 높은 세금을 내도록 하는 방법이 개발되었다. 소득의 일정 비율을 세금으로 내는 방법이다. 그 중에서도 돈을 조금만 버는 사람은 낮은 세율을 적용하고 돈을 많이 버는 사람들에겐 높은 세율을 적용하는 누진세가 등장했다. 돈을 많이 버는 사람들이 세금을 더 내는 것이므로 공평한 제도라고 생각하는 사람들이 많다. 하지만 한 가지 기억해야 할 것은 누진세는 돈을 많이 벌수록 더 높은 세율을 적용 받는다는 것이다. 우리나라 세금을 예로 들면 일 년에 1000만 원을 과세 대상 소득으로 버는 사람은 약 100만 원을 세금으로 내야 한다. 이 비율대로 한다면, 1억을 버는 사람은 1000만 원을 세금으로 내야 한다. 이런 방법을 정률세라고 한다. 참고로 정률세에서도 돈을 많이 버는 사람이 세금을 더 많이 낸다. 하지만 누진세는 그보다 더 내게 된다. 그래서 우리나라에서는 정률세에서 적용받는 1000만 원보다 더 많은 액수인 약 2500만 원의 세금을 내게 된다. 1억 원의 소득이 있는 사람은 평균적으로 2.5배의 누진세율이 적용된다고 볼 수 있다.

누진세의 경우에는 돈을 많이 벌수록 세금이 더 빨리 늘어난다. 그러면 앞서 설명한 대로 외국으로 떠나고 싶어 하거나 일을 열심히 할 마음이 줄어드는 사람이 생길 수 있고 투자 의욕이 저하될 수도 있다.

역진세는 어떤 역할을 할까? 역진세는 누진세와는 반대로 돈을 더 벌수록 세율을 낮추는 것이다. 사람들이 더 열심히 일할 동기가 생기는 것이다. 열심히 일해서 돈을 더 벌게 되면 세율을 점점 더 낮추므로 지금은 돈을 잘 벌지 못하더라도 앞으로 더욱 높은 수입을 올리라는 격려의 의미이다. 하지만 역진세에도 문제는 있다. 돈을 적게 버는 사람들이 높은 세율의 세금을 내야 한다는 것이다. 실제로 세금을 부담하기 어려울 수도 있고 불공평하다는 비난도 발생한다.

11
개미와 베짱이의 경제학
공평한 분배와 효율성

공평한 분배란 무엇일까? 다양한 개념이 가능하므로
공평한 분배를 추구할 때는 공평성의 개념이 명확해야 한다.
공평성은 효율성을 해칠 수 있기 때문에 부작용을 최소화하는 방법을 찾아야 한다.

앞서 개미와 베짱이 이야기를 통해 세금에 대해서 알아보았다. 이 이야기를 통해 공평한 분배와 효율성도 설명할 수 있다. 기억을 되살리는 차원에서 잠시 같은 이야기를 반복한다.

무인도에 추락했지만 살아남은 개미, 베짱이, 방아깨비. 이들은 각자 성향대로 무인도 생활에 적응하고 있었다. 그러던 어느 날, 무인도에 태풍이 몰아치자 평소 모아 둔 것이 없는 베짱이는 어려움에 처한다. 그렇다면 불쌍해진 베짱이를 그냥 놔 둬야 할지 아니면 어떻게든 도와서 먹고살 수 있게 해 줘야 할지 고민이다. 이때 먼저 생각해야 할 것은 개미, 베짱이, 방아깨비의 입장이 서로 다를 수 있다는 점이다.

먼저 베짱이 입장에서는 당연히 도와달라고 할 것이다. 개미는 측은한 생각은 들지만 자기가 열심히 일할 때 옆에서 놀던 베짱이의 모습이 떠오를 것이다. 도와준다고 할지 말지 고민이다. 방아깨비의 입장에서는 불쌍하니까 도와주라고 할 가능성이 크다. 측은한 마음이 들기도 하고 자신이 직접 도와주는 것이 아니니까 쉽게 도와주라고 할 수 있다는 얘기다.

베짱이가 아무리 놀았다고 해도 인도적 차원에서 불쌍한 베짱이를 그냥 굶어 죽도록 할 수는 없는 일이다. 그래서 개미가 도와주기로 했다고 치자. 그 다음에 개미는 베짱이를 '얼마나 도와줘야 할지' 결정해야 한다. 개미가 가진 것을 둘로 나눠 반을 베짱이에게 주거나 베짱이가 살 수 있을 정도만 도와주거나 아니면 그 중간 어디쯤에서 결정할 수 있을 것이다. 만약 베짱이가 간신히 살 수 있을 정도로 도와준다면, 좀 야박하게 느껴질 수 있다. 그렇다고 개미의 재산 절반을 베짱이에게 준다면 개미는 오랫동안 베짱이를 위해서 일한 셈이 된다. 물론 개미가 박애 정신을 가지고 처음부터 그럴 마음이었다면 상관없지만 강제로 그렇게 해야 한다면 개미는 더 이상 일할 맛이 나지 않을 것이다.

어쨌거나 개미는 베짱이를 도와주었고 베짱이도 살 수 있게 되었다고 하자. 그런데 베짱이는 전혀 뉘우침이 없이 여전히 편하게 산다. 그런데 또 다른 문제가 발생했다. 언제 또 올지 모르는 태풍에 대비하고 함께 잘 살기 위해서는 방파제나 도로 등 설비를 개선해야 하는데 베짱이는 이런 것들을 부담할 능력도 없을 뿐더러 부담할 마음조차 없다. 방아깨비도 일부 부담했지만 결국은 개미의 책임만 커진 것이다. 이런 경우 개미는 분명 억울할 것이다. 자신도 베짱이처럼 지낼 수 있다고 생각할 것이다. 중간에 있는 방아깨비가 개미더러 부자가 더 부담하는 것이 공평하다고 설득한다 해도 개미는 불공평하다고 생각할 것이다. 개미가 베짱이 몫을 부담한다고 해도, 언제까지 또 어디까지 부담하는 것이 공평한지도 분명치 않을 것이다.

불명확한 개념, 공평성

여기서 공평성이란 과연 무엇인가 하는 문제가 생긴다. 결론부터 얘기하자면, 공평성에 대해서는 모든 사람이 명확하게 동의하는 개념이 없다. 그러므로 공평한 분배라는 것이 어떤 것인지도 알 수 없다. 각자 자신의 처지에 따라서 공평한 분배가 다르게 느껴지기 때문이다. 베짱이는 지금 가난하기 때문에 부자가 많이 도와주면 좋겠다고 생각한다. '가진 것도 많은데, 좀 도와주면 어때…….'라며 말이다. 하지만 개미는 베짱이가 놀 때 열심히 일해서 부자가 되었는데 그냥 나눠 준다면 억울할 것이다.

이런 문제를 해결하기 위해서 공평한 분배가 무엇인지 생각하는 방법을 제시한 사람이 바로 경제학자 존 롤스다. 롤스가 생각해 낸 방법은 사람들이 모두 세상에 태어나기 이전의 상태에서 공평하다고 생각하는 것을 찾아내는 것이었다. 보다 쉽게 설명해 보자. 부잣집에 태어나면 부유하게 살고 재벌 집에 태어나면 자식도 재벌이 되는 식으로 보통 사람들은 태어날 때 많은 것이 결정된다. 참고로 미국에서는 아버지가 보통 사람보다 20% 정도 소득이 많은 경우 그 자식은 8% 정도 소득이 더 많다고 한다. 하지만 손자에게는 큰 영향이 없다고 한다.

분배에 대한 입장은 상당 부분 자신이 가진 부에 의해 결정된다. 대개 부자는 소득을 재분배하는 것을 싫어하고 가난한 사람은 분배하는 것을 좋아한다. 가난한 사람은 "누구는 별 노력 없이도 부모 잘 만나서 부자가 되고 누구는 부모 잘못 만나서 아무리 노력해도 여전히 가난하다."는 생각을 할 수 있기 때문이다.

결론적으로 롤스는 이런 것 때문에 공평한 분배가 무엇인지 동의

하기 어렵다고 생각했다. 그래서 태어나기 이전 상태로 돌아가서 자신이 부자로 태어날지 가난하게 태어날지 전혀 모르는 상태에서 소득 재분배 제도(참고로 소득 재분배 제도의 좋은 예는 세금 제도이다.)를 만들 수 있는 상황을 생각한 것이다. 그리고 이런 상황에서 동의할 수 있는 소득 재분배 제도가 있다면 그 방법이 바로 공평한 소득 재분배 제도일 거라고 얘기했다.

공평성과 효율성

안타깝게 이 방법으로도 결론을 찾지는 못했다. 하지만 사람들이 소득 재분배 제도를 통해서 원하는 것이 무엇인지 정도는 알게 되었다. 먼저 운 나쁘게 태어난 사람들도 생각해야 된다는 점에 동의하게 된 것이다. 많은 사람들이 "자신은 가난하게 태어나는 것이 가장 싫으며, 따라서 가난한 사람을 조금이라도 살 만하게 도와주는 것이 공평하다."는 것을 인정하게 된 것이다. 롤스는 바로 이것이 '점진적 자유주의'라고 분석했다.

가난하게 태어날 때를 대비하는 제도보다 국민 모두의 행복을 합쳐서 조금이라도 더 잘 살 수 있으면 좋겠다고 생각할 수도 있다. 이것을 '공리주의'라고 한다. 공리주의는 아주 간단한 원칙(5장에서 이야기한 한계효용 체감의 법칙)에 근거한다. 부자가 가진 100만 원은 부자에게는 큰돈이 아닐 뿐더러 없어도 별 타격이 없다. 반면에 가난한 사람에게는 큰돈일 뿐 아니라 큰 행복을 줄 수도 있다는 것이다. 우리들이 보통 "재벌에게 그 정도 돈이야 껌 값이지!"라고 얘기하는 것이 바로 공리주의의 원칙이다.

짐작하겠지만 공리주의는 부자의 돈을 가난한 사람에게 주면 좋다는 것이다. 그렇게 되면 부자의 돈은 줄어들고 가난한 사람의 돈은 늘어난다. 부자는 그 돈이 없어도 잘 살 수 있기 때문에 손해가 적다는 것이다. 반면에 그 돈을 가난한 사람에게 주면 훨씬 더 귀하게 쓰이기 때문에 사회 전체적으로는 이득이라는 논리이다. 그런데 이 논리를 진행시키면 결국 부자의 돈을 가난한 사람에게 나눠 주면서 재산 수준이 보다 비슷해지도록 하자는 이야긴데 이 결론에는 문제가 있다.

공평한 분배의 문제점

잠시 개미 얘기로 돌아가 보자. 무인도에서 개미는 부자가 되기 위해서 열심히 일했고 현재도 열심히 일하고 있다. 하지만 공리주의에 입각해서 개미가 열심히 일해서 번 돈을 가난한 베짱이에게 그냥 준다면 개미는 열심히 일해도 소용이 없다고 생각할 것이다. 또 더 이상 열심히 일하려고 하지 않을 것이다. 사회 전체적으로 보면 생산성이 가장 높은 사람이 더 이상 열심히 일하지 않게 되는 셈이다. 누구의 잘못 때문일까? 베짱이를 도와주어야 하는 상황에 의욕을 잃은 개미일까? 아니면 처음부터 놀기만 한 베짱이일까? 그것도 아니면 제도가 잘못된 것일까?

정답은 '잘못된 제도'이다. 베짱이나 개미에게 열심히 일하라고 야단치는 것은 별 도움이 되지 못한다. 일하라고 해도 하는 척만 한다면 소용이 없기 때문이다. 결국 문제의 발단은 부자인 개미의 돈을 가난한 베짱이에게 그냥 주려고 했기 때문이다.

경계학계에서 유명한 예를 하나 들어 보자. A라는 사람과 B라는 사람이 각각 사막에 오아시스를 하나씩 갖고 있다고 하자. 그런데 A는 물이 많은 오아시스를 갖고 있는데 반해서 B의 오아시스는 물이 거의 말라 버렸다. 사회적으로 두 사람의 물은 양이 같아야 공평한 것이라고 결정했고, 그래서 A의 물을 B에게 옮겨 주기로 했다. 그런데 물을 퍼서 운반할 바가지에 구멍이 나 있어 물이 새는데도 물을 계속 퍼 옮겼다. 물을 옮기고 보니 양쪽 오아시스의 물은 같아졌지만 전체적인 물의 양은 처음보다 훨씬 줄어 버렸다. 과연 물을 옮기는 것이 옳았던 것일까?

공평해지려고 하면 효율성이 떨어진다?

물건을 잘 만드는 개미와 못 만드는 베짱이가 앞으로 만들 물건을 똑같이 나누기로 결정한 다음 물건을 만들기 시작했다고 하자. 베짱이들은 여전히 무위도식하면서 살 것이다. 반면에 개미들은 두 부류로 나뉠 것으로 예상된다. 일부 개미들은 여전히 열심히 일할 것이고 또 다른 일부는 열심히 일하지 않을 것이다. '베짱이들은 놀면서도 내가 열심히 노력해서 만든 것으로 살고 있다. 그럴 바에는 차라리 베짱이처럼 행동하는 것이 현명하다.'라고 생각하는 개미들이 생긴다는 얘기다. 이런 상황이 지속되면 국가 전체의 생산성이 떨어지는 나쁜 결과를 낳는다.

역사적으로 보면 공산주의 국가들이 이런 상황을 겪었다. 앞에서 본 오아시스 이야기, 게을러진 개미 이야기와 공산주의 국가의 몰락은 일맥상통한다.

그렇다면 가난한 사람들을 돕지 말아야 할까? 물론 아니다. 우리가 원하는 공평성과 효율성은 서로 상충하는 면이 있기 때문에, 공평성을 추구하면 효율성에 손해가 날 수 있음을 지적한 것이다. 따라서 공평성을 추구할 때는 효율성에 손해가 적게 나는 방법을 찾아야 한다는 이야기다. 오아시스의 물 옮기는 얘기로 돌아가면, 물을 옮길 때 조그만 구멍이 난 바가지를 선택해야 한다는 얘기다. 참고로 구멍이 없는 바가지는 자발적인 자선 행위 이외에는 없다.

'공평성'에 대한 명확한 개념이 필요하다

앞서 설명했듯이 효율성은 비교적 명확하지만 공평성에 대해서는 사회 전체적으로 동의할 수 있는 개념이 아직 없다. 사람들이 공평성을 얘기할 때 서로 다른 생각을 한다는 얘기다. 예를 들어 학생들이 수강 신청을 하기 전에 학점을 받는 방법을 결정한다고 하자. 어떤 방법이 가장 공평할까? 한 가지 방법은 모든 학생에게 A를 주는 것이다. 학생들은 아주 좋아할 것이고 모두 A를 받기 때문에 공평하기도 하다. 하지만 문제가 있다. 많은 학생들이 공부를 하지 않고 수업에도 참여하지 않을 뿐더러 시험조차 보러 오지 않을 수도 있다.

이 문제를 해결하는 방법은 바로 일부 학생에게 A를 주지 않는 것이다. 이렇게 했을 때 학점 배분이 과연 공평한가 하는 의문을 제기할 수 있다. 이 경우에 학점 배분의 '결과'는 불공평하다. 누구는 A를 받았고 누구는 못 받았기 때문이다. 하지만 중요한 것은 학생들이 공부를 했다는 사실이고, 그 과정에서 재능이 있거나 열심히 노력한 학생은 좋은 성적을 받을 수 있다는 것이다. 결과적으로는 불공평했을

지 모르지만 과정이 공평했기 때문에 공평하다고 생각하는 사람도 있다.(과정의 공평성이면 충분하다는 주장을 '급진적 자유주의'라고 부른다.) 그런데 우리는 이런 구분 없이 그냥 공평해야 한다고 말한다. 마음속으로 생각하는 공평성은 서로 다를 수 있으므로 공평성을 추구할 때는 어떤 공평성을 이야기하는 것인지 명확히 밝혀야 한다.

12
공유자원의 비극
동기 부여

여러 사람들이 공동으로 소유하고 사용하는 공유자원은
과도하게 소비되는 경향이 있다. 이 문제는
공유자원을 보호할 동기를 부여함으로써 해결할 수 있다.

공유자원은 여러 사람이 공동으로 소유하고 소비하는 자원이다. 공유재산 또는 공용재산이라고도 한다. 예를 들어 공기는 우리 모두 공동으로 소유하고 소비하는 자원이다. 산이나 들, 바다에 있는 야생 동물들도 공유자원이다. 그뿐만 아니라 들에 피는 이름 모를 꽃, 서울 시민들의 식수를 담당하는 한강도 공유자원이다. 경상북도에는 성류굴이라는 관광 자원이 있는데 이것도 우리나라 사람들이 공동으로 소유하고 있는 공유자원이며 4000만이 넘는 휴대폰 소유자에게 필요한 전파도 우리나라 사람들이 갖고 있는 공유자원이다.

공유자원, 언젠가는 바닥이 드러날 우물

공유자원은 과도하게 소비된다는 특성이 있다. 그래서 '공유자원의 비극'이라고 표현된다. 여러 사람이 같이 식사할 때와 혼자서 식사할 때 어느 쪽이 더 맛있을까? 당연히 많은 사람들이 같이 먹을 때 훨씬 맛있다고 느낀다. 실제 여러 사람이 같이 먹을 때 많은 사람들이 더 많이 먹게 된다. 이 경우에는 밥을 즐겁고 맛있게 먹는다는 점에서 공유자원의 희극이라고 불러야 할지도 모르지만 음식 입장에서는 세상에서 빨리 사라지므로 공유자원의 비극이라고 부르는 것이다.

또 다른 사례를 들어 보자. 북유럽의 어느 도시에서 실제 있었던 일이다. 이 나라에서는 시민들의 편의를 위해서 자전거 몇 만 대를 사서 시내 곳곳에 두었다. 시민들이 자유롭게 사용할 수 있게 하자는 뜻이었다. 필요한 시민은 자전거를 타고 목적지까지 가고, 목적지에 도착하면 자전거를 길거리에 그냥 두도록 했다. 자전거가 필요한 또 다른 사람은 길거리에 있는 자전거를 타고 자기 목적지로 갈 수 있었다. 아주 편리할 뿐만 아니라 모든 사람에게 도움이 되는 아이디어였다.

지금 서울에 똑같은 일이 벌어진다고 생각해 보자. 서울시가 자전거를 구입해 길거리에 두고 시민들이 필요하면 타고, 타고 난 후 다른 사람이 탈 수 있도록 한다면 어떻게 될까? 결과를 단정지을 수는 없지만 북유럽의 경우를 볼 때 대략의 결과를 예측할 수 있다. 북유럽에서는 자전거가 상당수 도난당하거나 그나마 남아 있는 자전거들은 대부분 고장나서 더 이상 쓸 수 없게 되었다. 좋은 아이디어였지만 나쁜 결과가 나온 것이다. 공유자원의 비극 때문이다.

공유자원의 비극은 공산주의 국가에서 더 자주 발생한다. 공산주의 국가는 (모든) 국민들이 모든 자원과 재산을 공유하기 때문이다. 개인의 소유권이 없기 때문에 공유자원을 특별히 보호하는 사람도 없다. 결국 공산주의 국가에서는 자원 낭비가 발생할 가능성이 더 클

수밖에 없다.

과거 북한에서 까막 조개라 불리는 재첩을 일본으로 수출한 적이 있었다. 까막 조개는 당연히 공유자원이다. 일본으로 수출이 잘 되다 보니 외화를 더 벌기 위해서 군대까지 개입해 포크레인으로 강을 모두 뒤집었다. 그 후로는 재첩이 잘 잡히지 않아 더 이상 수출하지 못했다고 한다. 이 경우에도 공유자원의 비극이 발생한 것이다.

북한의 또 다른 사례는 협동농장과 개인 소유의 텃밭에서 찾아볼 수 있다. 북한의 경우, 개인 소유 텃밭의 생산성이 협동농장의 생산성보다 몇 배나 높다. 아마도 협동농장에서 써야 할 농자재를 개인이 집으로 가져와 사용해서 생산성에 차이가 난 것으로 짐작된다. 농자재는 공유자원이기 때문에 남용되고 있는 것이다. 북한 농민들은 농자재가 특정한 사람의 것이 아니라고 생각하기 때문에 이런 행위가 도덕적으로도 문제가 없다고 생각한다고 한다. 따라서 공유자원의 비극이 공산주의 국가에서 더 많이 발생하는 것은 당연하다고 할 수 있다.

물론 시장 경제에서도 수산 자원, 야생 동물, 지하자원은 모두 공유자원이기 때문에 공유자원의 비극이 발생한다. 몇 가지 사례를 들어 보자.

수십 년 전만 해도 조기는 우리나라 서민들의 먹을거리였다. 하지만 요즘은 달라졌다. 조기는 우리나라 서해에서 부화해서 동지나해를 거쳐 대만 인근까지 갔다가 다시 서해로 돌아와서 알을 낳는다. 알을 낳은 조기를 잡으면 좋을 텐데 어부들은 알을 낳을 때까지 기다리지 않는다. 기다리면 다른 어부들이 먼저 잡기 때문에 길목을 지켰다가 모조리 잡는 것이다. 우리나라 어부뿐만 아니라 중국, 대만의 어부들까지 모두 조기를 잡는다. 알을 낳기도 전에 잡아 버리기 때문에 이제는 거의 씨가 말라 버렸고 당연히 조기 값이 급등하였다.

바다에는 주인이 따로 없기 때문에 누구나 잡기만 하면 자기 것이 되다 보니 너도나도 더 많이 잡으려고 한 것이다. 물론 어부들도 조기가 알을 낳기 전에 잡으면 조기의 씨가 말라 버린다는 사실을 알고 있다. 하지만 자신만 조기 잡기를 멈춘다고 해서 문제가 해결되지 않는다는 것도 알고 있다. 그래서 결국 아무도 고기 잡는 손을 멈추지 않게 된다.

정부의 개입과 공유자원의 비극

공유자원의 비극은 피할 수 없을까? 시장에 맡겨서는 공유자원의 비극을 피하기 어렵다. 누군가 개입해야 한다. 정부든 시민들의 자발적인 개입이든 필요하다. 앞서 '보이지 않는 손'을 설명할 때 대부분의 경우는 시장에 맡겨 두는 것이 가장 좋다고 했지만, 정부의 개입이 더 좋은 결과를 낳는 경우도 있다고 설명했다. 공유자원의 경우는 정부 개입으로 더 좋은 결과가 가능하다. 단 정부가 사람들의 동기를 잘 생각해서 개입해야 한다. 공유자원의 비극을 피하기 위해서 정부가 개입했다가 의도하지 않은 부작용이 나타나는 경우도 많기 때문이다.

정부가 개입해서 발생한 부작용에 대해서 알아보자.

우리나라는 바다에서 그물코가 작은 그물을 사용할 수 없다. 그물코가 작은 그물은 어린 물고기까지 모두 잡아 버려 바다의 자원을 없애기 때문이다. 정부에서 이것을 금지한 것은 당연하다. 하지만 그 이후 어떤 일이 벌어졌을까? 일부 어부들은 몰래 그물코가 작은 그물을 사용하는 방법을 선택했다. 경비정이 쫓아오면 도망가고, 잡히면 그물을 끊고 시치미를 뗐다. 물론 그물을 끊으면 본인은 손해지만 잡히는 것보다는 나았다. 하지만 그런 행위는 바다까지 오염시키게 된다.

찰스 윌런의 『벌거벗은 경제학』에 소개된 또 다른 사례들을 보자. 미국에서 실제 있던 일이라고 한다. 미국에서는 고기를 잡을 때 새끼를 잡는 일은 드물다. 그물코가 작은 그물을 판매하는 것 자체가 불법이고 적발되면 어마어마한 벌금을 내야 하기 때문이다. 이렇게 단속하는데도 농어의 숫자는 계속 줄어들었다. 정부는 어부들의 남획이 문제라고 판단하고 일 년에 잡을 수 있는 농어의 총 어획량을 제한했다. 하지만 결과는 좋지 않았다. 부작용이 생겼기 때문이다. 과연 어떤 부작용이었을까?

어부들은 가능한 한 빨리 많은 고기를 잡으려고 했다. 그렇지 않으면 다른 어부들이 할당된 양을 모두 잡아 버리기 때문이다. 결과적으로 총 어획량은 제한됐지만, 비슷한 시기에 모든 어부들이 농어를 잡게 된 것이다. 이 시기에는 도리어 농어의 가격이 떨어졌다. 더 큰 문제는 잡을 수 있는 물고기의 한도를 채우면 더 이상 농어를 잡을 수 없다는 것이다. 결국 소비자들은 농어를 먹고 싶어도 먹지 못했고, 어부들은 바다에 농어가 있다는 것을 알면서도 잡을 수 없었다. 정부의 잘못된 규제로 발생한 부작용이다. 그렇다면 정부에서는 어떻게 해야 할까?

어부 한 사람마다 제한을 두면 된다. 물론 모든 어부들이 잡을 수 있는 물고기의 총량은 전과 똑같이 제한해야 한다. 하지만 이 방법에도 문제는 있다. 법을 어겨 가면서 몰래 고기를 잡으려는 사람들은 여전히 있을 것이고 이 사람들을 적발하는 것은 해양 경찰의 몫일 것이다. 또 다른 어민들은 불법 조업을 알더라도 굳이 고발하지 않을 것이다. 왜냐하면 같은 동료이기도 하고 바다의 농어가 자기 것도 아니기 때문에 굳이 고발할 필요를 느끼기 못하기 때문이다. 이 경우, 단속하는 것이 쉽지 않을 것이고 단속하기 위해서 해양 경찰을 추가로 투입해야 한다면 비용도 만만치 않을 것이다. 그렇기 때문에 어민들의 동기를 제대로 고려해야 한다. 바꿔 말하면 어민들이 몰래 또는 빨리 물고기를 잡는 행위가 그들에게 불리하게 작용하도록 만들어야 하는 것이다.

공유자원의 비극 해결하기 1. 사람들은 '내 것'이면 아낀다.

다음은 공유자원의 비극을 해결한 한 가지 사례이다. 오스트레일리아 바닷가재 공동체 사례인데, 시민들이 자발적으로 개입해 문제를 해결한 경우이다. 1960년대 이 지역의 어부들도 바닷가재의 숫자가 계속 줄어드는 공유자원의 비극을 겪고 있었다. 문제를 해결하기 위해 어부들은 좋은 아이디어를 냈다. 공동체를 결성해서 설치할 수 있는 어망의 숫자를 제한하자는 것이었다. 어부들이 설치할 수 있는 어망의 숫자를 자발적으로 제한하면서, 다른 사람이 어망을 더 설치하는 것을 서로 감시하게 되었고 불법적으로 어망을 설치하는 어민도 사라졌다. 결국 바닷가재의 숫자를 늘리는 데 성공했다.

어망을 불법으로 설치하지 않은 상태로 시간이 흘렀다. 시간이 흐르면서 어망의 숫자만 제한했을 뿐 누가 어망을 설치하고 누가 바닷가재를 잡는지는 제한하지 않았기 때문에 어민들은 꼭 자신이 어망을 설치할 필요가 없다는 것을 깨달았다. 그래서 주민들은 어망의 숫자는 계속 제한을 둔 상태에서 어망을 설치할 수 있는 권리를 팔기 시작했다. 새로 바닷가재를 잡으려는 사람들은 기존 어부들에게서 돈을 주고 이 권리를 사야 했다. 어망 설치 권리를 팔면서 어부들은 일은 적게 하면서도 소득은 점점 높아졌다. 1984년에 2000달러 하던 어망 권리증은 3만 달러 이상으로 올라갔다고 한다.

    이 방법에는 장단점이 있다. 장점부터 설명해 보자. 만약 정부에서 그물망을 제한했다면 다른 여러 나라에서 그랬던 것처럼 불법 조업이 기승을 부렸을 것이다. 그런데 주민들이 자체적으로 제한을 두면서 자연스럽게 불법 조업이 자취를 감추었다. 해양 경찰도 필요하지 않았다. 왜냐하면 정부가 그물망을 제한했을 때 불법 조업에 나설 수도 있었던 어부들이 불법 조업에 나서지 않았을 뿐 아니라, 자신들의 권리를 지키기 위해 도리어 해양 경찰이 하는 감시까지 하고 있었기 때문이다. 또한 불법 조업이 없으니 어족 자원의 보호도 자연스럽게 이루어졌다. 큰 장점들이라고 할 수 있다.

    단점은 처음에 바닷가재를 잡는 권리를 갖는 사람들이 누구인지, 시간이 지나면서 그 권리는 어떻게 되는 것인지 등을 합리적으로 결정하지 않으면 곤란한 일이 벌어질 수 있다는 것이다. 예를 들어 이사 오는 사람의 경우, 어떻게 해야 그 권리를 갖게 되는 것인지는 중요한 문제이다. 물론 이사를 가는 경우에는 어떻게 되는지도 중요하다.

    결국 공유자원의 비극이 발생하는 근본적인 이유는 소유권과 관련이 있다. 따라서 그 해결 방법도 소유권과 관련이 있다. 공유자원이기 때문에 남획하게 되므로 각자의 재산으로 만들면 문제가 해결된다는 것이 기본 원리이다. 오스트레일리아의 바닷가재 공동체처럼 말이다.

공유자원의 비극 해결하기 2. 동기 부여하기

공유자원의 비극은 환경 문제와 밀접한 관계가 있다. 예를 들어 우리가 마시는 공기도 공유자원이라고 할 수 있는데, 공기가 점점 오염되고 있다. 공기를 보호하려면 어떻게 해야 할까? 당연히 공기 오염의 원인을 파악해서 오염 발생을 줄여야 할 것이다. 공기를 깨끗하게 하는 방법 중 하나는 지구의 허파라고 불리는 아마존의 열대림을 보존하는 것이다. 지구 전체에 산소를 공급할 수 있는 방법이다. 하지만 열대림을 파괴하는 아마존 원주민들의 경우, 열대림을 보호할 때 무엇을 얻을 수 있을까?

원주민들 입장에서는 열대림을 태워서 밭을 일구고 작물을 심으면 큰돈을 벌 수 있다. 당신은 어떻게 하겠는가? 눈앞의 돈을 포기하고 열대림을 보호하겠는가? 아니면 눈앞의 돈을 좇겠는가? 이 질문은 자신의 문제라면 대답하기 어려울 것이다. 그런데 남의 일이라면 공기를 보호하라고 얘기하기 쉽다. 아마존에서 멀리 떨어져 사는 사람들은 그로 인한 부담이 없기 때문이다. 그러나 아마존 원주민들은 열대림을 태움으로써 경제적 이득을 얻을 수 있다. 이 대가를 포기하라는 것은 현재 어려운 생활을 하고 있는 원주민들에게 가혹한 일인지도 모른다.

그러므로 열대림을 보호하기 위해서는 원주민들에게 동기를 부여해야 한다. 예를 들면 열대림 관광 상품을 개발해서 원주민에게 이득이 되게 한다면 원주민들은 당연히 열대림을 보호할 것이다. 결국 소유권으로 해결하지 못한다면 소유권과 유사한 동기를 부여해서 공유자원의 비극 문제를 해결해야 할 것이다.

13
소수의 큰 목소리
이익 집단과 공공 정책의 결정

공공 정책 결정에는 소수의 이익 집단이 더 큰 영향을 미치는 경우가 있다.
이런 일은 왜 벌어지며 해결 방법은 무엇일까?
작은 손해를 보는 다수는 침묵하는 반면
큰 혜택을 입는 소수는 적극적으로 나서기 때문이다.

공공 정책은 국민에게 영향을 미치는 큰 결정 사항이다. 자유 무역 협정이나 방사능 폐기장 건설 장소를 선택하는 문제, 의약 분업 등등 기본적으로 국회에서 통과되는 모든 법률을 공공 정책이라고 보면 된다. 이 장에서는 공공 정책을 어떻게 선택해야 하는지 설명하고자 한다. 경제학에서 이 문제를 다루는 분야를 공공 선택 이론이라고 한다.

정책, 어떻게 결정해야 할까?

정책을 결정할 때 모든 사람이 동의하거나 반대한다면 결론을 내기 쉽다. 모두의 뜻대로 정책을 결정하면 된다. 하지만 어떤 사람들은 반대하고 어떤 사람들은 찬성할 때는 정책을 결정하기 어렵다. 이런 경우 어떤 것이 옳은지 파악해서 결정하게 된다. 예를 들어 외국과 자유 무역 협정(국가 간 상품의 자유로운 이동을 위해 관세 등의 무역 장벽을 제거하는 협정)을 체결하고자 할 때 혜택과 비용을 비교해서 혜택이 크면 체결하고 비용이 크면 체결하지 않으면 된다. 이런 것을 경제학에서는 '비용 편익 분석Cost Benefit Analysis'이라고 한다.

자유 무역 협정을 체결하면 비용보다 혜택이 크다는 것은 잘 알려져 있다. 필자가 알고 있는 한 대부분의 경제학자들이 이에 동의할 것이다. 그렇다면 당연히 국회 비준을 받아 체결되어야 할 텐데 종종 국회 비준을 받는 데 어려움을 겪곤 한다. 오랫동안 비준이 지연되다가 결국 체결된 한국과 칠레의 자유 무역 협정이 좋은 예이다.

왜 그럴까? 직접적인 이유는 농민들의 반대가 심했기 때문이다. 그런데 농민들의 숫자는 전체 인구의 10%도 안된다. 국회에서도 농민편에 서서 비준에 반대하는 의원들의 숫자는 당연히 소수이고 대다수는 찬성했다. 국익 차원에서 혜택이 훨씬 큰 정책을 통과시키는 것이 당연하다고 생각하는 국회의원들이 많았던 것이다. 그런데도 국회 통과가 난항을 겪는 것은 정치적인 의사 결정 과정 때문이다. 이 장에서는 정책 결정의 과정을 얘기하려고 한다.

찬성의 목소리 vs 반대의 목소리

먼저 질문을 해 보자. 전 국민이 어떤 사람에게 100원씩 주기로 한 정책이 있다고 하자. 당신이 그 돈을 받는 사람이라면 어떨까? 우리 국민 한 사람이 100원씩 낸다면 4800만 명이 100원씩 내는 것이니 48억 원이라는 큰돈이 된다. 그 돈을 준다는데 싫어할 사람은 없을 것이다. 그런데 48억 원을 한 사람에게 주기 위해서 돈을 모으다 보면 동전이기 때문에 분실하기도 하고, 은행 송금 비용이 발생하는 등 이런 저런 이유로 비용이 발생한다. 그 비용이 3억 원 정도 발생해서 45억 원만 받게 된다고 하자. 그래도 돈을 받는 사람은 물론 찬성할 것이다. 비용으로 발생한 돈을 빼더라도 45억이나 되는 공돈이 생겼기 때문이다.

그런데 100원씩 내는 사람들의 입장은 어떨까?

싫을 수도 있겠지만 100원은 적은 액수이므로 좋은 목적이라면 반대하지는 않을 것이다. 이처럼 국가에서 어떤 정책을 도입했을 때, 많은 사람들이 아주 조금씩 손해를 보는 정책에 대해서는 반대하는 사람들의 목소리가 크지 않다. 또 정책이 많기 때문에, 국민들은 어떤 정책들이 자신에게 손해인지조차 알 수 없는 경우도 많다. 그리고 혹시 안다고 해도 반대 의사를 표현할 방법도 잘 모른다. 막상 방법을 안다고 해도 위와 같은 경우라면 "100원 가지고 왜 저래?" 하고 생각할까 싶어 반대 의사를 잘 표현하지 않게 되니 반대하는 사람들도 적을 수밖에 없다. 이것은 십시일반의 상황과 아주 비슷하다. 여러 사람이 밥을 한 숟가락씩 주는데 나는 "못 줘!"라고 말하기가 쉽지 않다는 얘기다.

하지만 혜택을 보는 사람의 입장은 전혀 다르다. 그 정책을 적극 지지할 것이다. 결국 대다수의 사람들은 별말이 없고 소수의 사람들은 통과시켜야 한다고 주장하게 되는 것인데, 이런 정책은 통과되기 쉽다. 찾아보면 다수의 돈으로 소수의 사람들에게 혜택을 주는 정책은 우리나라뿐만 아니라 세계적으로도 많다.

이런 정책은 비용이 든다는 점에서 문제가 있다. 국가적으로 볼 때 국내에 있는 돈이 돌아다닌 것에 불과하지만, 잃어버리는 동전이나 송금과 관련한 금융 비용 등이 발생한다. 부가 가치를 생산한 것은 아무것도 없는데 비용만 발생했으니 국익 차원에서 손해인 셈이다.

이것이 정말 손해인지 자세히 알아보기 위해서는 똑같은 정책을 모든 국민에게 적용해 보면 된다. 누구는 손해를 보고 누구는 혜택을 보지 않도록 모두에게 비용과 혜택을 공평하게 부여하면 정책이 좋은지 나쁜지 쉽게 알 수 있다. 또 좋은 정책이라면 확대하는 것이 타당할 것이다.

자세히 따져 보자. 국민 한 명 한 명이 100원씩 4800만 번을 내야 하므로 결국 48억 원이 지출된다. 그런데 혜택을 보는 것은 한 번뿐이고 그때 받을 돈은 45억 원이다. 국민 한 명당 3억 원씩 손해를 보는 셈이고 전 국민이 이 정책의 대상이라면 1인당 3억 원씩 4800만 명이 손해를 본다. 국가적으로 1경 4400조 원이라는 천문학적인 손해가 발생하게 된다. 이 정책은 국익 차원에서 좋지 못하다는 것을 알 수 있다.

농민의 손해 vs 국민의 혜택

자, 그럼 이 정책이 자유 무역 협정과 어떤 관계인지 살펴보자. 어쨌거나 국민 중 한 명에게 100원씩 주는 정책이 오래전 국회에서 통과됐다고 가정하자. 한 사람은 오랫동안 혜택을 누렸다. 그런데 어느 날 정부가 갑자기 이 정책을 폐기하겠다고 한다면 혜택을 보던 사람은 어떨까? 당연스레 받아오던 것이 갑자기 사라지면 막막할 것이다. 게다가 정부에서 없앨 것이라는 예고조차 없이 갑자기 없앤다면 결사적으로 반대할 수밖에 없을 것이다.

이것이 바로 자유 무역 협정에 반대하는 농민들의 입장이다. 우리나라는 국산 농산물이 국제 가격보다 높게 거래되도록 하는, 즉 농산물의 자유 무역을 금지하는 법안을 오랫동안 유지해 왔다. 따라서 농민들은 농산물의 국제 가격보다 높은 값을 소비자들에게서 받고 있었다. 그로 인해 잘 살게 된 것은 아니지만 어느 정도 도움이 된 것도 사실이다. 그런데 정부에서 자유 무역 협정을 체결한다면 농산물의 가격은 떨어질 게 뻔하다. 그래서 결사적으로 반대하는 것이다. 하지만 자유 무역 협정이 통과되면, 소수의 농민은 손해를 보지만 다수의 소비자들은 혜택을 본다. 그리고 그 혜택을 모두 합치면 농민들의 손해보다 크다.

다수가 찬성한다 해도 소수의 반대로 이런 정책이 국회에서 통과가 지연되는 것은 구조적인 문제가 있기 때문이다. 작은 혜택을 보는 사람이 다수이고 큰 손해를 보는 사람이 소수인 정책은 해야 할 것 같은데, 하지 못한다. 왜냐하면 앞서도 말했듯이 손해를 입는 소수의 목소리는 크고 이익을 보는 다수는 작은 이익만 보기 때문에 별말 하지 않기 때문이다.

대개 혜택을 보는 소수의 사람들은 단체를 조직하기 쉽다. 이런 단체를 '이익 집단'이라고 부르는데 우리 주변에 상당히 많다. 이익 집단은 정부나 국회를 상대로 영향력을 행사하며 앞서 말한 대로 목소리가 크다. 그리고 목소리가 크기 때문에 이들의 이익이 반영되는 경우가 많다. 특히 선거 때가 되면 후보자들은 표를 얻기 위해서 특정 이익 집단의 이익을 반영하겠다고 약속하기도 한다.

칠레와 자유 무역 협정을 체결하는 과정도 위와 비슷했다. 우리나라 국민의 10%도 안 되는 소수의 농민들에게 불이익이 돌아가게 되었고 그들은 결사적으로 반대했다. 물론 어떤 사람들은 국가 차원에서 농업을 보호해야 한다고 생각했을지 모른다. 농업을 보호해야 한다는 것은 옳지만 오로지 농업이기 때문에 보호해야 하는 것은 아니다. 단지 숫자가 많은 쪽에서 적은 쪽을 보호하는 것이 일반적인데, 농업이 소수의 입장이므로 다수의 일반 국민이 보호해 주고 있을 뿐이다. 중국이나 인도, 뉴질랜드 같은 농업 국가에서는 다수인 농민들이 소수의 다른 직종에 속한 사람들을 보조해 주고 있다. 그리고 이런 나라에서도 자유 무역 협정에 반대하는 사람들이 있는데 그들은 농민들이 아니라 제조업과 같이 그 나라에서 보조를 받고 있는 사람들이다. 결국 농업이기 때문에 보호해야 한다는 얘기는 세계적 관점에서 보면 사실이 아니다.

그렇다면 자유 무역 협정의 혜택은 무엇일까? 소비자들이 저렴한 가격에 농산물을 살 수 있다는 것이다. 물론 우리나라의 공산품을 상대 국가의 시장에 더 판매할 수도 있다. 대표적 농산물인 쌀을 예로 들어 보자. 우리나라에서 쌀 20킬로그램은 상표나 품종에 따라 다르지만 4~5만 원 정도이다. 그런데 미국이나 중국에서는 만 원 정도면 살 수 있다고 한다. 요원한 이야기지만 만약 미국이나 중국 쌀이 자유롭게 국내에 들어온다면, 우리나라 소비자들은 쌀을 살 때마다 상당 금액을 절약할 수 있다.

작은 혜택이라고 생각할 수도 있지만 소비자들은 우리나라 국민 모두이므로 이 소비자들이 모두 조금씩 싸게 농산물을 살 수 있다면 큰 혜택이다. 이것을 모두 더하면 농민들이 입는 손해보다 크다. 국익 차원에서는 자유 무역 협정이 좋은 것이다. 그런데 손해 보는 소수는 결사적이고 혜택 보는 다수는 침묵하기 때문에 전 국민에게 돌아가는 혜택이 더 커도 협정 체결이 어려운 것이다. 이런 상황을 비유한 유명한 말이 있다. 원래 개가 주인을 만나면 반갑다고 꼬리를 흔드는

데 정책을 결정할 때는 꼬리가 개를 흔들 수 있다고 한다. 의사 결정 과정의 실패를 꼬집는 비유이다.

해결의 열쇠는 '현명한 절차'

『사회 계약론』을 쓴 서양의 유명한 철학자 루소의 얘기를 통해서 설명을 해 보자. 루소의 책에 나오는 사냥꾼 이야기를 우리의 목적에 맞게 각색해 보려 한다.

산에 사냥꾼 두 명이 살고 있다. 두 사냥꾼은 토끼를 잡을 수도 있고 사슴을 잡을 수도 있다. 그런데 토끼는 작기 때문에 혼자 잡을 수가 있지만 사슴은 혼자 잡기 어렵다. 둘이 힘을 합쳐야만 잡을 수 있다고 한다. 그렇다면 사냥꾼은 사슴을 잡으러 갈까, 토끼를 잡으러 갈까?

토끼는 한 마리를 잡는 것이고 사슴은 잡아서 나눠 가져야 하므로, 사슴 반과 토끼를 비교해서 큰 쪽을 잡으러 가야 할 것이다. 만약 사슴의 절반이 토끼보다 크다면 당연히 사슴을 잡으러 가야 할 것이다. 그런데 여기서 한 가지 고려할 점이 있다. 상대편 사냥꾼이 사슴을 잡으러 나오지 않고 토끼를 잡으러 가면 사슴을 잡으려던 사냥꾼은 허탕을 치는 것이다. 이 경우의 두 사냥꾼은 불안한 마음이 생겨서 토끼를 잡으러 가게 된다는 것이 루소의 이야기다. 루소는 이런 상황에서도 서로를 신뢰하고 협조해서 사슴을 잡으러 가는 것이 옳다고 이야기했다.

국민들 간에 서로 불신하는 것보다는 협조할 때 더 큰 혜택을 볼 수 있다는 루소의 이야기는 충분히 동감하지만 이 이야기를 조금 더 진행해 보고 싶다. 루소의 제안대로 두 사냥꾼이 함께 사슴 사냥을 했다고 하자. 사슴을 한 마리 잡았다. 이제 사슴을 똑같이 나눠야 하는데, 어떻게 나눌까?

물론 절반으로 나누면 되지만 방법이 문제다. 사슴은 좌우 대칭이니까 절반으로 나눌 수 있다고 생각하겠지만 꼭 그렇지만은 않다. 사냥을 하다 보면 사슴에게는 상처가 나게 마련이고 상처가 난 쪽을 가지는 사람은 손해다. 사슴의 몸속 또한 대칭이 아니다. 결국 불만의 소지가 있을 수 있는 것이다.

이런 상황을 미리 생각한 사냥꾼 중에는 '힘들게 사슴을 잡고 나서 나누다가 얼굴을 붉히느니 차라리 토끼나 잡자.'고 생각하는 이도 있을지 모른다. 이런 사람이 생긴다면 다른 사냥꾼도 토끼를 잡으러 가는 수밖에 없다. 자기 혼자 사슴 사냥에 나섰다가는 허탕을 칠 게 뻔하기 때문이다. 제대로 나눌 수만 있으면 두 사람 모두 좋을 텐데, 결국 나누는 문제 때문에 모두 손해를 보게 되는 셈이다.

이것이 바로 두 사람 모두 불평 없는 합리적 분할 방법이 중요한 이유다. 이 문제를 해결하는 방법은 바로 '절차'에 있다. 사슴을 잡은 다음에 한 사람이 사슴을 둘로 나눈다. 그리고 다른 사냥꾼이 나누어진 둘 중에 하나를 선택한다. 그러면 두 사람 모두 불평하기 어렵다. 선택한 사람이 불평하면 왜 좋은 쪽으로 선택하지 않았느냐고 하면 된다. 반면에 나눈 사람이 불평하면, 잘 나누지 그랬느냐고 하면 된다. 결국 아무도 불평할 수 없으므로 두 사냥꾼 모두 사슴 사냥에 부담 없이 나갈 수 있다.

농산물 자유 무역 협정도 비슷한 맥락에서 풀면 된다. 농민들은 손해를 보고 소비자들은 혜택을 본다. 농민들의 손해보다 소비자들의 혜택이 더 커서 국익에 도움이 된다면 당연히 농민들의 손해를 메

우고도 남을 만큼의 혜택이 있는 것이다. 토끼보다 사슴 반 마리가 더 큰 것과 같은 상황이다. 그런데 사슴을 어떻게 나누어야 할지 몰라서 또는 내가 더 갖겠다고 우기다가 사슴을 포기하고 토끼를 잡으러 가는 잘못을 범해서는 안 된다. 분배는 절차로써 해결할 수 있다.

물론 이것이 쉬운 문제는 아니다. 두 사람 사이의 분배도 어려웠는데, 수많은 사람들이 관련되는 자유 무역 협정은 더욱 어려울 것이다. 하지만 분배를 절차로 해결할 수만 있다면 사슴을 선택하고 행복한 사냥꾼이 될 수 있다. 예를 들어 소비자들이 얻은 이익 중 일부를 모아 농민들에게 보조 기금을 마련해 준다든가 하는, 참여자 모두 불만 없는 방법을 찾아내는 것이 중요하다. 참고로 자유 무역 협정은 이런 조치 중의 일부를 금지하는 경우가 있다. 많은 연구가 필요하다는 것을 알 수 있다.

덧붙여 한 가지 더 신경 써야 할 것이 있다. 사냥꾼이 사슴이 더 큰지 토끼가 더 큰지를 모른다면 얘기가 안 되고 사슴을 나누는 절차에 대해서 모른다는 것도 얘기가 안 된다. 결국 사냥꾼들이 이런 사항을 잘 '알도록' 정보를 공유해야 한다. 이런 정보를 잘 모르면, 손해 볼지 모르는 사람들은 반대할 것이기 때문이다. 즉 행정부나 국회의 의사 결정에 국민과 정보를 공유하는 절차가 꼭 포함되어야 한다. 절차가 중요한 또 다른 이유가 여기에 있다.

어쨌든 앞서 설명한 대로 의사 결정이 잘못 이루어지는 가장 큰 이유는 다수가 침묵하는 데 있다. 사실 따지고 보면 이런 다수의 사람들 중에 많은 이들이 손해를 보는 것조차 잘 모르기 때문에 의사 표현을 하지 못하는 것이다. 따라서 적절한 절차를 통해서 이런 사실들을 국민들에게 잘 알려서 국민들이 의사를 표현할 수 있도록 해야 한다. 그리고 현명한 분할 방법도 강구해야 할 것이다.

제4부

기업과 시장

14
보이지 않는 비용 찾기
복잡하고 다양한 비용 이야기

'비용'은 경제적 의사 결정에서 반드시 고려해야 할 요소다.
비용에는 명시적 비용과 암묵적 비용 그리고 매몰 비용이 있다.
이 비용을 모두 인식하고 의사 결정에 활용할 때 우리는 바른 선택을 할 수 있다.

사람들은 하루에도 몇 차례씩 선택의 순간을 맞는다. 많은 경우 사람들은 별다른 생각 없이 마음 가는 대로 선택하기도 하지만, 중요한 결정일 경우 자신의 선택에 따른 장점과 단점을 면밀히 따져 보게 된다. 그중에서도 특히 경제적 문제들과 직면할 경우, 사람들은 '비용'을 두고 자신의 행동을 신중하게 결정한다. 또 그만큼 자신이 비용에 대해 잘 안다고 생각한다. 그러나 경제학적으로 보면 비용은 우리의 생각보다 종류도 다양하고 내용 역시 복잡하다. 또한 우리가 잘 알지 못한 채 심각하게 고려하지 않는 비용들이 문제 해결 과정에서 중요한 역할을 하기도 한다. 이 장에서는 비용에 대해서 알아보자.

명시적 비용과 암묵적 비용

생활 속에서 비용을 이해할 수 있는 사례를 종종 만나게 된다. 음식점의 사례를 통해서 알아보자. 음식점에서 음식을 먹을 때 음식 맛이 아주 좋다면 기분도 좋아진다. 하지만 계산을 할 때는 얘기가 조금 다르다. '아니 뭐가 이렇게 비싸!'라고 생각하기 쉽다.

예를 들어 분식점에서 라면 하나에 2000원을 내야 한다고 생각해 보자. 이때 우리의 머릿속에 슈퍼마켓에서 판매하는 500원짜리 라면이 떠오르면 억울한 마음이 생기기 마련이다. 500원짜리 라면에 100원짜리 계란을 넣어 준다고 해도 600원이면 되고, 물을 끓이는 데 드는 가스 값이나 단무지 가격을 더해도 1000원은 넘지 않을 것이다. 그런데 2000원을 내려면 비싸다는 생각이 드는 것이다. 분식점에서 이 정도라면 몇 만 원씩 받는 고급 식당에 갈 경우에는 더 억울한 느낌이 들게 될 것이다.

우리가 느끼는 억울함은 정당한 것일까? 결론부터 말하면 정답은 '아니다.'이다. 이 문제에 대한 해답은 비용에 숨어 있다. 앞서 말했듯이 우리는 위의 사고 과정에서 상당한 부분의 비용을 간과했기 때문이다. 우리가 간과한 비용들을 하나씩 찾아보자.

먼저 분식점 주인은 자기가 직접 소유한 가게가 아니라면 가게 임대료를 내야 했을 것이다. 탁자, 의자, 주방 시설들을 갖추기 위해 투자를 했을 것이고 실내 장식에도 돈이 꽤 들었을 것이다. 그가 임대료, 시설비에 투자한 돈을 은행에 넣어 두었다면 원금과 함께 이자라도 받지 않았을까! 은행에 넣어 두는 대신 분식점에 투자한 것이므로 분식점에서 최소한 은행 이자 이상은 나와야 하는 것이다.

위에 언급한 비용은 눈에 보이지 않는다. 이자의 경우에는 분식점을 경영하면서 회계 장부에 적을 수 있는 돈도 아니다. 그러나 실제 분식점을 운영하는 사람의 입장에서는 매우 중요한 사항이다. 이런 비용을 암묵적暗默的 비용(또는 기회비용)이라고 한다. 반면에 우리가 쉽게 눈으로 볼 수 있어서 바로 생각해 낼 수 있는 라면이나 계란 같은 재료값은 명시적明示的 비용이라고 한다. 다시 말하면 명시적 비용은 회계 장부에 올라가는 비용이고 암묵적 비용은 회계 장부에는 올라가지 않지만 경영자에게는 중요한 비용이다.

그런데 우리가 고려하지 않은 암묵적 비용이 또 하나 있다. 바로 분식점 주인에 대한 비용이다. 분식점 주인은 분식점에서 하루 종일 일한다. 다른 곳에 취직해서 많건 적건 월급을 받을 수 있지만 분식점에서 일하고 있는 것이다. 이 주인의 입장에서는 다른 곳에서 받을 월급을 포기한 만큼 분식점에서 대가를 받아야만 하고, 그렇기 때문에 그 대가는 최소한 다른 곳에서 받을 수 있는 월급 정도는 되어야 한다. 바로 이것이 분식점 주인의 인건비에 관한 기회비용이다.

분식점에서 판매하는 라면 가격에는 이런 비용들이 모두 반영되어야 한다. 이런 비용까지 감안한다면 라면 값이 1000원을 넘는 것은 당연하다. 물론 소비자 입장에서는 이런 암묵적 비용이 있다는 것을 안다고 해도 집에서 자신이 끓여 먹는 라면보다는 많이 비싸다고 느끼겠지만 말이다.

암묵적 비용의 또 다른 사례를 들어 보자.

서울에서 부산까지 새마을호를 타고 간다면 주말 기준으로 4만 1100원이 든다. 그러나 비행기를 타고 간다면 공항 이용료 4000원을 포함해서 7만 5900원이 든다. 이 경우 어느 쪽이 더 비싼 걸까?

단순히 지불한 가격만 비교하면 비행기를 타는 것이 새마을호를 타는 것보다 당연히 비싸다. 그러나 이것은 소비자가 지불해야 하는 비용 중 명시적 비용만을 고려한 것이다. 암묵적 비용도 생각해야 한다. 이 경우의 암묵적 비용은 바로 '시간'이다. 기차를 타고 부산에 간다면 네 시간이 조금 넘게 걸리지만 비행기를 타고 간다면 한 시간도 채 걸리지 않는다. 무려 세 시간 이상 시간 차이가 난다. 이 세 시간 동안 3만 4800원 이상 돈을 벌 수 있는 사람은 비행기를 타는 것이 경제적이라는 얘기다.

즉 돈을 많이 버는 사람은 무조건 차비를 줄이려고 노력하기보다는 시간을 절약해서 돈을 더 버는 쪽이 현명하다. 예를 들면 김연아 선수나 박지성 선수의 경우에는 돈을 조금 아끼려고 기차를 타는 것보다 명시적 비용이 더 들더라도 비행기를 타서 시간을 절약하는 것이 더 현명하다. 남는 시간을 경기나 연습에 투자해 돈을 더 버는 것이 나은 선택이다. 이 사례를 통해 본다면 비행기를 탔을 때 절약할 수 있는 세 시간은 새마을호를 탔을 때의 기회비용이라고도 할 수 있다.

일상생활에서 벌어질 수 있는 사례도 생각해 보자. 직장 상사에 대한 부하 직원의 불만은 다양하다. 그중 하나는 부하 직원이 일을 열심히 해서 상사에게 보고했을 때 상사가 잘못된 점을 지적하는 경우이다. 특히 열심히 일해서 보고하는 부하 직원의 기분은 생각지도 않고 상사가 냉정하게 잘못된 점을 지적하면 부하 직원의 기분이 상하는 것은 당연하다. 이럴 때 부하 직원은 자기 자리로 돌아오면서 '그렇게 잘하면 자기가 하지, 왜 나보고 하래!'라고 속으로 얘기할지도 모른다.

그런데 이럴 경우, 부하 직원의 불평은 성립되지 않을 수도 있다. 실제로 상사가 부하 직원보다 더 일을 잘한다고 하더라도 다른 일을 처리해서 조직에 더 많이 기여할 수 있다면 그것이 옳다는 것이다.

바꿔 말하자면 상사가 부하 직원에게 시킨 일을 직접 처리하면 더 잘할지 모르지만 그럴 경우 암묵적 비용이 너무 클 것이다.

기회비용

　기회비용의 일반적 정의는 '하나를 선택함으로써 포기하는 것의 가치'이다. 그러나 정확히 말하면 기회비용은 명시적 비용과 암묵적 비용을 모두 합친 비용이다. 암묵적 비용을 기회비용이라고 부르기도 하지만, 좀 더 정확히 말하면 경제학적으로 생각할 수 있는 비용을 모두 합친 것을 기회비용이라고 한다. 기회비용은 사람들이 의사 결정을 할 때 꼭 생각해야 할 비용이다.
　우리 주변에서 기회비용의 사례를 찾아보자. 사법 고시와 행정 고시를 모두 합격했다고 하자. 합격 당시의 기쁨이야 말할 것도 없겠지만, 그 기쁨 뒤에는 어디로 가서 일해야 할지에 대한 행복한 고민이 따를 것이다. 이 고민을 해결하기 위해 기회비용을 적용시켜 보자. 판검사가 되는 경우의 기회비용은 행정 공무원이 되는 것이다. 반대로 행정 공무원이 되는 경우 기회비용은 판검사가 되는 것이다. 둘 다 동시에 할 수 없기 때문에 하나는 포기해야 하는데, 이 경우 미련이나 아쉬움이 남게 된다. 바로 하나를 택했을 때 다른 쪽에 대해 가지는 미련이나 아쉬움이 기회비용이다. 미련이나 아쉬움이 적을수록 인생에 후회가 남지 않듯이, 기회비용 역시 적을수록 좋다. 기회비용이 적은 길을 선택하는 것이 바른 의사 선택인 것이다.
　이것은 고3을 앞둔 예비 수험생들에게도 적용될 수 있다. 고3이 되는 동시에 학생들은 앞으로 일 년 동안 자신의 행동을 선택해야 한다. 잠, 텔레비전, 이성 교제와 같은 유혹들을 뿌리치고 열심히 공부할 수도 있고 유혹에 빠져서 공부를 게을리 할 수도 있다. 열심히 공부하는 선택에 대한 기회비용은 놀지 못하는 것이다. 그러나 이 기회비용은 어찌 보면 아주 저렴하다. 유혹에 빠져서 고3 한 해를 열심히 놀고 난 후에 지불해야 할 기회비용은 평생의 후회 혹은 1~2년의 재수 생활이 될 수도 있기 때문이다.

그러나 제대로 된 의사 결정을 하기 위해서는 비용과 동시에 그 일에서 얻는 혜택을 생각해야 한다. 두 가지를 모두 고려해서 혜택이 비용보다 큰 것을 골라야 제대로 된 선택이 될 수 있다. 앞서도 언급했지만 이것을 경제학적으로 비용—편익 분석(혹은 편익—비용 분석)이라고 부르는데, 비용—편익 분석에서 사용하는 것이 바로 기회비용이다.

그렇다면 현실에서 기회비용은 어떻게 적용되고 있을까? 부동산 투자의 사례를 통해 살펴보자. 한 복부인이 1980년에 1억을 주고 강남에 아파트를 구매했다. 그리고 현재 그 아파트의 가격은 열 배가 올라 10억이 되었고 복부인은 아파트에 투자하는 것이 가장 좋은 투자 방법이라고 자랑하고 다녔다. 그 이야기를 들은 많은 사람들도 복부인의 말에 동감하며 투자할 만한 강남의 아파트를 찾아다니게 되었다.

과연 이 복부인의 투자는 최선의 선택이었을까? 이것이 정말 잘한 선택이었는지를 알아보기 위해서는 기회비용을 계산해 봐야 한다. 1980년, 복부인은 아파트에 투자하는 대신 같은 돈 1억을 은행에 저금할 수도 있었다. 1980년 당시 우리나라의 은행 이자는 대략 17% 정도였다. 이 금리로 25년 동안 은행에 저금했다면, 대략 원금의 28배 정도를 손에 넣을 수 있다는 계산이 나온다. 이 계산에 은행 이자에 대한 세금은 포함하지 않았지만, 포함해서 계산한다고 해도 아파트에 투자한 것이 그렇게 자랑할 만한 선택은 아니라는 이야기다. 왜냐하면 부동산에도 부과되는 세금이 있기 때문이다. 기회비용을 계산해 본 결과를 보면 복부인의 투자는 제대로 된 선택이 아닐 수도 있다. 복부인은 기회비용을 고려하지 못하고 좋은 투자라고 자랑한 것이다.

매몰 비용 ― 눈에는 보이지만 고려하지 말아야 할 비용

암묵적 비용은 눈에 보이지는 않지만 의사 결정 과정에서 반드시 고려해야 하는 비용이다. 반면 눈에는 보이지만 의사 결정 과정에서 고려하지 않는 게 좋은 비용도 있다. 이것을 매몰 비용이라고 한다.

매몰 비용은 이미 발생했으나 되돌릴 수 없는 비용을 말한다. 그 비용이 땅에 묻혀서 다시 볼 수 없다는 의미에서 매몰 비용이라고 불리며, 엎지른 물에 비유하기도 한다. 매몰 비용이 무엇인지 사례를 들어 보자. 음식점에서 국수를 시킨 후 한 젓가락 먹었는데 너무 맛이 없을 경우 사람들은 시킨 것을 후회한다. 그러나 아무리 후회해도 이미 한 젓가락 먹었기 때문에 국수 값은 지불해야 한다. 이와 같이 다시 돌이킬 수 없는 비용을 매몰 비용이라고 한다.

그렇다면 의사 결정 과정에서 이러한 매몰 비용을 고려하지 않아야 하는 이유는 무엇일까? 당신이 극장에 갔다고 가정하자. 영화 표를 사고 영화 시작 전까지 남은 시간을 근처에서 보낸 후에 다시 극장으로 돌아왔다. 그런데 입구에서 영화 표가 없어진 것을 발견했다면 어떻게 해야 할까? 표를 잃어버렸으니 속상해 하면서 집으로 가야 할까 아니면 다시 표를 사서 영화를 관람해야 할까?

　물론 사람마다 다른 선택을 할 수 있다. 그러나 논리적으로는 영화 표를 다시 사서 영화를 보는 것이 더 이득이다. 영화를 통해 얻는 만족감이 영화 관람료보다 크기 때문이다. 영화 표를 7000원, 영화를 통해 얻을 수 있는 만족감을 1만 원이라고 가정해 보자. 우선 영화를 보지 않기로 결정한다면 영화 표 값 7000원 만큼의 손해가 생긴다. 그러나 영화를 보기로 결정했을 때의 상황을 보자. 잃어버린 표 값 7000원에 7000원짜리 표를 또 한 장 구매해서 총 1만 4000원의 비용이 들었다. 여기서 만족감 1만 원을 빼면 4000원이 손해다. 둘을 비교해 보면 둘 다 손해지만 영화를 보는 쪽의 손해가 3000원 작다는 것을 알 수 있다. 결국, 다시 영화를 보는 것이 이득임을 알 수 있다.

　같은 내용이지만 경제학적으로는 손해와 이득을 이렇게 생각하지 않는다. 경제학에서는 이미 잃어버린 영화 표 7000원의 가치는 이미 엎지른 물과 같으므로 생각하지 않는다. 이미 발생하여 돌이킬 수 없기 때문에 의사 결정에 고려하지 않는 것이다. 이것이 '매몰 비용'의 정의이다. 영화를 보지 않을 때 아무 만족을 얻을 수 없는 데 비해 영화를 보면 영화 표를 새로 사는 비용을 고려하더라도 3000원만큼의 만족을 얻을 수 있다. 어느 방법으로 생각하든 간에 영화를 다시 보는 것이 이득이지만 경제학적인 사고를 위해서는 의사 결정에 매몰 비용은 고려하지 않는 습관이 좋다.

　현실에서는 위와 같은 경우 영화 표를 새로 구매하지 않고 자책하면서 집으로 향하는 사람들이 있다. 왜 그럴까? 필자 생각에는 표를 잃어버린 잘못 때문에 스스로에게 '벌'을 주는 것 같다. 3000원만큼의 즐거움을 스스로 포기함으로써 다시는 표를 잃어버리지 않겠다는 다짐을 하는 것으로 생각된다.

15
건강한 경제의 청사진
완전 경쟁 시장

완전 경쟁 시장은 건강한 경제의 청사진이다.
경제가 건강한 상태인지 아닌지를 판단하는 역할을 함과 동시에
건강하지 않은 경제를 치료하는 지침까지 제공한다.

학창 시절에 시험 치던 때를 떠올려 보자.

시험 문제 중에서 "다음 중 틀린 것을 고르시오."라는 질문이 나왔을 때, 보기 중에서 '항상'이나 '완전'이라는 단어가 들어간 번호를 고르면 정답일 확률이 높았다. 무엇이건 '완전'하다는 것은 현실에서 찾아보기 어렵다는 것을 보여 주는 좋은 사례다. 그렇지만 경제학자들은 완전 경쟁Perfect competition 시장을 매우 중요하게 생각한다.

현실적인 경제학이 비현실적인 완전 경쟁을 꿈꾸는 이유는?

본래 경제학은 현실적인 문제를 다루는 사회적 학문이다. 현실적이라는 경제학이 비현실적인 상황, 즉 완전 경쟁 시장을 중요하게 다루는 것은 이상할 수도 있다. 그 이유는 완전 경쟁 시장이 건강한 경

제의 청사진이기 때문이다. 다른 말로 하면 완전 경쟁 시장을 '경제의 완전체'라고 보기 때문이다.

일반적으로 우리는 완전한 것을 알면 문제점에 대한 판단을 쉽게 할 수 있다. 완전체를 알면 문제가 생겼을 때 무엇이 잘못인지를 발견하기 쉬울 뿐 아니라 고치는 방법도 생각해 낼 수 있다. 그러나 완전체를 모르면 문제를 발견하기도 쉽지 않을 뿐 아니라 혹시 알게 되더라도 어떻게 고쳐야 하는지 방법을 생각해 내기 어렵다. 사실 어떤 사람이 아픈지 건강한지 알 수 있는 것도 우리가 건강한 사람을 보아 왔기 때문이다.

예를 들어 보자. 환자가 아프다고 할 때 의사가 어떻게 진단하는지 생각해 보라. 의사는 어디가 어떻게 아픈지 증상에 대해서 여러 가지 물어본다. 건강한 사람과 어떻게 다른지 비교해서 파악한 다음에 진단을 내리는 것이다. 경제학도 마찬가지다. 건강한 경제가 어떤 것인지 알아야 진단할 수 있다. 그래서 경제학자들은 건강한 경제가 어떤 것인지를 발견하기 위해서 많은 연구를 해 왔으며 이를 통해서 건강한 경제인 완전 경쟁 시장을 개념적으로 만들어 냈다.

건강한 경제(완전 경쟁 시장)의 의미

경제가 건강하다는 것은 능률이 높다는 것이다. 다른 말로 '효율적'이라고 한다. 자원을 낭비하지 않고 능률적으로 사용한다는 뜻이다.

예를 들어 악어가죽으로 핸드백을 만드는 기업이 있다고 하자. A라는 기업은 악어 한 마리로 핸드백을 열 개 만드는 데 비해 B기업은 다섯 개밖에 만들지 못한다. 핸드백의 품질은 같다는 전제하에서 당연히 핸드백 열 개를 만드는 기업이 더 능률적이다.

경쟁이 치열한 경쟁 시장에서는 핸드백 다섯 개를 만드는 B회사는 살아남기 위해서 열 개를 만들려고 노력할 것이다. 핸드백 열 개를 만들어 내지 못하면 경쟁에서 도태될 것이다. 결국 악어가죽을 낭비 없이 사용하는 기업들만 시장에 남게 될 것이다. 경쟁이 더욱 치열한 완전 경쟁 시장에서는 악어가죽으로 핸드백을 열 개 만들 뿐만 아니라 남은 자투리 가죽으로 조그만 동전 지갑까지 만들지 모른다. 이렇게 된다면 자원 낭비가 줄어들고 생산비는 절감되어 물건의 가격도 내려간다. 경제 전체가 건강해지는 상황이라 볼 수 있다.

완전 경쟁의 장단점

그러면 완전 경쟁의 단점은 없을까? 한마디로 말하기는 어렵다. 왜냐하면 완전 경쟁은 효율적이라는 측면에서 분명히 좋다고 말할 수 있지만 공평성이라는 측면에서는 나쁜지 좋은지를 결정하기가 어렵다. 앞에서 언급했듯이 공평성은 입장에 따라 다르기 때문에 판단하기 어렵다. 또 어떤 공평성을 선택한다고 해도 완전 경쟁이 추구하는 효율성과 공평성은 서로 상충되는 면이 있다.

앞서 얘기한 개미와 베짱이의 우화에서 알 수 있듯이 열심히 일한 개미가 부자가 되도록 한다면 그것은 경쟁 시장이라고 할 수 있다. 그러나 공평성의 측면에서 보면 개미는 부자이고 베짱이는 가난하니까 공평하지 않다고 생각할 수 있다. 공리주의와 점진적 자유주의의 입장에서는 이 경우를 불공평하다고 말할 것이고 반면에 기회의 평등만을 이야기하는 급진적 자유주의의 입장에서는 공평하다고 말할 것이다.

이와 같이 똑같은 현상을 두고서도 공평성을 보는 입장이 다르기 때문에 공평성을 완전 경쟁 시장의 좋은 측면으로 봐야 하는지 나쁜 측면으로 봐야 하는지 단정하기 어려운 것이다.

그렇다고 해도 열심히 일한 개미가 번 재산을 베짱이에게 나눠 주어야 한다면 개미는 열심히 일하지 않을 가능성이 크다. 그리고 개미가 열심히 일하지 않는다면 효율성은 떨어지는 것이다. 즉 완전 경쟁의 단점은 분명하지 않지만 신경을 써야 할 점은 있다고 할 수 있다. 그 점이 바로 공평성이다.

완전 경쟁 시장의 조건

어떤 경쟁 시장을 완전 경쟁 시장이라고 해야 할까? 경제학자들은 완전 경쟁 시장이 성립하기 위한 몇 가지 조건을 제시한다.

1. 무수히 많은 기업과 소비자가 있어야 한다

이 조건은 소비자나 기업이 자신에게 유리하게 가격을 마음대로 바꿀 수 없다는 뜻이다. 무수히 많은 소비자가 있으면 기업은 소비자들이 가격을 깎아 달라고 할 때 들어주지 않아도 된다. 기업은 가격 인하를 요구하는 소비자가 아니더라도 얼마든지 다른 소비자들한테 물건을 팔 수 있기 때문이다.

보통 조그만 상점에 가서 물건 값을 깎아 달라고 얘기하는 경우는 종종 있지만 백화점이나 할인점같이 큰 가게에 가서 물건 값을 깎아 달라고 얘기하지 않는다. 왜 그럴까? 백화점과 같은 대형 매장에는 드나드는 사람이 많아서 자신이 사지 않아도 무수히 많은 다른 고객들이 살 것이기 때문이다. 그렇기 때문에 깎아 달라는 얘기를 하지 못한다. 반면에 조그만 가게에 가면 다른 손님이 별로 없을 것 같은 생각이 들어서 깎아 달라는 말이 쉽게 나온다. 실제 이런 경우 가격을 깎아 주기도 한다.

소비자와 마찬가지로 기업의 숫자가 많아지면 기업도 가격을 결정할 권한이 사라진다. 가격을 높게 부르면 소비자들은 가격이 상대적으로 싼 무수히 많은 다른 경쟁 기업으로 가 버릴 것이 분명하기 때문이다.

결국 완전 경쟁 시장의 첫 번째 조건은 무수히 많은 소비자와 생산자가 존재해야 하고, 그 의미는 소비자와 생산자의 힘이 전혀 없어서 가격에 영향을 미치지 못한다는 뜻이다. 완전 경쟁 시장에서 무수히 많은 경쟁자로 인해 가격 결정권을 상실하고 단지 시장에서 결정되는 가격을 그대로 받아들여야 하는 사람들을 '가격 수용자 Price-taker'라고 한다.

2. 기업이 동일한 물건을 생산해야 한다

어떤 소비자가 특정 기업의 물건만을 선호한다고 하자. 가격 차이를 감수하고라도 특정 기업의 특정 제품만을 고집한다. 이 경우에도 기업 간 경쟁이 가능할까?

당연히 불가능하다. 이런 이유 때문에 완전 경쟁의 두 번째 조건이 만들어졌다. 기업들이 똑같은 물건을 생산해야 한다는 것이다. 만약 조금이라도 차이가 나는 제품을 생산한다면 그 물건을 좋아하는 소비자들이 생길 것이고, 이런 소비자들은 가격이 조금 높다고 해도 그 기업의 물건을 살 것이기 때문이다. 한마디로 매인 몸이 되는 것이다.

기업의 입장에서는 이런 소비자에 대해서 다른 기업과 경쟁하지 않아서 좋다. 또 이런 소비자가 많아지면 해당 기업은 시장 지배력이라는 힘을 갖게 된다. 기업의 입장에서는 아주 좋은 것이다. 하지만 기업에 힘이 생기면 소비자는 상대적으로 힘이 줄어들어 기업이 책정한 대로 높은 가격을 지불해야 한다. 자신이 좋아하는 특정 상품이 있다는 면에서는 좋지만 결국 완전 경쟁과는 거리가 멀어질 수밖에 없다.

예를 들어 보자. 많은 사람들이 한 장소에서 다른 장소로 이동할 때 자동차를 이용한다. 그러나 많은 사람들이 자동차를 모두 똑같다고 생각하지 않는다. 현대자동차와 벤츠는 다르다고 느낀다. 똑같은 운송 수단인데도 모델에 따라 브랜드에 따라 특정한 회사에 따라 다르다고 생각하고 특정 자동차를 더 선호하는 경향이 있다. 이런 경우에는 완전하게 경쟁할 수가 없다.

결국 많은 기업들이 차이가 없는 상품을 생산하는 상황만을 완전 경쟁이라고 부른다. 예를 들어 완전 경쟁 시장에서는 종이를 살 때 특정한 회사에서 생산한 제품을 달라고 요구하지 않는다. 어느 회사에서 생산한 것인지 모를 뿐 아니라 별로 알고 싶은 욕구도 없다. 그저 메모할 수 있는 종이면 된다고 생각한다. 농산물도 크기와 맛만 좋다면 누가 어디에서 생산한 것인지를 별로 생각할 필요가 없다.

하지만 현실에서 종이나 농산물을 제외하고 이런 조건을 만족시키는 제품을 찾기는 어렵다. 완전히 똑같은 제품을 무수히 많은 생산자가 생산하고 소비자가 소비한다는 것은 현실적으로 매우 어렵기 때문이다. 사실 따지고 보면 종이와 농산물도 품질의 차이가 존재하는 경우가 많다.

3. 진입 퇴출의 자유

완전 경쟁 시장이 되기 위해서는 무수히 많은 기업이 같은 물건을 생산한다는 조건 이외에 또 다른 조건이 필요하다. 바로 '진입 퇴출의 자유'이다.

진입 퇴출의 자유는 기업들이 시장에 진입하고 싶으면 자유롭게 진입할 수 있고 나가고 싶으면 자유롭게 나갈 수 있어야 한다는 뜻이다. 다른 사람보다 더 좋은 기술을 개발했다면 당연히 시장에 진입할 수 있어야 하고 이렇게 진입하는 잠재적인 경쟁자까지 인정해 주어야 한다는 것이다.

진입 퇴출이 자유로워지면 기업들의 이윤은 흑자가 나지도 않고 적자가 나지도 않는 상태가 된다. 왜 그럴까?

큰돈을 벌고 있는 기업의 사례를 통해서 진입의 자유에 대해 먼저 설명해 보자. 많은 사람들은 그 기업을 부러워하거나 자신도 같은 사업을 해서 돈을 벌고 싶어 할 것이다. 그리고 진입이 자유롭다면 실제로 이렇게 해서 새로운 기업이 시장에 진입한다. 새로운 기업이 나타나서 같은 물건을 생산하기 시작하면 기존 기업은 고객들이 줄고 따라서 이윤도 줄어들게 된다.

언제까지 줄어들까? 기회비용을 감안한 이윤이 0이 될 때까지 줄어들 것이다. 만약 '진입의 자유'가 없다면 기존의 기업은 큰 이득을 볼 수도 있었을 것이다.

명문 대학이 존재하는 이유도 바로 '진입의 자유'와 관계가 있다. 우리나라 부모들은 자녀가 명문 대학에 합격하기를 간절히 바란다. 명문 대학에 합격만 하면 자녀들의 장래에 무엇인가 큰 혜택이 있다고 믿기 때문이다. 실제로 이런 혜택은 있을 수도 있다. 그렇다면 혜택이 존재하는 이유는 뭘까? 명문 대학에 다닐 수 있는 학생의 숫자는 제한되어 있기 때문이다. 아무나 다닐 수 있는 대학은 명문 대학이 아니고, 명문 대학이 아니면 큰 혜택도 없다. 진입의 자유가 없기 때문에 큰 혜택도 가능하다는 이야기다. 서울대학교의 정원을 모든 입시생의 숫자와 같도록 한다면, 서울대 졸업생에게 무슨 혜택이 있겠는가?

'퇴출의 자유'는 적자와 관계가 깊다. 기업들이 적자를 보고 있다고 가정하자. 적자를 보고 있는 회사들은 기업 활동을 그만두려 할 것이다. 손해를 보면서 장사하느라 시장에 남아 있을 이유가 없기 때문이다. 재미있는 것은 적자 기업 중에서 일부가 퇴출되면 남아 있는 기업은 상황이 좋아진다는 것이다. 퇴출 기업의 고객들이 남아 있는 기업으로 넘어 오기 때문이다. 이렇게 되면 적자를 보던 기업 중에 남은 기업은 새로운 고객을 확보할 수 있으므로 살 수 있다. 적자를 면하게 된다는 뜻이다.

만약 퇴출되어야 할 기업을 정부가 지원해서 살려 둔다면 어떻게 될까? 사라질 기업이 남아 있으니 다른 기업의 고객 숫자도 그대로이고 적자는 계속 누적될 것이다. 처음에 우선 한 기업만 살리려고 한 정부의 의도는 결과적으로 관련 기업 전체의 부실을 가져올 수도 있다. 결국 정부에서 전체 기업을 모두 책임져야 하는 사태로까지 악화될 수 있는 것이다.

이런 상황에서 경쟁이라는 말은 의미가 없다. 기업과 기업이 경쟁하는 것이 아니라 정부의 정책적 지원에 따라 죽고 사는 상황이 되어 버리기 때문이다. 결국 퇴출의 자유도 완전 경쟁을 위해서는 꼭 필요한 조건인 것이다.

종합해 보자. 진입과 퇴출의 자유가 동시에 있다면 기업은 흑자도 아니고 적자도 아닌 상태가 된다. 앞의 논리에 따르면 그렇다. 결국, 이윤은 0이 되는 수밖에 없다.

4. 완전 정보

완전 경쟁 시장의 네 번째 조건은 '완전 정보'다. 완전 경쟁 시장에서는 소비자들이 사고자 하는 상품의 품질이나 가격에 대해서 완벽하게 알고 있어야 한다. 누군가가 물건을 싸게 팔고 있더라도 소비자가 모른다면 경쟁이 제한될 수밖에 없다. 극단적인 예를 들자면 서울에 살고 있는 사람이라도 부산에서 팔고 있는 물건 가격에 대해서 훤히 알고 있어야 한다는 것이다. 과거에는 이 조건이 비현실적이라고 생각했다. 하지만 지금은 급속한 정보화를 통해서 차츰 실현되고 있다.

완전 경쟁의 반대는 '독점'

경제학자들이 완전 경쟁 시장에 각별한 관심을 쏟는 것은 앞서 말한 것처럼 가장 효율적인 경제의 유토피아가 바로 완전 경쟁 시장이고, 완전 경쟁 시장에 가까울수록 효율적이기 때문이다. 이것은 완전 경쟁 시장의 전제 조건들, 즉 '무수히 많은 기업과 무수히 많은 소비자가 있어야 한다.'와 '기업들이 똑같은 물건을 생산하고 있어야 한다.' 그리고 '진입 퇴출의 자유'와 '완전 정보'에 가까워질수록 효율적이라는 의미이기도 하다.

　이런 측면에서 파악해 볼 때 경쟁자가 하나도 없는 독점은 완전 경쟁의 반대 개념이므로 비효율적이라고 할 수 있다. 독점 기업은 경쟁자가 없기 때문에 가격을 높이 받아도 상관이 없다. 그리고 가격을 높이 받기 위해서 물건을 많이 생산하지도 않는다.

　20여 년 전으로 거슬러 올라가 보자. 현재 무려 4000만 명 가까이 사용하고 있는 핸드폰은 불과 20여 년 전에는 서민들이 사용할 엄두조차 낼 수 없는 물건이었다. 핸드폰 가격이 100만 원을 훨씬 넘었고, 핸드폰의 크기도 지금보다 아주 크고 무거웠으며 사용료도 아주 비쌌다.

　핸드폰이 비쌌던 이유는 당시의 기술이 지금보다 못했기 때문이다. 하지만 그 이유가 전부는 아니다. 당시에는 핸드폰 서비스를 제공하는 회사가 딱 한 군데밖에 없었다. 핸드폰 서비스를 이용하는 소비자는 이 회사 외에 다른 선택의 여지가 없었다. 그러므로 그 독점 기업은 굳이 가격을 낮추려고 노력해야 할 필요성을 느끼지 못했다. 당연히 가격이 비쌀 수밖에 없었다.

　그렇다면 어떻게 핸드폰 요금이 저렴해진 것일까? 지금까지 복잡한 여러 가지 조건들을 배운 이유가 바로 여기에 있다. 완전 경쟁 시장은 기업의 수가 많아서 서로 경쟁하면 효율적이지만 독점은 반대로 기업의 수가 하나밖에 없어서 비효율적이다. 완전 경쟁 시장의 조건을 적용시켜 보면 답은 간단해진다. 이 문제를 푸는 방법은 경쟁자의 숫자를 늘리는 것이다.

　1990년대 중반에 정보통신부는 이동 통신 시장에 경쟁을 도입했

다. KTF나 LG텔레콤 같은 경쟁 회사들이 시장에서 서비스를 제공하기 시작했고, 기업 간 경쟁으로 핸드폰 가격과 사용 요금이 떨어지기 시작했다. 과거에는 소수만 사용하던 핸드폰을 서민들도 사용할 수 있게 된 부분적인 이유는 완전 경쟁 시장의 조건을 도입한 결과라고 할 수 있다. 독점이 나쁘다는 것을 완전 경쟁과 비교해서 알아냈고 해결책도 완전 경쟁과 비교해서 찾아낸 것이다. 결국 어떤 상황이 효율적인지 아닌지를 판단하는 기준도 완전 경쟁 시장이고, 해결책도 완전 경쟁 시장에 가까워지려고 노력하는 데서 발견되는 것이다.

16
모든 기업의 꿈
독점

독점의 원인은 '진입 장벽'으로, 진입 장벽에는 생산 요소의 독점, 기술의 독점, 정부의 독점권 부여, 자연 독점 등이 있다. 독점은 독점 유지를 위한 연구 개발이라는 장점, 높은 가격과 적은 생산량이라는 단점을 동시에 갖는다.

독점을 이해하기 위해서는 완전 경쟁 시장에 대한 이해가 필요하다. 앞서 완전 경쟁 시장은 기업의 수가 아주 많은 경우라고 설명했다. 이렇게 기업의 수가 많으면 기업 혼자서는 가격을 바꿀 수 없다. 특정 기업이 높은 가격을 받으려고 한다면 소비자들은 그 기업의 물건을 사지 않고 다른 기업으로 갈 것이기 때문이다.

우리가 이미 알고 있는 것처럼 독점 기업은 경쟁자가 아무도 없다. 경쟁자가 없기 때문에 가격을 아무리 높이 받아도 소비자들은 다른 회사로 갈 수 없다. 따라서 소비자들은 그 물건을 사지 않고 참거나 비싸도 구매하는 방법밖에 없다.

독점의 전제 조건, 진입 장벽

어느 산골 마을에 하나뿐인 우물을 한 사람이 소유하고 있다고 하자. 이런 상황을 독점이라고 부른다. 우물 주인이 물 값을 비싸게 받고 싶다면 언제든지 물 값을 올릴 수 있다. 왜냐하면 물을 먹지 않을 수는 없으므로 사람들은 우물 주인을 욕하면서도 어쩔 수 없이 비싼 가격을 낼 것이기 때문이다.

우물 주인과 같은 독점 기업은 좋을 것이다. 물의 가격이 높은 만큼 이윤도 많이 남을 것이다. 사실 이윤을 추구하는 모든 기업의 꿈은 독점 기업이다. 또 이윤을 추구하는 기업들은 실제로 독점 기업이 되기 위해 노력하고 있다.

그렇다면 독점 기업이 되는 방법은 무엇일까? 기본적으로 다른 기업이 시장에 진입해서 경쟁을 하고 싶어도 하지 못하게 하는 '진입 장벽'이 있어야 한다. 진입 장벽은 대략 세 가지 정도로 요약할 수 있다.

1. 생산 요소의 독점

첫 번째는 생산에 필수적인 요소를 한 기업이 독점하는 상황이다.

생산 요소를 독점해서 발생한 시장 독점의 고전적 사례로는 남아프리카공화국의 다이아몬드 회사인 드비어스 $_{De\ Beers}$를 들 수 있다. 이 회사는 전 세계 다이아몬드 생산량의 80%를 차지하고 있다. 100%가 아니므로 엄격한 의미에서는 독점이라고 할 수 없지만 80% 정도라면 다이아몬드 가격에 커다란 영향을 미칠 수 있다.

이 회사는 회사를 광고하기보다 다이아몬드를 광고하는 것으로 유명하다. '다이아몬드는 영원히!'라는 유명한 광고가 있는데, 바로 이 광고의 광고주가 드비어스다. 전 세계 다이아몬드 대부분을 자신들이 생산하기 때문에, 불확실하고 거부감을 줄지도 모르는 회사를 광고하기보다는 다이아몬드 자체를 광고하는 것이다. 이런 광고 때문에 다른 보석보다 다이아몬드에 관심이 가는 것도 사실이다.

물론 다이아몬드를 독점하는 것은 생산 요소를 독점하는 것과는 다를 수 있다. 하지만 드비어스는 다이아몬드를 생산하는 데 꼭 필요한 요소인 다이아몬드 광산의 대부분을 소유하고 있어서 다이아몬드를 독점하다시피 한다. 이렇듯 생산 요소를 독점하면 곧 해당 상품도 독점하게 된다.

2. 정부의 독점권 부여와 연구 개발

독점 기업을 만드는 두 번째 진입 장벽은 정부가 만드는 진입 장벽이다. 어떤 물건을 만들어서 팔고 싶은데, 정부가 한 기업에게만 생산 권한을 허가한다면 독점이 될 수 있다.

예를 들어 동남아시아의 한 후진국의 경우에는 왕의 친척들이 국영 사업을 독점하고 있다. 정부가 왕의 친척에게만 사업할 수 있는 독점권을 준 것이다. 이렇게 되면 해당 기업은 정부의 보호를 받으므로 독점력을 유지할 수 있다.

정부에서 주는 독점적 지위가 공정하지 못한 방법으로만 얻어지는 것은 아니다. 특허권이나 저작권은 공익 차원에서 정부가 주는 독점적인 권리이다. 이 권리는 우리나라의 경우 20년간 지속된다. 즉 20년 동안은 독점이라는 의미다. 다른 사람이 특허 받은 상품을 생산해서 판매하려면 특허권자의 허가를 받아야 하고 허가를 받기 위해서는 대가를 지불해야 한다. 그 대가는 일반적으로 꽤 높은 금액이다.

정부에서 특허권을 주면, 특허를 받은 사람이나 기업은 독점이 되기 때문에 높은 가격을 책정할 것이다. 소비자들은 특허 기간인 20년 동안 높은 가격을 내야 하니까 부담이 커진다. 반면에 해당 기업은 많은 이윤을 얻게 된다. 연구 개발을 통해서 기술 개발에 성공하여 특허권을 받으면 정부에서 높은 이윤을 보장해 주는 셈이다.

이런 상황에서 기업들이 특허권을 얻기 위해 연구 개발에 힘쓸 것은 당연하다. 더 많은 연구 개발이 이루어진다면 연구를 통해서 개발되는 결과가 모든 사람을 이롭게 할 수 있다. 예를 들어서 연구 개발을 통해서 불치병이나 난치병을 쉽게 고칠 수 있다면 약값이 문제가 아니라는 얘기다. 특허권을 통해서 연구 개발이 활성화된다면 전체적으로는 도움이 되는 것이다. 물론 20년 간 독점이 유지되기는 하지만 말이다.

3. 자연 독점

또 다른 진입 장벽에는 어떤 것이 있을까.

정확히 진입 장벽이라고 불러야 할지는 모르겠지만 독점이 생기는 또 하나의 이유는 '자연 독점'이다. 한 기업이 물건을 생산하면, 여러 기업이 생산할 때보다 비용이 덜 드는 경우를 말한다. 상수도 같은 것이 자연 독점의 좋은 사례다.

주민들에게 수돗물을 공급하려면 기업은 도시 구석구석에 상수도관을 설치해야 한다. 그런데 상수도관을 설치할 기업이 하나만 있는 경우에는 상수도관을 한 집에 한 개만 묻으면 된다. 하지만 두 기업이 경쟁하려면 상수도관을 한 집에 두 개씩 설치해야 한다. 그래야

두 기업이 경쟁할 수 있기 때문이다. 그러나 과연 상수도관이 두 개나 필요할까?

비상시를 제외하면 두 개는 필요 없다. 상수도관을 두 개 설치했다고 해도 보통 때는 한 개만 사용할 것이다. 비용 면에서도 두 개를 설치해서 한 개만 사용하는 것보다 한 개만 설치해서 사용하는 것이 경제적이다. 결국 상수도관을 두 개 묻어야 하는 두 기업의 경우보다는 한 기업이 상수도를 제공하는 것이 생산 비용을 줄일 수 있다. 이런 경우를 자연 독점이라고 한다.

자연 독점의 경우에는 한 기업만 있는 것이 비용 면에서 더 싸기 때문에 독점이 될 가능성이 크다. 우리나라에서도 상수도는 독점이다. 참고로 상수도처럼 네트워크를 사용하는 산업의 경우 자연 독점이 많다. 가스 산업, 전기 산업 등은 좋은 사례라고 할 수 있다.

독점이 불러온 문제

독점이 발생하면 무슨 일이 일어날까?

앞서 얘기한 대로 독점의 경우에는 일단 가격이 높기 때문에 소비자에게는 좋지 않다. 하지만 독점 기업은 많은 이윤을 얻게 되므로 가능하면 독점적 지위를 지키려고 노력할 것이다.

높은 이윤을 보호받기 위한 노력 중에는 정부의 힘도 이용될 수 있다. 정부의 보호를 받기 위해서 뇌물이나 기타 편의를 제공하는 기업이 생길 수 있는 것이다. 즉 독점은 부패를 유발할 수도 있다. 독점은 결국 소비자에게 높은 가격으로 피해를 주고 부패까지 유발하는 부작용도 낳는다.

독점의 폐해를 줄이는 방법 1

독점의 폐해는 어떻게 바로잡아야 할까? 독점 기업의 폐해를 줄이기 위한 다양한 방법이 고안되었는데, 그중 하나가 진입 장벽을 없애는 것이다. 진입 장벽 때문에 독점이 생겼고 유지되었기 때문이다. 진입 장벽을 없애는 방법은 문제의 원인을 해결하는 방법이므로 문제를 근원적으로 해결하는 아주 좋은 방법이 될 수 있다.

이와 관련한 좋은 사례가 있다. 앞 장에서도 언급했지만 1980년대 후반부터 우리나라의 이동 전화는 한국이동통신이라는 회사가 독점하고 있었다. 지금은 SK텔레콤으로 이름을 바꾸었지만 1980년대 말에서 1990년대 중반까지 독점이 이어졌다. 어떻게 SK텔레콤이 이동 통신 시장을 독점할 수 있었을까? 정부가 이 회사에게만 사업권을 주었기 때문이다. 당시 이동 통신 요금은 지금의 몇 배에 달할 정도로 아주 비쌌다.

1994년 정부는 이동 통신 시장에 경쟁을 도입하기로 결정하였고, 신세기통신을 시장에 진입시켰다. 1997년에는 LG텔레콤이나 KTF 같은 기업들까지 시장에 진입시켜서 본격적으로 경쟁을 활성화했다. 결국 이동 통신 요금은 훨씬 저렴해졌다. 경쟁이 요금을 낮춘 것이다.

하지만 경쟁 도입만으로 이동 통신 요금이 저렴해진 것은 아니다. 왜냐하면 그때부터 지금까지 이동 통신 기술이 발달한 것도 요금 인하의 이유가 될 수 있기 때문이다. 결국 경쟁 도입과 기술 발전이 함께 요금을 떨어뜨렸다고 할 수 있다. 어쨌거나 독점의 폐해를 줄이는 첫 번째 방법으로 경쟁을 도입하는 방법이 고안되었고 우리나라 이동 통신의 경우에는 성공적이었다.

독점의 폐해를 줄이는 방법 2

두 번째 방법으로 고안된 것은 요금이다. 독점의 문제는 독점 기업이 가격을 높게 책정하는 데 있으므로, 요금을 높게 받지 못하도록 처음부터 규제하면 문제도 해결될 것이라는 아이디어다.

이 방법은 우리나라뿐 아니라 전 세계적으로 널리 사용되고 있다. 우리나라의 경우에는 전기 요금이나 지하철 요금, 전화 요금 등 일반 공공요금을 정할 때 정부의 허가를 받아야 한다. 자장면 요금이나 버스 요금도 직접 또는 간접적으로 정부의 간섭을 받고 있다. 요금을 낮게 책정하도록 강제하면 소비자들은 낮은 요금을 내게 되니 즐겁고 복지도 향상될 수 있다.

그런데 요금 규제가 문제를 일으킬 수도 있다. 요금을 낮게 책정하도록 정부에서 규제하기 때문에 해당 기업들은 규제를 피하기 위해 여러 가지 노력을 한다. 그래서 기업들은 자신의 상황을 피력하며 요금을 인상하기 위한 로비력을 동원한다. 예를 들면 적자가 난다면서 요금 인상을 주장하는 것이다.

요금이 인상될 때마다 "누적된 적자가 얼마여서 요금 인상이 불가피하다!"라고 발표하는 것을 뉴스에서 종종 들었을 것이다. 이럴 때 정부가 무기력하게 받아들이기만 하는 것은 아니다. 정부에서는 우선 적자가 발생한다는 주장을 믿을 수 없으니 관련 자료를 제출하라고 한다. 이같이 정부에서 자료를 검토하면 기업은 거짓말 하기가 쉽지 않다.

하지만, 그래도 문제는 있다. 자료를 검토하려면 전문 인력들이 필요하고 인력이 동원되면 비용이 발생한다는 것이다. 결국 요금을 규제하면 비용이 발생한다. 이런 규제 비용이 아주 크다면 요금을 꼭 규제해야 하는지 다시 생각하게 된다. 또 비용을 들여서 거짓인지 아닌지를 판단해서 결정한다고 해도 신뢰성의 문제가 완전히 없어지는 것은 아니다. 왜냐하면 관련 자료를 본 것은 정부이지 가격을 직접 지불해야 하는 시민들은 아니기 때문이다. 시민들은 한편으로는 궁금하고 다른 한편으로는 믿을 수 없는 면도 있기 때문에 자료 공개를 요구하는 경우가 종종 있다. 시민 단체가 건설 회사에 아파트 건설 비용을 공개하라고 요구하는 것도 이런 이유 때문이라고 할 수 있다.

기업이 거짓말을 하지 않고 정당하게 요금을 인상하면 문제가 없을까? 그래도 문제는 있을 수 있다. 기업이 거짓말을 하지 않았다고 하자. 비용은 많고 요금은 낮아 기업이 적자일 수밖에 없다면 정부 입장에서는 요금을 인상하도록 허락할 수밖에 없다.

바로 여기에서 문제가 발생한다. 기업의 입장에서 보면 원가를 절감한다는 것은 힘든 일이다. 힘든 일을 경쟁자가 없는 독점 기업이 수행할 동기가 없는 것이다. 비용을 절감할 동기가 없다면 시간이 흐르면서 점점 더 비능률적인 회사로 변하게 된다. 비능률적인 회사의 비용은 높고, 따라서 요금도 올라간다. 결국 소비자는 비능률적인 독점 회사에 많은 돈을 지불하는 가장 불합리한 결과에 직면할 수도 있다. 때문에 요금 규제 방법을 시행하려면 많은 고민이 뒤따르기 마련이다.

독점의 폐해를 줄이는 방법 3

독점의 폐해를 줄이는 또 다른 방법은 해당 독점 기업을 아예 공기업으로 만드는 방법이다. 사기업은 이윤을 추구하기 위해 가격을 높이므로, 공기업으로 만들면 문제가 없어질 것이라는 아이디어이다. 문제를 해결하는 좋은 방법이다. 그러나 문제가 없는 해결책이 드문 것처럼 공기업의 경우에도 신경을 써야 할 문제는 많다. 예를 들면 공기업은 경쟁 상대가 없다. 경쟁 상대가 있다고 해도 회사의 생존이 보장되어 있으므로 경쟁이 없는 것과 마찬가지다. 경쟁이 없고 생존이 보장되니 비용을 절감해야 할 동기도 없다. 이런 환경하에서 공기업이 모두 효율적이기를 바라는 것은 무리가 아닐까?

독점의 장점

지금까지 독점의 폐해와 해결 방법에 대해서 설명했다. 마지막으로 강조하고 싶은 것은 독점이 가진 좋은 점도 있다는 것이다. 예를 들어 독점 기업이 독점 이윤을 지키기 위해서 연구 개발에 몰두한다면 모두에게 좋다. 앞서도 얘기했지만 연구 개발의 결과는 모든 사람에게 혜택으로 돌아갈 수 있기 때문이다. 그리고 그 혜택은 아주 크기 때문에 높은 가격의 폐해보다 더 큰 만족을 줄 수 있다. 독점도 경우에 따라서 사회에 큰 혜택을 줄 수 있다는 이야기다.

17
세일의 경제학
가격 차별 활용하기

가격 차별은 다양한 상황에서 광범위하게 사용된다.
기업들은 가격을 차별하는 방법으로 더 많은 돈을 벌고 있다.
가격 차별은 바가지 요금을 제외하고는 소비자에게도 크게 나쁘지 않다.

바겐세일 중인 백화점 앞은 도로부터 꽉 막힌다. 주차장에 진입하기도 어렵다. 그런데도 사람들은 바겐세일을 기다렸다가 백화점에 간다. 이유는 간단하다. 물건 값이 평소보다 싸기 때문이다. 백화점은 가격을 할인하는 만큼 손해를 보면서 소비자들에게 선심을 쓰는 것일까? 물론 아닐 것이다. 이 장에서는 바겐세일의 경제학적 의미를 살펴본다.

바겐세일을 하는 세 가지 이유

당신은 갖고 싶은 물건이 있을 때 바로 시장이나 백화점에 가서 물건을 구매하는 타입인가 아니면 세일 기간까지 기다렸다가 구매하는 타입인가? 많은 사람들이 특별한 경우를 제외하고는 백화점 세일 기간을 기다려 물건을 구매할 것이다.

그러나 세일 기간 중에 막상 매장으로 들어서서 이 옷, 저 옷 한참을 고르다가 겨우 마음에 드는 옷을 선택하면 그 옷은 세일이 아니라는 소리를 듣는 경우가 종종 있다. 당황스럽고 화가 나기도 하지만 어쩔 수 없다. 다시 힘들게 세일 품목 중에서 마음에 드는 옷을 찾으면 이번에는 맞는 사이즈가 없다고 한다.

누구나 한 번쯤 경험해 봤을 것이다. 백화점은 세일한다는 핑계로 손님을 끌어 모아서 다른 물건을 팔려고 하는 게 아닐까! 사실 일 년 내내 세일한다고 써 놓은 상점들도 있다. 물론 진정으로 가격을 인하해서 물건을 파는 상점도 있다. 보통 큰 백화점들이지만 말이다.

백화점이 바겐세일을 하는 또 다른 이유는 재고 정리를 위해서다. 대개 세일은 '봄 정기 세일', '가을 정기 세일'과 같이 계절이 바뀔 때 많이 한다. 창고에 쌓여 있는 재고를 빨리 처리해서 창고를 비울 필요가 있기 때문이다. 그래야만 새 상품을 살 현금도 조달할 수 있다. 특히 의류가 이런 경우에 해당하는 상품으로, 철 지난 옷은 창고에 쌓아 두는 것보다는 빨리 처리하는 것이 무조건 이익이라고 한다.

그런데 세일을 하는 근본적인 이유는 따로 있지 않을까? 보통 때와 다른 가격으로 물건을 파는 것은 백화점이 돈을 벌 수 있기 때문이다. 이것을 '가격 차별'이라고 한다. 가격 차별이 돈을 더 벌게 해 주는 이유는 가격에 민감한 사람에게 싸게 해줘서 매출을 늘리기 때문이다. 비싸더라도 살 사람은 보통 때 비싸더라도 산다. 이렇게 비쌀 때 사는 사람과 쌀 때만 사는 사람을 구분해서 판매하면 물건을 더 많이 팔 수 있고 수익도 더 늘어난다.

그렇다면 중간 가격으로 두 사람 모두에게 파는 것은 어떨까? 모든 사람들이 똑같다면 이 방법도 좋다. 하지만 보통의 경우에는 가격에 민감한 사람들이 있기 때문에 중간 가격으로 팔면 도리어 수익이 줄어든다. 왜냐하면 가격에 민감한 소비자는 가격이 더 내려갈 때까지 사지 않기 때문에, 원래 비싸도 사려던 사람에게만 가격을 내려 준 셈이 된다. 가격에 민감한 사람은 사지 않고 원래 살 사람에게는 싸게 해 주었으니 수익은 도리어 줄어든다. 구체적인 사례를 통해서 자세히 살펴보자.

가격 차별의 의미

앞서도 언급했지만 동일한 물건을 서로 다른 가격으로 판매하는 것을 '가격 차별'이라고 한다. 예를 들어 두 사람이 백화점에서 옷을 사려고 하는데, 한 명은 100만 원을 주고 옷을 살 용의가 있는 반면 다른 사람은 70만 원을 낼 용의가 있다. 그렇다면 백화점은 가격을 어떻게 결정하는 것이 좋을까?

몇 가지 방법이 있을 수 있는데, 우선 첫 번째는 100만 원으로 가격을 결정하는 것이다. 이런 경우 백화점에서는 100만 원만 벌 수 있다. 한 명만 그 옷을 사기 때문이다. 두 번째 방법은 두 사람 모두 사도록 하는 방법으로 옷 한 벌에 70만 원을 받는 것이다. 이 방법을 취하면 백화점은 140만 원을 벌 수 있다.

마지막 방법은 백화점에 더 유리한 방법이다. 첫 번째 사람에게는 100만 원을 받고, 두 번째 사람에게는 세일 기간에 70만 원을 받고 파는 것이다. 이렇게 하면 백화점의 수입은 총 170만 원으로 늘어난다. 백화점은 더 많은 수입을 가질 수 있게 되는 것이다. 바로 이 방법이 '가격 차별'이다.

백화점 등 많은 기업들이 가격을 차별하고 싶어 하지만 현실적으로는 누가 100만 원을 주고 살 용의가 있는 사람인지 구분하기 어렵다. 그래서 소비자를 구분해서 팔려고 등장한 방법이 바로 바겐세일이다.

누가 가격에 민감한 사람일까?

가격에 둔감한 사람이 우연히 백화점에 갔더니 바겐세일을 하는 중일 수 있다. 세일 때 물건을 사는 사람이 꼭 가격에 민감한 사람은 아니라는 얘기다. 하지만 가격에 민감한 소비자는 물건이 급히 필요한 경우를 제외하고는 대부분 세일 기간까지 기다린다. 반면에 세일을 기다리지 않고 평상시 백화점을 찾는 사람은 높은 요금을 낼 용의가 있는 사람들이다. 결국 세일은 가격에 민감한 사람과 민감하지 않은 사람을 구분해서 가격을 차별할 수 있는 좋은 도구가 된다. 물론, 가격에 둔감한 사람이 우연히 세일기간에 갈 수도 있으니 완벽한 방법은 아니지만, 상당히 좋은 방법인 것은 사실이다.

어쨌거나 세일을 기다릴 정도로 가격에 민감한 사람들에게는 저렴하게 팔아서 매출을 늘리자는 것이 백화점이 세일을 하는 이유다. 이렇게 소비자들을 그룹별로 나눠서 비용이 같은데도 가격을 차별하는 방법을 '3차 가격 차별'이라고 한다.

가격 차별의 혜택을 보려면 부지런해져라 — 쿠폰

'3차 가격 차별'은 다양한 상황에서 여러 방법으로 활용되고 있는데, 학생 요금 할인이나 영화관 조조 할인 등이 여기에 속한다. 통신 요금을 시간대별로 또는 지역별로 저렴하게 책정하는 것이나 기차 요금을 주중에는 할인해 주고 주말에는 더 비싸게 받는 것도 가격 차별이다. 전기 요금도 심야에는 싸고 낮에는 비싸다. 유원지의 숙박비도 주말이나 성수기에는 더 비싸다. 이것도 가격 차별이다.

가격 차별 제도는 일상에서 다양한 모습으로 나타난다. 신문이나 잡지 등에서 쿠폰을 찾아 알뜰하게 사용하는 사람들이 있다. 이들은 가격 차별을 통해서 혜택을 보고 있는 것이다. 왜냐하면 정상 가격을 지불하는 소비자들과 가격에 민감한 소비자를 구분해서 가격을 달리 책정하고 싶은 상점 입장에서 가격에 민감한 소비자를 구분해 내는 방법이 바로 쿠폰이기 때문이다.

사실 신문에서 쿠폰을 찾아 오려서 할인 혜택을 받을 수 있는 물건을 사러 가는 것은 상당히 귀찮은 일이다. 이런 번거로운 일을 기꺼이 할 수 있을 정도로 가격에 민감한 소비자라면, 가격을 싸게 해 줘야 상점으로 온다는 것이다. 그래서 이런 사람들에게만 가격을 할인해 주기 위해 사용하는 것이 쿠폰이다.

기업의 입장에서는 어떤 소비자가 가격을 싸게 해 주어야만 구매하는 가격에 민감한 소비자인지를 미리 알 수가 없다. 따라서 소비자를 구분하는 방법으로 소비자에게 불편을 주는 것이다.

바겐세일의 경우에는 싸게 사려면 기다려야 하는 불편을 준 것이고, 쿠폰의 경우에는 쿠폰을 찾는 불편을 주어서 소비자를 구분해 내는 것이다. 쿠폰을 찾아서 챙기는 불편을 견디는 사람에게는 저렴한 가격으로 살 수 있는 기회를 제공하면서 말이다. 싸게 사는 데 따른 불편을 견디는 사람은 가격에 민감한 소비자이고 이런 소비자에게는 불편한 만큼 또는 그 이상 가격을 할인해 주는 것이다.

생활필수품에는 가격 차별이 없다?

그러나 모든 물건에 가격 차별이 있는 것은 아니다. 생활필수품은 누구에게나 필요하고 꼭 사용해야 하는 물건이기 때문에 상대적으로 가격 차별의 폭이 크지 않거나 없다. 생활필수품은 가격이 싸다고 더 많이 사용하고 비싸다고 덜 사용하지 않기 때문이다.

실제 백화점이나 슈퍼마켓에도 생활필수품을 세일하는 경우는 드물다. 혹시 세일을 하더라도 한정 수량에 불과하다. 왜냐하면 누구나 사용하는 것인 만큼 꼭 사야 하는 물건이므로 소비자 구분이 안 되기 때문이다. 구분이 안 되는데 가격을 싸게 한다면 그냥 깎아 주는 셈이 된다. 이런 가격 차별로는 이윤을 높일 수 없다.

생활필수품을 세일하는 경우는 손님을 유인하기 위해서라고 생각해도 무리가 없다. 생활필수품을 저렴하게 구매하겠다는 생각에 상점을 찾았다가, 다른 물건도 사는 손님들은 많다. 그런데 손님을 끌어 모으면서도 비용은 줄여야 하기 때문에 수량을 한정할 수밖에 없는 것이다. 그리고 수량을 한정하면 한정된 수량이 끝나기 전에 얼른 사야겠다고 생각하는 소비자들도 있으므로 손님을 유인하는 효과적인 유인책이 될 수 있다.

가격 차별은 소비자에게도 나쁘지 않다

가격 차별은 이윤을 증가시키고자 하는 기업 전략이다. 그러나 가격 차별이 소비자에게도 그리 나쁠 것은 없다. 저렴하게 사는 사람은 비용을 절약할 수 있어서 좋고 정상 가격을 지불하는 사람들은 아무 때나 가서 살 수 있어 좋다. 결국 소비자의 취향에 맞춰 가격을 책정한 것이라고 할 수 있다.

한 가지 염두해 둘 것은 특정 물건에 대해 가격 차별을 하려면 재판매가 불가능해야 한다는 것이다. 만약 한 사람이 여러 개의 물건을 싸게 사서 그보다 비싸게 살 사람에게 다시 되팔면 판매자는 곤란해진다. 이런 상황이 발생하면 가격과 판매 과정이 모두 엉망이 되면서 판매자는 불이익을 당하게 된다. 그러므로 가격 차별의 최대 약점은 암표상이라고 할 수 있다. 앞에서 언급했던 암표상의 또 다른 특징이라고 할 수 있다.

구매자는 봉이다 ─ 바가지, 완전 가격 차별(1차 가격 차별)

보석상에서도 가격 차별을 할까? 아니면 가격 차별을 하지 않을까? 결론적으로 말하면 보석상같이 전문적이거나 특수한 전문 소규모 상점에서 하는 가격 차별은 백화점의 가격 차별보다 훨씬 교묘하다.

예를 들어 당신이 결혼반지를 구입하기 위해 보석상에 들어갔다고 하자. 대부분의 소비자들은 보석 가격이 워낙 비싸기 때문에 신경을 써서 잘 고르려고 한다. 진열장 안에 있는 것을 이것저것 선택하면 점원은 보석을 꺼내 보여 준다. 그러다 진열대 위에 보고 난 보석의 개수가 늘어날수록 소비자는 점원에게 미안한 마음이 들기 시작한다. 바로 이 시점에 점원은 소비자들에게 어디에 쓸 것인지 물어본다. 소비자는 적절한 반지를 골라 주려고 그러려니 생각하고 결혼 예물이라거나 기념 반지라는 식으로 하나씩 얘기를 하게 된다. 그러면 판매자는 다시 예산이 어느 정도냐고 묻는다. 이런 식으로 얘기를 하다가 소비자가 보석 가격을 묻게 되면, 이때 보석상은 그동안 파악한 상황에 따라 다른 가격을 부를 수 있다.

혹시 드물게 가격을 먼저 물어보는 소비자도 있지만 이럴 경우에도 정도의 차이가 있을 뿐 역시 판매자가 우월한 위치에 있음은 분명하다. 왜냐하면 소비자들은 보석에 관한 전문 지식이 거의 없기 때문이다. 보석의 품질에 대해서 잘 모르는 소비자가 보석에 대해서 몇 가지 물어보다 보면 대개는 판매자의 설명과 의도에 따라 선택을 바꾸는 경우가 많다. 그리고 선택이 달라졌다면 먼저 물어보았던 가격은 쓸모없어지고 만다. 그러고 나면 앞의 경우와 똑같은 상황이 되어 버린다.

물론 여러 가게를 들러서 비교해 보면 가격에 비해 가장 만족할 만한 제품을 구매할 수 있다. 하지만 아쉽게도 많은 시간과 노력이 필요하다. 그래서 많은 소비자들이 보석을 구매하기 어려워한다.

기껏 마음에 드는 물건을 두 개쯤 골라 놓고 가격을 물어보면, 둘 중에 자신이 좋아하는 물건이 비싼 경우를 자주 경험한다. 이는 본인의 마음을 상인에게 들킨 결과가 아닐까? 물론 비싼 물건을 알아볼 만큼 자기 눈이 높아서 그런 것이라고 생각해 보지만 가끔은 이상하게 느껴지는 경우도 있다. 이런 가격 차별 방식을 소비자들은 일상적으로 '바가지 썼다.'라고 표현한다.

경제학에서는 바가지 요금을 '완전 가격 차별' 또는 '1차 가격 차별'이라고 정의한다. 완전 가격 차별은 소비자 입장에서는 아주 나쁜 경우이지만 반대로 기업 입장에서는 돈을 많이 벌 수 있는 최고의 방법이다.

많이 사면 깎아 준다 — 2차 가격 차별

가격 차별의 또 다른 방식은 없을까?

요즘 대형 할인점에서 많이 활용하는 방법으로 묶음 판매가 있다. 예를 들어 라면을 다섯 개로 묶어서 큰 묶음 하나로 만들어 판매하는 방식이다. 휴지도 열 개 들어 있는 큰 묶음만 살 수 있고 한 개만 따로 살 수는 없다. 물론 열 개 묶음 휴지가 하나에 얼마인지 따져 보면 싼 편이기는 하다.

반대의 경우도 있다. 소비자들이 상점에 가서 물건을 살 때 구매 수량이 많을 경우에는 종종 깎아 달라고 얘기하는 것도 바로 이런 이유 때문이다. 이럴 경우에 대개는 상점 주인이 가격을 좀 깎아 주곤 한다. 하다 못해 시장에서 콩나물을 사도 많이 사면서 좀 더 달라고 하면 더 주곤 한다. 이렇게 많이 사는 사람에게는 할인해 주는 방식을 2차 가격 차별이라고 부른다. 2차 가격 차별은 한편으로는 고객을 관리하는 것이고 다른 한편으로는 돈을 버는 방법이다. 가격 차별을 통해서 기업은 돈을 벌 수 있어서 좋고 소비자는 저렴하게 살 수 있으니 좋다.

가격 차별과 무료 요금의 두 가지 얼굴

우리나라에서는 노인들이 버스나 지하철, 목욕탕 등을 무료로 이용할 수 있는 경로 우대 제도를 시행하고 있다. 이와 같은 제도는 어른을 배려하고 존경하는 효도의 방법으로 마련된 미풍양속이다.

많은 사람들은 경로 우대 요금이 효도 차원의 배려라고 생각하지만 가격이 사람마다 다르다는 측면에서 일종의 가격 차별이라고도 할 수 있다. 이와 비슷한 것이 장학금 제도이다. 성적이 우수한 학생이나 가정 형편이 좋지 않은 학생에게 지급하는 장학금은 학비의 가격 차별로 생각할 수 있는 것이다. 따라서 가격 차별의 장단점을 모두 갖고 있다.

잘못된 가격 차별이 어떤 결과를 가져오는지 경로 우대 요금의 사례를 통해서 살펴보자. 예전에는 일정 나이 이상이 되면 교통 요금을 지불하지 않고 무료로 이용하도록 정부에서 강제한 적이 있다. 이것을 운수 회사의 입장에서 보면 노인을 태워 봐야 매출이 늘어나지 않았기에 노인이 혼자 버스 정류장에 있으면 버스가 그냥 지나치는 등 노인들을 홀대하는 경우가 있었다. 이럴 경우 버스 기사가 잘못했다고 지적해야 하는 것이 사실이지만 버스 기사들의 입장에서 보면 돈을 벌어야 하는데 무료로 태워야 하면서 신경도 많이 쓰이는 노인들이 부담스러운 것도 사실이었다.

노인들의 요금을 정부에서 부담하는 식의 제도를 시행했다면 버스 기사들은 노인들을 홀대하지 않았을 것이다. 정부는 국민들의 세금으로 노인들의 버스 요금을 분담하면 된다.

결국 경로 우대 제도는 시행된 지 몇 년이 지나서야 노인들에게 아예 현금으로 지급하는 방식으로 달라졌고, 그 이후에 노인들은 무료로 버스를 타지만 그 요금을 정부에서 버스 회사에 지급하는 방식으로 다시 바뀌었다. 이 사례는 가격 차별뿐 아니라 정부 정책은 세심하게 수립되어야 함을 보여 주기도 한다.

18
클수록 좋다
규모의 경제와 자연 독점

많이 생산할수록 생산단가가 저렴해지는 규모의 경제가 나타나면,
자연스럽게 독점(자연 독점)으로 이어질 수 있다.
자연 독점도 독점이기 때문에 독점의 폐해가 나타날 수 있다.

규모의 경제와 독점 기업의 관계

규모의 경제와 자연 독점이라고 하면 언뜻 무슨 뜻인지 이해가 안 되는 사람들이 많을 것이다. 우선 의미부터 알아본 다음, 어떤 내용인지 살펴보자. 규모의 경제는 기업의 생산 규모가 크면 클수록 좋다는 말로, 기업이 어떤 재화를 생산하는 과정에서 많이 생산하면 할수록 단위당 생산 비용이 줄어드는 상황을 이야기한다.

예를 들어서 정보 통신 산업이나 전기 산업, 상하수도, 지하철과 같은 철도 산업, 그리고 도로나 가스관 공사 같은 산업에서 이런 규모의 경제가 나타난다. 이런 산업을 보통 '장치 산업'이라고 부르는데, 사업에 필요한 것을 일단 설치한 다음에는 유지와 보수만 하면 된다는 뜻을 가지고 있다. 일단 설치하면 고객이 천 명이건 만 명이건 같은 비용이기 때문에, 고객당 발생하는 비용은 고객 수가 증가할

수록 감소하는 특징을 갖는다. 그리고 이런 특징이 바로 앞에서 이야기한 규모의 경제다.

이런 장치 산업은 대개 독점 기업이 운영하거나 정부에서 운영한다는 특징도 가지고 있다. 상수도나 하수도를 운영하는 곳은 수자원 공사니까 정부에서 사실상 독점 운영하는 것이고, 지하철, 도로, 가스 같은 시설도 대개 독점이거나 정부와 관련이 깊은 공사에서 운영하고 있는 것을 보면 이를 쉽게 알 수 있다.

이처럼 장치 산업에서 독점이 지배적이거나 정부에서 운영하는 경우가 많은 것은 위에서 이야기한 규모의 경제 때문이라고 할 수 있다. 생산량이 늘어날 때 단위당 생산 비용이 줄어들게 되기 때문에 기업의 규모가 크면 클수록 좋은 것이다. 그래서 큰 기업이 유리하며, 규모가 가장 큰 기업은 전체 시장을 자기 혼자서 석권하는 회사다. 독점 기업을 의미하는 것이다. 독점이면 혼자 많이 생산하게 되고, 많이 생산하면 규모의 경제로 인해 비용이 싸지기 때문에 독점 기업의 비용은 당연히 절감되는 것이다.

다른 각도에서 설명해 보자. 장치 산업에서는 기업의 규모가 클수록 좋으니까 서로 커지려고 노력하게 된다. 그런데 일단 커진 기업은 단위당 생산 비용이 적어지니까 다른 기업보다 유리한 위치에 있게 된다. 자연스럽게 다른 기업들은 퇴출되고, 가장 생산 비용이 낮은 기업만 남게 된다. 즉 자연스럽게 독점 기업만 남게 되는 것이다. 그래서 '자연 독점'이라고 부르는 독점 기업이 출현하게 되는 것이다.

규모의 경제가 나타나기 쉬운 이유

왜 장치 산업에서는 규모의 경제가 나타나는 것일까? 장치 산업은 말 그대로 많은 장치가 필요하기 때문이다. 철도 산업을 예로 들어보자. 철도를 운행하려면 우선 기차와 철로가 필요하다. 철로를 가설하고 기차를 제작하는데 많은 비용이 들어간다. 특히 철로를 가설하는 데는 막대한 비용이 드는데, 도로나 가스 같은 장치 산업도 이와 비슷하다. 도로를 설치하거나 가스를 보내는 관들을 설치하는데, 엄청나게 많은 비용이 드는 것이다.

이런 현상은 전기 같은 장치 산업도 비슷하다. 전기 산업은 발전소에서 가정에 이르기까지 전깃줄로 이루어진 배전망이 필요한데, 처음 설치하는 데 막대한 비용이 든다. 반면 이런 것들은 한번 설치한 후에는 유지 보수만 잘하면 오랫동안 쓸 수 있는 특징을 가진다. 설치비나 유지 보수 비용 같은 것은 전기를 더 쓰거나, 덜 써도 큰 차이가 없다. 기존에 설치된 장치의 활용도가 높아지는 것이지, 설치비나 유지 보수비가 바뀌는 것은 아니기 때문이다. 그래서 더 많이 사용해도 전체 비용에는 큰 변화가 없다.

이것을 바꿔 이야기하면, 장치 산업에서는 사용하면 할수록 단위당 비용은 절감된다는 뜻이다. 만약 전국적으로 설치된 장치를 한 사람만 사용한다면 그 사람 때문에 전체 장치가 필요한 것이므로, 그 사람 한 명의 비용은 엄청날 것이다. 하지만, 한 명 더 그 장치를 사용하면, 전국적으로 설치된 장치를 그냥 사용해도 되므로, 1인당 비용은 단 한명이 사용하는 경우의 절반에 불과할 것이다. 바로 규모의 경제가 장치 산업에서 나타나는 이유라고 할 수 있다.

독점은 원래 나쁜 것으로 인식하는 경향이 만연되어 있지만, 독점이 좋은 경우가 있으며 그런 경우가 바로 자연 독점이라는 것이다. 그래서 장치 산업의 독점 기업들은 규모의 경제에서 유래된 자연 독점 이야기를 좋아하고, 또 자주 한다. 자신들은 비용을 절감시키는 좋은 독점 기업이라는 뜻으로 말이다.

독점의 문제

1. 높은 가격

자연 독점 이야기는 일리가 있기 때문에, 실제로 많은 장치 산업이 오랜 기간 동안 독점 상태를 유지해 왔다. 많은 사람들이 비용이 절감돼서 좋다고 생각했고, 실제로도 그랬다. 그런데 시간이 지나면서 예상치 못했던 문제점이 발견되었다. 그것은 비용이 절감되는 것은 분명 맞지만, 요금이 너무 비싸다는 것이다. 요금이 비싸다는 것은 당연히 소비자에게 나쁜 결과로 나타난다.

독점 기업이 요금을 높이 책정했을 때, 소비자들이 대응할 수 있는 현실적 방법은 많지 않다. 예를 들어서 전기 요금을 생각해 보자. 전기 요금이 비쌀 때, 소비자들이 할 수 있는 방법은 전기를 절약하는 것이 최선의 방법이자 거의 유일한 방법이다. 하지만 전기를 절약하는 것이 말로는 쉬울지 몰라도 실제로는 여러모로 불편해서 쉽지 않다.

전기를 절약하려고 밤에 온 가족이 한 방에 모여서 등 하나만 켠 채 생활하는 것이 정감이 있어 좋기는 하지만, 실제로 해보면 불편하다. 또 다양한 가전제품들도 잘 못 쓰게 되어 불편이 이만저만 아니게 된다. 전기 값이 비싸다고, 양초를 사서 각자의 방에 켜 주는 것도 좋지 못하기는 마찬가지다. 불의 밝기가 떨어져서 불편할 뿐만 아니라, 화재의 위험도 있기 때문이다.

결국 전기를 독점하는 기업이 가격을 높이 책정하면, 소비자들은 울며 겨자 먹기로 그냥 비싼 가격으로 전기를 사용할 수밖에 없다. 그래서 소비자들은 정부에서 나서서 어떻게 좀 조정을 해주었으면 하고 바란다. 특히 전기와 가스, 지하철 같은 경우에는 생활에 필수적이기 때문에 더욱 그렇다. 이 문제에 대해서 이제까지의 역사를 찾아보면, 정부에서 실제로 나섰던 것을 알 수 있다.

정부가 직면한 문제는 가격이 너무 높은 것이었다. 그래서 정부에서는 직접적인 해결책으로 가격을 높이 책정하지 못하게 규제하는 것으로 소비자들을 보호하려고 했다. 이 정책은 효과가 있는 것으로 보였다. 그래서 문제가 해결되는 것으로 생각했는데, 시간이 지나면서 또 다른 어려운 문제에 부딪히게 되었다. 어떤 문제일까? 바로 독점 기업의 바람직하지 못한 반응 때문에 발생한 문제다.

2. 회계의 조작

독점 기업은 자신의 이익이 줄어들기 때문에 반발하게 된다. 하지만 국민들이 모두 가격을 높게 책정하는 독점 기업을 적대시하므로 독점 기업에서도 대놓고 반발할 수는 없었다. 그래서 생각해 낸 방법이 자신들도 적자를 볼 수는 없으니까, 요금을 낮추기는 힘들다고 간접적으로 반발한 것이다. 정부에서도 거기에 대해서는 별로 할 말이 없었다. 그래서 비용이 모두 얼마인지, 회계 장부를 가지고 오라고 해서, 거기에 맞추어 요금을 책정하도록 했다.

처음에는 확실히 좋은 방법으로 생각되었다. 그렇지만 기업은 회계 장부를 정확하게 기록하지 않고 과대 계상할 동기를 갖게 되었다. 장부에 많이 적으면 요금이 올라가고, 요금이 올라가면 이익이 많이 발생하기 때문이다. 역사적으로 많이 등장하는 분식 회계를 생각해 보면 쉽게 이해가 될 것이다. 실제로 이 분식 회계를 통한 장부 조작은 정부에서 부딪힌 첫 번째 문제였다. 정부에서는 이 문제를 회계 감사를 통해서 해결하려고 했다. 그래서 분식 회계를 없애거나 최소한 줄이는데 어느 정도는 성공했다. 물론 정부나 회계사가 부패하거나 무능해서 실패한 경우가 없는 것은 아니었지만 말이다. 그래서 정부에서도 약간의 자신감을 회복할 수 있었다.

3. 방만한 지출

문제는 이것으로만 해결되지는 않았는데, 일부 독점 기업이 정부의 요금 규제에 대응하는 또 다른 방법을 찾은 것이다. 독점 기업의 입장에서 보면 비용이 발생하면 정부에서 요금을 높여 책정할 수 있게 해주기 때문에 비용을 아낄 필요가 없어졌다. 심지어는 아예 비용을 일부러 지출하려고 하는 동기까지도 생겼다. 그래서 방만한 경영을 시작한 일부 기업이 생겨나기 시작한 것이다. 예를 들자면 사장 집무실의 넓이가 50평이 될 수도 있는 것이다. 방 안에는 화장실이나 수면실을 둘 수도 있다. 비서를 한 열 명쯤 둘 수도 있을 것이다. 가끔 해외 기업 사장의 집무실은 몇 평인데, 그와 비교해서 우리나라는 훨씬 더 넓다고 하는 신문의 기사가 나오는 것도 바로 이런 이유 때문인 것이다.

이런 방만한 지출 비용은 실제로 기업에서 지출한 금액이므로, 회계 장부에 제대로 적어도 문제가 될 것은 없다. 분식 회계를 한 것은 아니기 때문에 분명 불법은 아니라고 할 수 있다. 하지만 기업의 이런 방만한 지출로 인한 비용 증가의 부담은 고스란히 소비자들에게 피해로 돌아가기 때문에 문제가 되는 것이다.

이런 상황에 정부도 가만히 있지는 않았다. 정부에서는 요금을 책정할 때, 장부에 적힌 금액이 적정한지를 파악하려고 노력하기 시작하였다. 하지만 정부에서는 막상 실제로 노력해 보고 난 후, 이런 일이 엄청나게 어렵다는 것을 알게 되었다. 회사에서 지출한 금액이 적정한지를 알기 위해서는 어떤 상황에서 지출한 금액인지를 알아야 하는데, 그 상황을 모두 파악한다는 것이 근본적으로 불가능에 가까운 일이었기 때문이다. 결과적으로 일부 독점 기업들의 방만한 경영을 막는 것은 현실적으로 매우 어려운 일인 것이다.

정부의 대응

독점으로 인해 생긴 문제로 인해 계속해서 소비자들만 피해를 보아야 하는 상황이 되었다. 그래서 정부에서는 소비자들의 피해를 줄일 수 있는 또 다른 방법을 생각하게 되었는데, 바로 독점 기업을 국유화하거나 공사화해서 공기업으로 만들어 버리는 것이었다.

독점 기업이 민간 기업이기 때문에 더욱 높은 요금을 받으려고 한다고 판단한 것이다. 정부는 정부가 직접 운영하거나, 정부가 소유주라면 이야기가 달라지지 않을까 하는 의도로 국유화나 공사화를 선택했다. 정부의 이런 의도는 맞아떨어졌다. 높은 가격으로 인한 부담을 소비자들이 떠안는 문제는 더 이상 생기지 않았기 때문이다. 공기업은 적어도 돈을 더 벌려고 혈안이 되지는 않았기 때문이다.

그런데 기업이 돈을 벌려고 하지 않을 뿐더러 또 그렇게 해서도 안 된다는 이유로 인해 국유화된 기업의 직원들 중 일부는 의욕이 저하되기 시작했다. 많은 직원들은 여전히 열심히 일했지만 일부 직원들은 열심히 일해도 돈을 더 버는 것이 아니라는 것을 깨닫게 되었고, 열심히 일하지 않아도 월급은 나온다는 사실도 알게 되었다. 결국 무사안일주의나 복지부동하는 직원들이 생기게 되었다.

이런 직원들이 생기게 되면, 그 사람들이 해야 하는 일을 다른 직원들이 해야 한다. 일을 대신해서 많이 해야 하는 직원들이 있을 수밖에 없게 되고, 이 사람들은 힘들어진다. 이런 경우에 선택할 수 있는 것은 두 가지가 있는데, 하나는 참고 열심히 일하는 것이고, 둘째는 자신도 일을 덜 하는 것이다. 그리고 동료나 부하 직원을 더 뽑자고 하는 것이다. 그래서 자신의 부담을 줄이는 것이다.

직장 생활을 하다보면 많은 경우 실제로 이런 경우를 보게 되는데, 이런 현상이 생기면 기업의 비용이 증가하게 된다. 결과적으로 방만한 경영으로 이어지게 되는 것이다. 일부 공기업의 방만한 경영 문제는 바로 이런 것에서 비롯되었다고 생각할 수 있다. 결국 민영 독점 기업이 방만하게 경영하는 것과 같이 공영 독점 기업도 방만하게 운영하는 결과를 낳을 수 있는 것이다.

경제학자들은 이런 문제를 완전히 해결하기 위해서는 자연 독점 상태라고 하더라도 경쟁을 도입해야 한다고 생각하게 되었다. 그래서 1990년대부터 자연 독점이며 장치 산업이라고 할 수 있는 정보 통신 산업에 경쟁을 도입하기 시작했다. 우리나라뿐만 아니라 전 세계적으로 경쟁을 도입한 것인데, 적어도 현재까지는 경쟁 도입의 성과가 놀라울 정도로 좋다. 요금은 급격히 떨어지고, 소비자에 대한 서비스도 좋아진 것이다. 경쟁을 도입한 우리나라 이동 전화의 경우에는 지난 10여년 사이에 요금 수준이 절반 이하로 떨어졌고 품질은 높아졌다.

    자연 독점에 경쟁을 도입한 성공적인 결과는 아마 다른 장치 산업에도 영향을 미칠 것으로 판단된다. 멀지 않은 미래에 철도, 전기, 가스 산업 등의 장치 산업에 경쟁이 도입될 것이라고 예상하고 있다. 만약 경쟁 도입이 늦는 산업이 있다면, 위에서 언급한 비효율성이 적게 나타나는 산업이고 임직원들이 열심히 일하고 있는 산업이라고 짐작된다.

제5부

정보 경제학

19 명품을 찾는 이유

상표, 소비자에게 보내는 신호

사람들은 왜 명품을 선호할까? 단지 품질이 좋아서일까?
명품은 상표 자체로 사람들에게 가치를 인정받는다.
상표는 물건에 대한 정보를 전달하기 때문이다.

일반적으로 명품은 품질이 뛰어나고 품질에 비해 가격이 훨씬 비싼 상품을 말한다. 명품을 가진 사람을 보면 부러워하는 사람도 있고 낭비가 심한 사람이라고 생각하는 사람도 있지만 명품을 가진 사람에게 눈길이 쏠리는 것은 사실이다. 또한 돈이 많다면 명품을 갖고 싶다고 생각하는 사람도 많다.

많은 사람들이 명품을 보면 한눈에 알아본다. 상표를 보고 알아보는 경우도 많지만, 상표 없이 디자인만 보고도 명품인지 알아보는 경우도 많다. 바로 이 사실에 '명품의 경제학'을 설명하기 위한 중요한 내용이 숨어 있다. 명품은 품질이 뛰어나서 명품인 것이 분명하지만, 품질이 뛰어나다는 것을 사람들이 잘 알고 있다는 사실 때문에 명품이기도 하다. 이름만 대면 명품인지 알 수 있는 것들이 여럿 있다. 이런 명품이 왜 생겼는지에 대한 설명이 바로 명품의 경제학이다. 참고로 공식적인 이름은 '정보 경제학'이다.

명품을 사는 이유

명품은 왜 생겨났을까? 현실의 사례를 통해서 그 과정을 살펴보자. 우리는 물건을 살 때 물건의 내용을 쉽게 알 수 없는 제품을 구매하는 경우가 있다. 예를 들어 지방으로 여행을 간다고 하자. 좋은 경치를 보며 기분 전환을 하고 다른 지역의 새로운 풍물을 보고 즐거움도 느낀다. 그러나 새로운 지역에 대해 잘 알지 못하기 때문에 발생하는 불편도 있다. 사람들은 저렴하고 깨끗한 곳에서 숙박하고 싶어 하지만, 그 지방에 처음 가기 때문에 어느 곳이 값싸고 좋은지 알 수 없다. 일단 무조건 싼 곳을 찾아갔다가 성공하는 경우도 있지만 후회할 가능성도 크다.

이런 후회를 몇 번 되풀이하다 보면 '싼 게 비지떡'이라는 생각에 가격이 비싸더라도 잘 아는 호텔이나 콘도 등을 찾게 마련이다. 하지만 싸고 좋은 숙박업소는 분명히 있다. 그 사실을 알면서도 비싼 곳을 찾는 이유는 여행자가 싸고 좋은 숙박업소를 모르기 때문이다. 혹시 잘 아는 누군가가 얘기해 주더라도 문제가 완전히 해결되는 것은 아니다. 왜냐하면 여행자의 취향과 조언을 해 주는 사람의 취향이 다를 수 있기 때문이다.

그래서 조금 비싸더라도 잘 알고 있는 호텔 체인이나, 친척 집 또는 친구 집으로 가게 되기 쉽다. 하지만 친척이나 친구가 곳곳에 다 있는 것은 아니기 때문에 결국 유명한 호텔이나 콘도를 이용하게 된다. 특히 회사 일로 출장을 가게 되어 회사에서 출장비가 지급되는 경우라면 유명한 호텔을 선택할 가능성은 더 크다.

숙박 장소뿐만 아니라 먹는 것도 문제다. 낯선 곳에서 식사를 해결해야 한다는 것 역시 불편하다. 이런 고민을 덜기 위해 상당수의 여행자들은 호텔에서 식사를 해결하곤 한다. 호텔 음식은 비싸다는 것을 알면서도 말이다.

상표의 개념

호텔 음식을 먹고 있다가 호텔 주변에서 맥도널드 같이 잘 알려진 식당과 또 다른 음식점을 발견했다고 하자.

우선 많은 사람들이 맥도널드에서 어떤 음식을 파는지 알고 있다. 또 이곳이 깨끗하고 저렴하다는 것도 안다. 셀프서비스라는 것도 알고 화장실을 이용할 수 있다는 것도 안다. 어떻게 식사를 주문하고 치우는지도 안다. 물론 이런 음식점에서 파는 음식이 건강에 좋지 못하다는 것까지도 상점에 들어가기 전에 이미 알고 있는 것이다.

맥도널드와 같이 잘 알려진 음식점과 여행지에서 발견한 '세상에서 두 번째로 맛있는 집'이라는 이름의 잘 모르는 음식점을 비교해 보자. 이 집은 실제로 음식을 아주 잘할 수도 있다. 이 음식점의 음식은 실제로 세상에서 두 번째로 맛있을 수도 있다. 그러나 여행자는 먹어 보지 않았기 때문에 알 수 없다. 음식의 가격은 어떤지 맛은 어떤지 알 수가 없다. 사실 따지고 보면 어떤 음식을 파는 집인지도 모른다. 이 지역에 사는 사람들은 이 음식점이 아주 좋다는 것을 알지라도 여행자는 알 길이 없다. 그래서 많은 여행자들이 잘 모르는 음식점보다는 잘 아는 음식점을 찾게 된다.

이 사례를 통해서 우리는 정보를 아는 것과 모르는 것이 차이를 만든다는 것을 알 수 있다. 이것이 바로 상표의 개념이다. 실제로 기업들은 자신을 알리기 위해 엄청난 돈을 쏟아 붓는다. 상표는 소비자들에게 정보 문제를 해결해 준다.

다시 명품의 이야기로 돌아가자. 명품은 상표가 있고 이 상표는 소비자들에게 신뢰성을 부여한다. 전혀 본 적도 없는 사람에게서 물건을 살 때 어떻게 그 사람을 믿을 수 있겠는가? 소비자는 판매상을 믿는 것이 아니라 그 상표를 믿는 것이다. 그 상표를 만든 회사는 오랜 동안 믿을 만한 제품을 만들어 왔고 그 신뢰를 깨뜨리지 않았다는 것을 소비자들은 알고 있다. 회사 입장에서도 이제 와서 그 신뢰를 깨뜨리는 것은 어리석은 행동이기 때문에 계속 제품의 품질을 유지할 것이라고 소비자는 믿는다. 즉 사람보다 상표를 믿는다는 것이다. 명품은 상표를 통해서 사람들에게 품질에 대한 신뢰를 주는 물건이고, 더구나 사람들이 알아주기까지 하니 많은 이가 갖고 싶어 하게 되는 것이다.

상표의 힘 — 물건보다 상표가 더 중요하다?

실제로 유명 상표를 만드는 기업이 되면 좋은 점이 많다. 그중에서도 가장 좋은 것은 실제 물건보다 상표가 더 중요해진다는 점이다.

세계적인 스포츠 브랜드 나이키는 신발을 만들 때 직접 만들지 않고 하청을 주는 경우가 종종 있다. 그렇게 해도 잘 팔리니까 그렇게 하는 것이다. 실제로 소비자들도 나이키가 직접 만들었는지는 별로 중요하게 생각하지 않는다. 이와 같은 사실은 유명 상표를 살 때 어디서 누가 만들었는지 살펴보는 소비자들이 많지 않은 것으로도 알 수 있다. 소비자들은 만든 사람보다는 나이키라는 상표가 신뢰를 준다고 믿는다. 나이키는 다른 업체들에게 신발을 만들도록 하고 자신은 품질 관리만 하면 된다. 이것이 바로 상표가 가지는 거대한 정보의 힘이다.

우리나라에서도 나이키의 하청 업체들이 물건을 만들고 있다. 물건을 만드는 것은 우리나라의 하청 업체인데, 대부분의 이익을 나이키가 갖는다는 사실 역시 정보의 문제에서 비롯된 것이다. 물건이 중요한 것이 아니라 소비자들에게 신뢰를 주는 상표를 갖고 있는지가 보다 중요하기 때문이다.

우리나라 하청 업체들 중에는 나이키와의 관계를 끊고 독자적으로 상표를 개발해서 신발을 만든 업체도 있었다. 물론 나이키만큼 크게 성공하지는 못했다. 소비자가 상품을 구매할 때에는 정보를 아느냐 모르느냐 또는 신뢰가 가는 물건이냐 아니냐의 여부가 결정적으로 영향을 미치는데 그 정보의 중요성을 간과했기 때문이다. 요즘 우리나라 기업들이 세계적인 상표를 만들기 위해 노력하는 것은 정보의 중요성을 깨달은 고무적인 결과라 할 수 있다.

기업의 전략 — 유명 상표 갖기

기업이 유명 상표를 갖는 것은 중요한 전략이다. 예를 들어 핸드폰의 제조 원가가 30만 원인데 어떤 기업이 50만 원을 받고 있다면 또 다른 기업이 40만 원에 가격을 책정해 고객을 빼앗으려고 할 것이다. 그렇다면 50만 원을 받던 기업도 할 수 없이 가격을 인하해야 한다. 이런 과정이 진행되다 보면 결국 가격은 제조 원가인 30만 원으로 떨어진다.

이런 상황은 소비자에게는 아주 좋지만 기업들에게는 어려운 상황이다. 이런 난국을 타개하기 위해 기업들은 자신의 제품이 다른 기업의 제품과 다르다는 인식을 주려고 노력한다. 이때 상표는 자기네 제품이 다르다는 것을 표시하게 된다. 재미있는 것은 제품이 다른지 아닌지는 그리 중요하지 않다는 것이다. 실제 똑같다고 하더라도 다르다고 믿는 소비자가 많으면 성공한다. 그리고 성공한다면 높은 가격을 받을 수 있다. 소비자는 물건이 다르기 때문에 더 높은 값을 치르는 것으로 생각하게 된다.

　유명 상표를 개발해 차별화에 성공한 대표적인 사례로 '스타벅스'를 들 수 있다. 필자는 이곳의 커피가 다른 집의 커피와 어떤 차이가 있는지 잘 모르지만 가격이 비싼데도 커피 맛이 좋다는 이유로 스타벅스를 찾는 사람들은 많다. 실제 맛이 다른지 아닌지는 모르겠지만 상당수의 사람들이 이런 이유로 스타벅스를 찾는다면 스타벅스는 성공한 것이다. 많은 사람들이 맛이 더 좋다고 느끼고 있고 그래서 가

격을 높게 받을 수 있기 때문이다.

기업의 입장에서 유명 상표를 개발하는 것은 좋은 일이고 소비자의 입장에서도 나쁘지 않다. 쓸데없이 상표 값을 치르느라 비싼 비용을 지불하는 것이 과연 소비자에게 좋은 것이냐고 반문하는 사람들도 있을 수 있다. 하지만 높은 값의 대가로 높은 품질이 보장되고, 높은 품질은 불안감을 없애고 더 높은 만족감(효용)을 준다는 것을 생각하면 소비자에게도 좋은 것이라고 할 수 있다.

유명 상표는 비싸다고 생각해 싸면서도 품질이 좋은 상품을 찾는 사람들도 있다. 이런 사람들은 물건을 꼼꼼하게 살펴본 후 구입한다. 좋은 방법이지만 여기에도 한 가지 문제점이 있다. 미리 살펴보기 어려운 물건, 경험을 해야만 품질을 알 수 있는 물건들이 있기 때문이다. 영화 같은 것이 대표적인 예이다. 영화를 보기 전에는 재미있는지 알 수가 없다. 이미 보고 난 다음에는 재미가 없어도 물러 달라고 할 수 없다. 그래서 영화 비평가의 견해에 관심을 갖게 되는 것이다.

영화 비평가는 다른 사람을 대신해서 영화를 보고 영화에 대해서 평을 한다. 그중에서 사람들이 좋아할 영화와 싫어할 영화를 잘 골라낸다면 영화 비평가로 성공할 것이다. 소비자의 입장에서는 어떤 비평가가 자신과 비슷한 취향인지 감안해서 영화평을 듣고 선택하면 되는 것이다. 비슷한 이치로 특정 분류의 제품에 대해서 비교 분석하는 잡지들도 있다. 가구가 필요한 사람은 가구 관련 잡지를 보고 골프채가 필요한 사람은 골프 잡지를 보면 된다. 책의 내용에 대해서 알고자 하다면 서평을 읽어 보면 되는 것처럼 말이다.

상표를 유명하게 만든 기업은 크게 성공한 기업이다. 유명 상표는 이 제품이 좋은 품질이라는 것을 알려 주는 신호이기 때문이다. 하지만 신호에 단지 상표만 있는 것은 아니다.

또 다른 신호들

또 다른 신호를 설명하기 위해서 예를 하나 들어 보자. 돈을 어디에 투자해야 할지 알아보기 위해서 부동산 회사를 찾았다고 하자. 이 회사는 근사한 건물에 멋진 가구와 아름다운 대리석으로 장식되어 있고 벽에는 우아한 그림들까지 걸려 있다. 이런 상황에서 '투자자가 투자한 돈으로 이렇게 잘 꾸며 놓았으니 사기꾼일 거야.'라고 생각하는 사람도 있고 '성공한 회사가 틀림없어! 여기에 투자하면 성공하겠군!' 하고 생각하는 사람도 있을 것이다. 하지만 아마도 후자 쪽이 많지 않을까?

바로 그것이 근사하게 치장한 기획 부동산 회사가 노리는 것이다. 자신들이 투자에 뛰어나다는 신호를 보내고 싶은 것이다. 이 신호를 보고 투자자들은 투자하는 것이고, 그런 경우에는 실제로 성공한 회사인지보다는 신호가 중요한 역할을 한 것이다.

사례를 하나 더 들어 보자. 백화점에 쇼핑을 하러 갈 때는 좋은 옷을 입고 가야 한다고 생각하는 사람들이 많다. 백화점 판매원이 옷을 살 가능성이 큰 사람에게 더 친절한 것에 착안한 아이디어다. 판매원 입장에서는 누가 옷을 살 가능성이 큰지 판단하기 위해 사용할 수 있는 정보가 옷이나 관상밖에 없다. 따라서 쇼핑을 하러 갈 때도 좋은 옷을 입고 가는 것은 좋은 방법이라고 할 수 있다.

기업의 입장에서도 자신의 제품이 훌륭하다는 것을 나타낼 수 있는 모든 신호를 찾아서 활용한다. 제품 광고는 전혀 하지 않고 공익을 위해서 일하는 것 같은 느낌을 주는 광고도 비슷한 역할을 한다.

20
시장엔 나쁜 중고차만 남는다
레몬 시장과 역선택

정보를 가진 자와 가지지 못한 자의 차이 때문에 '역선택'이 일어난다.
역선택은 시장 경제의 비효율성을 초래한다.
이 장에서는 역선택 문제를 해결하기 위한 방법을 소개한다.

뒷장에서 설명할 도덕적 해이와 이번 장에서 설명할 역선택은 정보 경제학의 두 축이라고 할 수 있다.

역선택의 이유 — 정보의 비대칭성

역선택을 설명하기 위해 중고차에 대해서 얘기해 보자. 중고차를 사려고 할 때 누구나 좋은 차를 고르고 싶어 한다. 그러나 어떤 차가 좋은 차인지는 알기가 어렵다. 차를 타서 시동을 걸어 보기도 하지만 정확히 알기는 어렵다. 반면에 중고차를 파는 사람은 자신이 타던 차이기 때문에 차의 상태를 잘 안다. 즉 차를 파는 사람과 사는 사람 사이에 정보의 격차가 존재하는 것이다.

가상의 상황을 설정해서 생각해 보자. 중고차가 두 대 있다. 한 대는 성능이 아주 좋아서 값어치가 1000만 원 정도 되는데, 다른 차는 겉은 멀쩡하지만 속은 골병이 들어서 값어치가 200만 원밖에 안 된다. 문제는 어떤 차가 좋은 차인지 중고차를 팔려는 사람은 알지만, 사려는 사람은 모른다는 데 있다. 차를 사려는 사람이 좋은 차냐고 물어보면 파는 사람이 어떻게 대답할까? 파는 사람은 좋은 가격에 팔고 싶은 마음에 대부분 자기 차는 좋다고 얘기할 것이다. 물론 별로라고 얘기하는 정직한 사람도 없지는 않을 것이다. 하지만 어떤 사람이 차를 파는지 알 수 없으니, 차를 파는 사람의 말을 100% 믿을 수는 없는 셈이다.

이럴 경우 차를 사는 사람이 어떻게 해야 하는지가 문제다. 차를 사는 사람은 좋은 차인지 나쁜 차인지 모르기 때문에 중간 정도의 가격을 생각할 것이다. 1000만 원과 200만 원의 중간인 대략 600만 원 정도에 사려고 할 것이다. 그런데 파는 사람의 입장은 어떨까?

나쁜 차를 갖고 있는 사람은 200만 원보다 비싼 600만 원에 팔면 좋을 것이다. 당연히 그 값에 팔려고 할 것으로 예상된다. 그런데 좋은 중고차를 갖고 있는 사람은 어떨까? 이 사람의 입장에서는 1000만 원의 가치가 있는 중고차를 600만 원에 팔아야 한다면 억울할 것이다. 400만 원이나 손해를 보니 말이다. 결국 이 사람은 600만 원에는 차를 안 팔 것이다. 중고차를 파는 사람이 모두 이와 같다면, 중고차 시장에 나와 있는 차는 모두 나쁜 차라는 이야기다. 이렇게 좋은 중고차는 없고, 나쁜 차만 중고차 시장에 있는 상황을 역선택이라고 부른다.

역선택 — 시장에는 나쁜 중고차만 남는다

시간이 지나면서 소비자들이 이 사실을 알게 되었다고 하자. 소비자들도 당연히 나쁜 중고차의 가격인 200만 원만 지불하려고 할 것이다. 결국 중고차 시장에는 200만 원의 나쁜 중고차만 남는다. 실제로 우리나라에서 거래되는 중고차의 62%가 사고가 발생했던 차라는 통계도 있다. 종합해 보면 시장에 좋은 중고차는 하나도 없고 나쁜 중고차만 200만 원에 팔리는 상황이 벌어지는 것이다. 바로 정보의 차이로 인한 시장의 실패가 발생하는 것이다. 시장의 실패라고 부르는 이유는 좋은 중고차를 가진 사람들이 제값을 받고 차를 판매할 수 없기 때문이다.

미국에서는 나쁜 중고차를 '레몬'이라고 부른다. 그래서 지금 설명한 중고차 시장을 '레몬 시장'이라고 부른다. 레몬이 유럽에 처음 소개되었을 때, 유럽 사람들은 오렌지로 생각했다고 한다.(비슷하게 생겼으니까 그렇게 생각했을 것 같다.) 그런데 먹어 보니 오렌지보다 맛이 없더라는 것이다. 그래서 비슷해 보이는 중고차 중에서 나쁜 중고차를 레몬이라고 부른다.

어쨌거나 레몬 시장 현상은 자동차에 대한 정보의 차이 때문에 나타난다. 그리고 나쁜 중고차만 시장에 남기 때문에 '역선택'의 대표적 예로 쓰인다. 참고로 미국의 애컬로프George Akerlof교수는 레몬 시장 이야기로 노벨 경제학상을 수상하였다.

역선택의 해결 방안

역선택을 해결할 방법은 없을까? 완전한 해결책은 아니지만 부분적으로 해결하는 방안은 있다.

1. 신뢰

좋은 중고차를 가진 사람은 자신의 말을 신뢰하는 사람에게 팔면 된다. 친척 혹은 친구 등 평소에 자신을 잘 알아서 레몬이 아니고 좋은 차라고 얘기하면 믿어 줄 사람들에게 파는 것이다. 이 경우에는 서로 간에 신뢰가 있기 때문에 거래가 이루어지고 시장의 실패도 해소된다.

2. 대리인(전문 기술자) 고용

친구나 친척이 항상 차를 필요로 하는 것은 아니기 때문에 사람들은 다른 방법을 생각해 냈다. 자동차를 잘 아는 기술자에게 차를 평가해 달라고 부탁하는 것이다. 차를 파는 사람의 말은 못 믿어도 제3의 전문가 말은 믿을 수 있기 때문이다. 이 방법으로 상당 부분 문제를 해결할 수 있지만 아직도 문제는 남아 있다. 기술자를 모르면 소용이 없는 것이다. 이럴 때는 돈을 주고 전문가를 고용할 수도 있겠지만 전문가를 고용하면 비용이 발생하는 문제점이 있다.

3. 정보 보유자(파는 사람)의 노력

다음으로 파는 사람이 자신의 차가 좋다고 입증할 수 있는 자료를 보관하고 제시하는 방법이 있다.

필자가 미국에서 공부할 때 중고차를 사려고 한 적이 있었다. 그때 상대편이 자동차 관리 일지를 보여 주었다. 자동차 관리 일지에는 정비 내역은 물론 지난 7년 동안 언제 어디까지 갔었다는 내용까지 상세히 적혀 있다. 일지를 보니 중고차에 대한 신뢰가 생겼다. 이런 자료를 통해 자신의 차가 좋은 차라는 것을 입증하면 제값을 받을 수 있을 것이므로 레몬 시장 문제를 해결하는 현명한 방법이라 생각된다.

4. 상품에 대한 보증

자동차 관리 일지 같은 자료가 없는 경우에는 어떻게 해야 할까? 바로 품질을 보증하는 방법이 있다. 예를 들면 차를 판 후 3개월 이내에 고장나는 것은 모두 무상으로 고쳐 준다고 보증하는 것이다. 보증을 할 정도라면 좋은 차일 것으로 예측될 것이며 혹시 레몬이어도 공짜로 고치면 될 테니 문제없다. 그런데 개인이 보증하는 것보다는 중고차를 매매하는 기업에서 보증하는 것이 더 신뢰가 간다. 그런 이유로 중고차 매매상은 대부분 품질을 보증하는 정책을 쓰며, 보통 정비 공장도 가지고 있다.

노동 시장의 역선택

역선택이 중고차 시장에서만 발생하는 것은 아니다. 역선택은 우리 일상생활에서 다양하게 일어나는데, 노동 시장이나 보험 시장에서도 나타난다. 먼저 노동 시장에 대해서 이야기해 보자.

지난 몇 년 동안 우리나라의 많은 직장인들은 명예퇴직을 경험했다. 보통 '명퇴'라고 줄여서 얘기하는데 기업마다 형태는 약간씩 다르지만 큰 골격은 같다. 아직 정년이 되지 않았지만 회사를 그만두는 것이다. 대개는 자원자에 한해서 명예퇴직을 시킨다. 명예퇴직을 하는 사람에게는 보통 자신이 원래 받을 퇴직금에다 위로금을 더해서 준다. 위로금이라도 없으면 아무도 자원하지 않을 것이기 때문이다. 간혹 이런 위로금의 액수가 억대가 되는 경우도 있다. 많은 이들이 명퇴자들이 안됐다고 생각하는데 사실 이들 중에는 다른 사람들보다 더 행복한 경우도 있다. 이들은 누구일까?

먼저 직원을 두 부류로 나눠 보자. 첫 번째 부류는 다른 곳에서 직장을 다시 구하기 어려운 사람들이고 두 번째 부류는 다른 곳에서도 쉽게 직장을 얻을 수 있는 사람들이다. 이 중 어떤 사람들이 명예퇴직을 신청할지가 관건이다.

우리는 대개 다른 곳에서 직장을 얻을 수 없는 사람이 명예퇴직을 할 것으로 생각하고, 이름은 명예퇴직일지라도 불명예스럽게 퇴직하는 것으로 생각한다. 하지만 꼭 그런 것은 아니다.

다른 곳에서도 쉽게 직장을 얻을 수 있는 능력 있는 직원의 입장에서는 원래 받을 퇴직금 다 받고 위로금까지 받은 다음, 직장을 옮겨서 계속 일할 수 있는 좋은 기회가 바로 명예퇴직이다. 능력 있는 직원의 입장에서는 꿩 먹고 알 먹는 격이다.

역선택의 비효율성 — 능력 있는 사람이 떠난다면?

회사 입장에서는 전혀 얘기가 다르다. 회사에 별로 기여하지 않는 능력 없고 태만한 사람들을 내보내려고 만든 것이 명예퇴직인데 실제로 명퇴를 신청하는 사람들은 능력 있는 사람들인 것이다. 회사 입장에서는 좋은 사람을 더 끌어 와도 시원치 않은데, 지금 있는 좋은 사람을 거액을 줘서 내보내는 격이 되니 억울할 것이다. 전형적인 역선택의 비효율성이며 시장의 실패다.

보험 시장의 역선택

보험 시장에서도 역선택이 일어난다. 자동차 보험을 예로 들어 보자. 운전자가 두 명 있는데, 안전해 씨와 위험해 씨이다. 안전해 씨는 이름 그대로 안전하게 운전해서 사고 날 일이 거의 없다. 그런데 위험해 씨는 다른 자동차가 자신보다 앞서 가는 것을 못 참으며 일 년이면 적어도 100만 원 정도를 보상해야 할 사고를 낼 것으로 예상된다.

두 사람은 모두 자신의 운전 습관에 대해서 잘 알고 있다. 하지만 보험 회사 입장에서는 누가 누구인지 전혀 알 수가 없다. 어쨌거나 보험료를 책정해야 했다. 그래서 작년의 사고를 봤더니, 100만 원어치 사고가 난 것을 발견했다. 그 전년도를 봤더니 역시 100만 원 정도의 사고가 발생했음을 알았다. 누가 낸 사고일까? 당연히 위험해 씨다. 매년 위험해 씨가 사고를 100만 원어치씩 내고 있었던 것이다. 그런데 보험 회사는 그런 사실을 모른 채 보험료를 책정해야 한다. 사람은 두 명이고 사고는 100만 원어치가 났으므로 회사 입장에서는 합리적으로 한 사람당 50만 원으로 보험료를 책정했다. 결과는 어떻게 되었을까? 위험해 씨만 보험에 가입하고 안전해 씨는 가입하지 않았을 것이다. 결국 보험 회사는 50만 원을 보험료로 받았는데 100만 원을 지급해야 했다. 즉 적자가 발생한 것이다.

역사적으로 보면 이런 식으로 발생한 적자 때문에 역선택을 알게 되었다. 과거에 보험 회사는 사람들의 위험률을 계산해서 보험료를 산정했는데 계속 적자가 발생했다. 보험 회사에서는 경제학자들에게 원인을 찾아 달라고 의뢰했고, 그 연구의 결과 역선택을 발견하게 된 것이다.

역선택의 문제점 — 사고 확률이 높은 사람만 보험에 가입한다

보험 회사는 적자를 모면하기 위한 방법을 연구했다. 먼저 보험료를 올리는 방법을 동원했다. 그러나 이 방법으로는 문제가 해결되지 않았다. 보험료를 아무리 올려도 계속 적자가 발생했기 때문이다. 원인은 무엇일까? 높은 보험료가 책정되면 그 보험료를 내고도 이득인 사람들만 보험에 가입하기 때문이다. 바꿔 말하면 보험료가 올라갈수록 안전해 씨 부류는 보험에 가입하지 않고 더 위험한 위험해 씨 부류만 보험에 가입하게 된 것이다. 그래서 보험료를 인상해도 역선택 문제가 지속된 것이다.

보험 시장의 역선택 해결 방안

다른 해결 방법으로 정부가 나서서 모든 사람들을 의무적으로 보험에 가입하도록 했다. 안전해 씨 부류가 보험에 가입하지 않는 것이 문제였으므로 강제로 모두 가입하도록 해서 문제를 해결한 것이다. 무자비한 방법이긴 하지만 실효성이 있었다. 많은 나라에서 이 방법을 쓰고 있고 우리나라에서도 그러하다. 우리나라의 모든 차주들은 책임 보험에 의무적으로 가입해야 한다.

또 다른 방법은 보험에 가입하는 사람들에 대해서 좀 더 많은 정보를 수집해서 활용하는 것이다. 운전 습관을 나타낼 수 있는 교통 위반 건수, 연령이나 성별에 따른 분류, 과거의 사고 경력까지 찾아본 다음, 정보에 근거해서 보험료를 산정하는 것이다. 예를 들면 나이가 많은 사람들은 안전하게 운전하는 경향이 있기 때문에 보험료가 낮다. 반면에 청년들은 운전할 때 모험심을 발휘하는 경향이 있기 때문에 보험료가 높다.

조지 애컬로프의 역선택 이론

애컬로프 교수(1940년 코네티컷 출생으로 예일 대학교를 거쳐 MIT에서 박사 학위를 취득했으며 브루킹스 연구소 등을 거쳐 현재 캘리포니아 주립 버클리 대학에서 교수로 재직 중이다.)는 정보가 부족하면 시장 기구가 제대로 작동하지 않기 때문에 효율적인 자원 배분이 이루어지지 않는, 이른바 정보 불균형에 의한 '시장 실패'의 가능성을 지적했다. 이를 위해 중고차 시장을 예로 들었으며 정보 불균형에 따라 중고차 시장에 품질이 좋지 않은 차인 레몬만 공급된다는 레몬 시장 이론을 처음 제시했다.

중고차 시장에서 자동차를 파는 사람은 중고차에 대한 정보를 많이 가지고 있는 반면, 자동차를 사는 사람은 가격 외에는 달리 정보가 없어 발생하게 되는 '역선택 이론'의 지평을 열었으며, 비대칭 정보 이론을 가장 먼저 연구 주제로 삼은 업적을 인정받았다. 애컬로프 교수의 '레몬 시장 이론'은 이후 스티글리츠 교수와 스펜스 교수가 발전시켰다. 스티글리츠, 애컬로프, 스펜스 교수는 '비대칭 정보를 가진 시장에 관한 연구'를 공동 수행하여 '정보 경제학'이라는 현대 경제학의 새로운 지평을 연 성과가 인정되어 2001년 노벨 경제학상을 공동으로 수상하였다. 다만 애컬로프 교수의 역선택은 정보를 많이 공유하고 있는 자가 정보 공개를 꺼리는 반면에 스펜스 교수의 '신호 이론'에서는 정보를 많이 공유한 자가 상대방에게 정보를 공개하려 한다는 차이점이 있다. 스티글리츠 교수는 도덕적 해이에 대한 많은 연구 업적을 갖고 있으며 애컬로프 교수는 최근 경제학을 사회학, 심리학 등에 접목시키는 연구를 진행 중이다.

21
도덕적 해이
경제학으로 도덕성 되찾기

자신의 행동을 지켜보는 사람이 없을 때 사람들은 평소와 다른 행동을 할 수 있다. 이런 상황에서 비리가 나타나기도 한다. 그렇다고 감시하는 것으로 모든 문제가 해결될 수는 없다. 이때는 '적절한 동기 부여'가 필요하다.

'도덕적 해이'라는 용어는 사람들이 도덕적으로 문제가 있다는 말이기도 하지만, 보다 정확하게는 아무도 보는 사람이 없을 때의 상황을 지적하는 말이다. 다시 말하면 자신의 행동을 아무도 지켜보는 사람이 없는 상황이 바로 도덕적 해이가 나타나는 상황이다. 누군가가 지켜보고 있는데도 부도덕하게 행동한다면 도덕적 해이라기보다는 무모하다고 해야 할 것이다. 반면에 자신의 행동을 다른 사람들이 모르거나 모를 것으로 예상될 때는 평소와 다르게 행동해도 되지 않을까 하는 마음이 생긴다. 이렇게 도덕성에 위험이 닥치기 때문에 도덕적 해이 또는 모럴 해저드Moral Hazard라고 한다. 우리말과 영어의 의미가 조금 다른데, 영어를 직역하면 '도덕적 위험'이다.

도덕적 해이 — 양심을 테스트 하는 상황

매스컴에 보도된 사례를 한 가지 들어 보자. 농산물을 파는 사람이 상점을 열었는데 상점을 지키는 사람을 두지 않았다. 농산물이 필요한 사람들은 적혀 있는 가격대로 돈을 내고 가지고 가면 되는 것이다. 매스컴에서 이야기한 것은 지켜보는 사람이 없는데도 사람들이 제대로 돈을 내고 농산물을 가져갔다는 것이다. 우리나라에도 아직 양심이 살아 있다고 강조하며 말이다.

도덕적 해이는 이런 상황을 말한다. 실제로 도덕적으로 문제가 있는 행동만을 얘기하는 것이 아니라 도덕심을 테스트 하는 상황을 말하는 것이다. 물론 이런 상황에서 도덕심을 지키는 사람들도 많을 것이다. 하지만 일부의 경우에는 남들 눈이 없다면 평소와 다른 행동을 할 수도 있다.

아이들을 예로 들어 보자. 우리나라의 교육열은 세계 최고에 가깝다. 부모들은 아이들이 열심히 공부하기를 바란다. 부모들은 아이들이 공부할 수 있는 환경을 만들기 위해서 노력하고 아이들이 공부할 때는 집중할 수 있도록 조용히 하려고 노력한다. 혹시 잠음 때문에 공부에 방해가 될까 봐 아이들 방문을 닫아 주기까지 하니 말이다. 그러나 아이들 입장에서는 방문이 닫혀 있기 때문에 부모의 눈길에서 자유로워진다. 방 밖으로 나가면 안 되겠지만 방 안에서는 공부 외에 다른 행동을 얼마든지 할 수 있다. 만화책을 본다거나 잠을 자기도 한다.

부모들이 이 사실을 모를 리 없다. 그래서 가끔 방문을 열고 아이가 열심히 공부하는지 확인한다. 확인하는 것이 미안하기 때문에 과일이나 음료수를 들고 문을 열기도 한다. 그럴 때 아이가 다른 일을 하고 있으면 실망이 이만저만이 아니다. 아이를 야단치게 된다.

그러나 아이 입장에서는 얘기가 다르다. 열심히 공부하다가 잠깐 쉬고 있는데, 부모님이 괜히 과일을 들고 나타나서 공부하지 않는다고 야단을 친다는 것이다. 많은 사람들이 이런 경험을 했을 것이다. 아이들은 억울하고 부모는 답답해지는 이런 상황이 벌어지는 것은 아이들이 공부하는지 방문을 닫고서는 알 수 없기 때문이다. 그리고 아이들이 처한 상황이 도덕적 해이인 것은 맞지만, 설사 공부를 하지 않고 있더라도 도덕적으로 문제가 있는 것은 아니다. 그렇지만 그런 상황을 종합해서 도덕적 해이라고 부르니 다소 오해를 살 수 있는 용어라고 할 수 있다.

도덕적 해이는 보험 회사의 적

역사적으로 도덕적 해이 문제를 가장 먼저 발견한 곳은 보험 회사다. 잘 알려진 대로 보험은 위험한 상황을 싫어하는 사람들이 모여서 위험을 나눠 갖는 좋은 제도이다. 그런데 특이한 현상이 발견되었다. 많은 사람들이 보험에 가입한 후에는 과거와 행동이 달라진다는 것이다. 보험 회사에서 관찰할 수 없다는 사실 때문에 행동이 달라진다는 것을 나중에 알게 되었지만 어쨌거나 보험 회사는 적자를 보았고, 이유를 알아보다가 발견한 것이 바로 도덕적 해이다.

보험과 관련된 사례를 들어 보자.

필자가 미국에 유학할 때 관찰한 것이다. 중국 유학생들은 과거의 우리나라 유학생들이 그랬던 것처럼 적은 돈으로 미국 유학을 온다. 대개는 장학금을 받아서 유학을 오는데 장학금이라고 해 봐야 생활

비까지 감당하기에는 역부족이다. 그래서 10여 평 되는 아파트에 여러 명이 함께 살면서 돈을 절약하기도 하고 음식을 배달하는 아르바이트를 하기도 한다. 어렵게 돈을 모아 저렴한 중고차를 사는 학생들도 있다. 그런데 유학을 마치고 중국으로 돌아가는 학생들은 돌아가기 전에 자신의 중고차로 남아 있는 중국 학생의 자동차와 고의로 사고를 내는 경우가 있다. 보험에 들어 있기 때문에 본인의 손해는 없고, 남아 있는 중국 학생이 자신의 차 값보다도 더 많은 보상금을 받아서 생활비에 보태 쓰게 하기 위해서다.

중국 학생들 입장에서는 쉽게 돈을 벌 수 있는 좋은 방법인지 모르지만, 보험 회사 입장에서는 큰 손해다. 보험 회사는 이런 일이 많이 벌어지면 경영에 큰 압박을 느낄 것이다. 바로 도덕적 해이 때문에 생기는 일이다.

의료 보험과 도덕적 해이

우리나라에서도 이런 사례는 많다. 모든 종류의 보험, 금융 기관의 투자자와 투자 상품을 운용하는 사람, 직장 상사와 부하 직원, 기업의 주주와 운영자, 감독자와 근로자의 관계 모두 도덕적 해이와 관련이 깊다. 그중에서 의료 보험에 대한 이야기를 해 보자. 우리나라의 의료 보험은 의약 분업으로 재정이 크게 악화되었다고 하는데, 필자는 재정 악화의 원인이 의약 분업 때문만은 아니고 도덕적 해이도 한 몫했을 것이라고 생각한다.

환자가 의사를 찾는 이유는 의학 지식이 의사보다 부족하기 때문이다. 환자가 의사만큼 병에 대해서 잘 안다면, 의사에게 가지 않고 스스로 치료할 것이다. 어떤 의사를 만나는지에 따라 환자들은 차이가 크다. 환자가 찾아왔을 때 각각의 의사가 진단하는 방법이나 정도에도 차이가 있을 수 있다. 예를 들어서 기침을 하는 환자가 있다고 할 때 감기니까 쉬라고 하는 의사가 있을 수 있고 폐에 문제가 있을지 모르니 정밀 검사를 해 보자는 의사도 있을 수 있다. 감기라도 폐에 이상이 있을 확률이 없는 것은 아니기 때문이다.

이때 정밀 검사를 하면 의사의 소득이 증가할 가능성이 높다. 실제로 정밀 검사를 했을 때 의사의 소득이 증가한다면 의사 입장에서는 갈등을 해야 한다. 약간의 필요성 때문에 정밀 검사를 추천한다면 자신의 소득이 증가한다. 반면에 스스로 정밀 검사의 엄격한 기준을 만들어서 진단한다면, 자신의 소득이 감소한다. 또한 이렇게 엄격한 정밀 검사의 기준을 적용하면 확률은 낮아도 환자가 심각한 병이었을 때, 병을 조기에 발견하지 못할 수도 있다. 즉 의사나 환자에게 모두 나쁠 수도 있다. 그러므로 의사가 정밀 검사를 자주 추천한다고 해서 비윤리적인 것은 아니다. 다만 사회 전체적으로 보면 정밀 검사가 너무 자주 이루어져서 재원의 낭비가 발생하는 문제가 있다는 이야기다.

의사가 정밀 검사를 제안할 때 환자의 입장에서도 싫다고 할 가능성은 크지 않다. 자신의 건강과 관련이 있는데 싫다고 하기는 쉽지 않을 것이고, 무엇보다도 환자는 전문 지식이 없어 자신에게 정밀 검사가 꼭 필요한지 아닌지를 알 수 없기 때문이다. 만약 만만치 않은 검사 비용을 환자 자신이 부담해야 한다면 전문 지식이 없더라도 한 번 더 생각할 수 있다. 의사에게 하나라도 더 물어보고 검사가 꼭 필요한지 결정하려고 할 것이다. 필요하다면 다른 의사에게 가서 다시 한번 확인할 수도 있을 것이다. 그렇지만 정밀 검사 비용을 의료 보험에서 부담하게 된다면 잘 알지도 못하는 것을 고민하기보다는 의사의 추천대로 검사를 받을 가능성이 커진다.

이제 의료 보험 공단이 큰일이다. 의사들이 정밀 검사를 자주 추천해서 의료비를 과다하게 사용하는 것을 환자가 막아 주면 좋겠는데, 환자도 도움이 안 되기 때문이다. 처음에는 의료 보험 공단에서도 여러 가지 방법을 써서 막으려고 할 것이다. 예를 들면 정밀 검사 중에 의료보험에서 부담하지 않는 것들을 늘릴 것이다. 아직도 자기공명 영상 장치MRI 같이 비싼 정밀 검사는 환자의 부담이다.

또 보험 공단에서는 전 세계에서 평균적으로 정밀 검사를 받는 비율을 제시하고 우리나라는 그것보다 비율이 높다는 자료도 내놓을 것이다. 실제 이런 자료들을 가끔 매스컴에서 접할 수 있다. 예를 들면 제왕 절개 시술 비율이 세계 최고라는 통계 같은 것들이다. 그리고 경우에 따라서는 이런 비율이 높은 병원이나 의사를 특별히 감시할 수도 있다.

하지만 그렇게 한다고 문제가 완전히 해결되는 것은 아니다. 왜냐하면 실제로 감시하기도 어렵지만 비율이 높다고 해서 비양심적인 의사라고 할 수도 없기 때문이다. 그 병원에 오는 환자들은 실제로 정밀 검사가 필요했을 수 있고 의사의 소신이 그럴 수도 있다. 그리고 그런 의사들이 국민 건강을 위해서 더 기여하고 있는지도 모른다. 근본적인 문제는 의사의 행위가 적절한지 아닌지를 의료 보험 공단에서는 알 수가 없다는 데 있다. 만약 알게 된다면 과다하게 청구한 보험금은 지급하지 않을 수도 있는데, 많은 병원을 일일이 감시할 수도 없고 혹시 감시한다 하더라도 환자 개개인에 대한 정보가 없기 때문에 거의 불가능하다고 볼 수 있다.

결국 이런 상황이 지속된다면 의료 보험의 재정은 빠른 속도로 고갈될 것이다. 몇 년 전부터 매스컴을 통해 의료 보험의 재정에 문제가 있다는 얘기를 많이 들었을 것이다. 근본적인 원인 중 하나가 정보의 차이에서 오는 도덕적 해이 때문이다. 결국 의료 보험 공단은 보험료를 올려서 재정을 보전할 수밖에 없고 사회 전체적으로 정밀 검사를 너무 많이 해서 낭비가 발생하게 될 것이다.

금융 기관의 도덕적 해이

의료 보험 이외에도 자동차 보험, 생명 보험 등 거의 모든 보험에서 비슷한 문제가 발생한다. 보험 중에서 특이한 경우가 바로 예금자 보험이다. 시중 은행이나 상호 저축 은행, 또는 증권 회사의 금융 상품 중 일부도 이 보험의 보호를 받는다.

예금자들은 자신의 돈을 은행에 맡기고 그 대가로 이자를 받는다. 그런데 은행이 부도난다면 원금도 찾지 못하는 경우가 있을 수 있다. 물론 예금자 보험이 없을 경우의 이야기다. 은행이 부도날 경우가 많지는 않겠지만, 혹시라도 내가 거래하는 은행이 부도난다면 큰일이다. 예금자들은 은행이 어떤 상태인지 항상 관심을 갖고 관찰하게 된다. 만약 어떤 은행이 부도날 위험이 있다는 소문이 나면 예금자들은 자신의 예금을 찾기 위해 은행으로 몰려간다.

예금자들이 모두 예금을 찾으려고 하면 은행은 대출해 준 돈을 다시 찾아와야 하는데 대출 회수에는 상당한 시간이 걸린다. 예금자들의 돈을 일시에 돌려줄 수는 없다. 그렇게 되면 문제가 없던 은행도 부도가 나게 마련이다. 미국에서는 1930년대에 실제로 이런 상황이 발생하여 대공황이 일어났다. 이런 상황을 방지하기 위해서 예금자 보험이 도입된 것이다.

　예금자 보험이란 금융 기관이 파산 등의 사유로 예금이나 보험금 등을 지급할 수 없을 경우 계약자 보호를 위해 예금 보험 공사에 기금을 설치, 운영하여 은행이 지급해야 할 금액의 전부 또는 일부에 대해 지급을 보장해 주는 제도이다. 이 제도가 도입되면, 은행이 부도난다고 하여도 예금자는 걱정할 필요가 없다. 예금자 보험 제도가 운영되면, 예금자는 더 이상 은행이 위험한지에 대해서 신경 쓰지 않아도 된다. 유사시에는 보험이 자신의 예금을 보상할 것이기 때문이다. 이 경우 은행의 경영자가 예금자의 돈을 갖고 고위험 고수익 투자처를 찾게 될 경우, 이를 지적할 사람(예금자)이 없어진다. 많은 수의 감시자가 사라지는 것이다.

　은행 경영자의 입장에서는 자유롭게 위험한 투자처를 찾을 수 있는 것이다. 성공하면 능력 있는 경영자로 인정받고 만약 실패한다 해도 운이 나빴다고 이야기하면 된다. 예금자 보험 때문에 이와 같은 모험적 자본 투자가 이루어지는 것이다. 이런 문제를 방치하면 은행의 대량 부실로 이어져 금융 시장에 혼란을 가져올 수 있다.

　우리나라의 금융 기관들도 도덕적 해이에 직면하고 있다. 정부 당국에서도 이 문제를 알고 있다. 그래서 금융 감독원이나 한국은행을 통해서 금융 기관을 감시하는 것이다. 과거에는 예금자들이 했던 역할을 금융 감독원이나 한국은행이 대신하도록 조치한 것이다. 하지만 감시만으로 모든 것이 해결되지는 않는다. 감시로 정보의 격차가 줄기는 하겠지만 없어지지는 않을 테니 말이다.

문제의 해결 — 도덕성을 높이고, 동기를 부여하자

지금까지 살펴본 것처럼 도덕적 해이 문제는 정보 문제에서 발생한다. 그렇다면 해결 방법은 없을까?

첫 번째는 그냥 참는 것이다. 보험회사의 입장에서 보면 이 방법은 돈이 많이 든다는 단점이 있다. 두 번째는 도덕성이다. 의사의 경우 소득을 고려하기보다 양심적으로 진료하면 된다는 뜻이다. 몇 천 년 전에 이미 이 문제를 알았기 때문에 히포크라테스 선서가 생긴 것이라고 생각한다. 앞서 예로 들었던 아이들의 공부 경우에는, 아이들이 정말 공부하려는 마음이 생겨서 부모가 감시할 필요가 없어지면 된다. 너무 당연한 얘기이지만 가장 완벽한 해결책이다.

그다음으로 생각할 수 있는 해결책은 적절한 '동기'를 부여하는 것이다. 아이들의 경우에 열심히 공부하도록 동기를 부여할 수 있을 것이다. 많은 부모들이 좋은 성적을 받은 아이를 크게 칭찬하고 맛있는 음식도 사 주고 필요한 물건도 사 주는 이유가 바로 적절한 동기를 부여하기 위해서일 것이라고 생각한다. 동기 부여의 효과를 높이기 위해서는 사전에 이 사실을 알려 주는 것도 중요하다. 예컨대 보험사의 경우 보험 사고 발생시 본인이 일부 부담하게 되는 자기 부담금에 대해 알려 주는 것이다.

일반 회사에서도 상급자와 하급자 사이에, 회사의 주주와 경영자 사이에 도덕적 해이가 존재한다. 회사의 주주는 주가가 오르는 것이 목표인데, 회사를 경영하는 경영자의 목표는 꼭 주가가 아닐 수도 있다. 만약 자신의 월급이 회사의 규모와 관련이 있다면 주가보다는 회사의 규모를 키우기 위해서 노력할 것이다. 그러나 회사의 규모가 커져도 주가는 떨어질 수 있다. 경영자가 회사의 주인인 주주의 목표에 어긋나는 행동을 할 수 있다는 것이다. 이런 이유로 도입된 것이 바로 '스톡옵션'이다. 주식을 일정한 가격에 살 수 있는 권리를 월급의 일부로 부여해서 주가가 올라가면 경영자가 이득을 보도록 한 것이다. 이 경우에는 경영자가 주주를 위해서가 아니라 자신을 위해서 주가를 높이려고 노력한다. 결국 경영자의 동기가 주주의 동기와 같게 하는 좋은 방법을 찾은 셈이다.

제6부

게임 이론

22
게임 속에 숨은 경제 이야기
가위바위보와 봉투 교환 게임

가위바위보, 장기, 바둑 같은 게임에서 이기고 싶은가?
복잡해 보이는 게임이라도 최선의 전략이 숨어 있기 마련이며
경제학적인 방법으로 그 전략을 찾을 수 있다.
그리고 좋은 전략은 '인생 게임'에서도 통한다.

게임 이론은 일상생활의 모든 게임에 적용된다. 장기나 바둑은 물론 고스톱이나 여타 카드 게임에도 모두 적용된다. 가위바위보도 예외는 아니다. 게임 이론은 다양한 현실 상황에도 적용된다. 기업 간 경쟁이나 국가 간 협상도 게임의 특징을 가지고 있다. 게임 이론은 상대방이 존재하는 상황에서 어떻게 해야 최선인지를 분석한다. 그리고 최선을 다했을 때 어떤 결과가 나타나는지도 예측할 수 있다.

게임 이론의 첫 번째 전제

'상대방이 있고, 게임에 임하는 사람은 최선을 다한다.' 이것이 게임의 특징이지만 어떤 사람은 똑똑하고 어떤 사람은 그보다 못하거나 아직 게임의 이치를 깨닫지 못한 경우도 있다. 게다가 실수를 하

게 되는 경우도 있다. 이 경우 최선을 다한다고 해도 서로 다른 결과가 나올 수 있다. 그래서 게임 이론에서는 게임에 참여하는 사람이 이성적이라고 가정한다. 즉 '게임의 참여자는 합리적으로 생각할 수 있는 것을 모두 감안하는 천재'라고 생각하면 된다.

게임에서 이기기 위한 최고의 전략

게임을 하면 이길 때도 있고 질 때도 있다. 그중에서 지는 경우를 생각해 보자. 상대편이 잘한 경우보다는 자신이 실수해서 지는 경우가 많다. 아직 다 배우지 못해서 수를 몰랐기 때문이다. 그런데 게임 이론에서는 이런 상황은 다루지 않는다. 승부가 너무 뻔하기 때문이다. 예를 들어 어떤 아이에게 가위바위보를 가르쳐 주고 게임을 시작했다고 하자. 그런데 그 아이가 계속 가위만 낸다고 하자. 처음에는 이 사실을 모르니까 이기기도 하고 지기도 하지만, 조금 지나면 이 사실을 깨닫게 될 것이다.

이런 상황은 내가 잘한다기보다는 아이가 잘못하는 경우이다. 그리고 게임을 이런 식으로 생각한다면 결론은 간단하다. 실수하거나 잘못하는 사람이 진다.

그렇다면 실수 없이 이기려면 어떻게 해야 할까?

실수하지 않으려면 잘못된 것이 무엇인지 가려내야 한다. 실수하지 않으려면, 내가 이렇게 했을 때 상대편이 할 수 있는 행동을 생각해야 한다. 그래서 나쁜 결과가 예상되는 행동을 하지 않는 것이다. 나쁜 결과가 예상되는 행동이 바로 실수다. 결국 상대편의 행동에 대해서 깊이 생각할수록 후회가 없다. 프로 바둑의 고수들이 수십 수

앞을 내다보는 것처럼 말이다.

실수하지 않으려고 생각을 거듭하다 보면 상대편이 어떤 전략을 들고 나와도 괜찮을 최고의 전략을 찾게 된다. 이런 전략을 반복해서 사용하면 된다. 이때 상대편이 실수를 하면 이기는 것이다. 하지만 상대편도 실수하지 않고 역시 최고의 수를 계속 찾아낸다면 반드시 이긴다는 보장이 없다. 하지만 졌다고 하더라도 최선을 다했으므로 후회는 없을 것이다. 어쨌거나 게임 이론은 서로 실수가 전혀 없는 최고의 전략과 최고의 전략들로 이루어진 결과에 관심을 갖고 있다.

가위바위보 게임

이제 가위바위보를 통해서 최고의 전략과 결과에 대해 알아보자. 가위바위보는 게임 중에서도 매우 공평한 게임이다. 하지만 해 보면 유독 잘 이기는 사람들이 있다. 왜 그런지 살펴보자.

상대편과 과거에 가위바위보를 여러 번 한 적이 있다고 하자. 그러면 상대편이 보통 처음에 무엇을 내는지 기억할 수 있다. 이렇게 상대편의 습관을 기억하면 이길 확률이 높다. 보통 가위바위보에서 잘 이기는 사람은 이 방법을 이용하는 것이다. 한마디로 상대편이 어떤 습관을 갖고 있는지 잘 기억하는 것이 게임에서 이길 수 있는 좋은 전략이다. 하지만 상대편이 과거에 자신이 내던 것을 기억한 다음에 역으로 이용하면 도리어 상대편이 이기게 된다. 그런데 또 이것까지 내가 예측한다면 내가 이기게 된다. 이런 식으로 얘기가 계속되면 무엇을 내야 할지 결정하지 못한 채 상황은 돌고 돈다. 결국 무엇을 내야 할지 결론을 내릴 수 없게 된다.

이런 상황에서는 무엇을 낼지 상대편이 예측할 수 없도록 하는 것이 중요하다. 즉 상대편이 예측할 수 없도록 똑같은 확률에 따라 무작위로 가위바위보를 선택하는 것이 최고의 전략인 셈이다. 그러면서 상대편을 잘 관찰해야 한다. 만약 상대편이 별 생각 없이 같은 것을 낼 경우에는 승리할 확률을 높일 수 있다.

잘 모르는 사람과 가위바위보를 하는 경우는 어떨까? 앞서 얘기한 대로 상대방의 습관을 잘 알면 이길 수 있지만 잘 모르는 사람의 습관은 알 수 없다. 당연히 절대적으로 이길 방법은 없다. 무작위로 내는 것은 모르는 사람과도 좋은 방법이다. 무작위로 내면 잘 모르는 사람이 무엇을 내건 이길 확률은 절반이다.

그렇지만 상대편이 정말로 무작위로 내는지에 대해서 생각해 봐야 한다. 상대편의 심리 상태를 분석하는 것이다. 보통 사람들이 가위바위보를 어떻게 하는지 생각해 보면, 머리 뒤에 주먹을 감추고 있다가 "가위바위보!" 하는 순간에 손을 내민다. 그런데 손을 내밀 때는 심리적으로 약간이라도 변화를 주려고 한다. 주먹을 그대로 내는 것보다는 변화를 주는 것이 좀 더 적극적으로 느껴지기 때문인지도 모른다. 이런 심리가 사실이라면 원래 주먹을 쥐고 있었으니까 주먹이 아닌 다른 것을 내는 경우가 많을 거라는 얘기다.

주먹을 빼면 가위와 보가 남으니 상대편이 이 둘 중의 하나를 낼 가능성이 크다는 얘기다. 상대편이 둘 중에 어느 쪽을 낼지는 모르지만 둘 중에는 가위가 이긴다. 그러니까 잘 모르는 사람과 가위바위보를 할 때는 가위를 내는 것이 유리하다는 얘기다. 모르는 사람과 가위바위보를 할 경우는 많지 않겠지만 말이다. 하지만 상대편이 이것까지 생각하고 있다면 질 것이다. 결국 최선의 선택은 다시 처음으로 돌아가서 같은 확률로 가위, 바위, 보를 선택해 내는 것이다.

더 이상 전략을 바꿀 필요가 없는 '균형'의 상태

당연한 얘기지만 최고의 전략은 상대편의 전략에 따라 달라진다. 그런데 이렇게 상대편의 전략에 대응하다 보면 서로 더 이상 전략을 바꿀 필요가 없는 상태가 될 수 있다. 상대편 전략에 대해서 자신의 전략을 바꾸는 것이 도리어 손해인 최선의 상태이다. 경기자 모두가 이런 상태에 있다면 '균형'을 이룬 것이다. 균형은 쌍방이 최선을 다한 결과이다.

가위바위보 게임의 균형은 똑같은 확률로 쌍방이 가위바위보를 내는 것이다. 상대편의 이런 전략에 자신만 전략을 바꿀 필요는 없다. 이런 균형이 실제로 존재하면 게임 결과를 예측할 수 있어 좋다. 그런데 균형이 존재하지 않으면 게임의 결과를 예측할 수도 없고 더 이상 분석할 수도 없다. 그래서 균형이 존재하는지 여부는 중요한데 처음에는 이것을 잘 알 수가 없었다. 왜냐하면 최선의 선택이 있는지 없는지 모르는 경우가 현실에서 존재하기 때문이다. 바둑을 둘 때도 처음에 어디에 두는 것이 최선인지 모르는 것처럼 말이다. 게다가 서로 상대편 전략에 따라 전략을 자꾸 바꾸는 것이 최고 전략인 경우에는 균형이 있는 것인지 아닌지 잘 알 수 없다. 결국 최선의 선택만으로 만들어진 균형이 있는지도 잘 알 수가 없게 된다.

균형의 존재 여부는 미국 프린스턴 대학교의 존 내쉬 John Nash에 의해서 밝혀졌다. 몇 년 전 상영했던 「뷰티풀 마인드」라는 영화의 주인공이 바로 존 내쉬이다.

이 사람의 이름을 따서 게임 이론의 균형을 '내쉬 균형'이라고 한다. 내쉬에 얽힌 재미있는 일화를 잠깐 소개하자. 내쉬의 스승이 추천서를 썼는데, 추천서에는 딱 한 줄만 있었다고 한다. 그 한 줄이 바로

"이 사람은 천재다 He is a genius."라는 것이었다.

내쉬는 평생 다섯 편의 논문을 썼다. 그중에서 한 논문이 경제학자들 사이에서 특히 유명하다. 논문의 길이가 딱 한 쪽이기 때문이다. 이 한 쪽에 논문의 제목과 자기 이름은 물론이고, 본문과 주석, 그리고 참고 문헌까지 다 적혀 있다. 그런데 이렇게 짧은 논문으로 증명한 것이 바로 내쉬 균형이 존재한다는 것이었다. 내쉬가 학생 때 공책에 쓴 논문이라고 하니 천재임이 틀림없는 듯하다. 어쨌거나 내쉬는 이 짧은 논문으로 노벨상을 받았다. 「뷰티풀 마인드」라는 영화에서처럼 내쉬는 미친 사람 취급을 받았다. 천재가 미치기 쉽다는 말도 그래서 나온 것 같다. 원래 천재는 남들이 못하는 것을 할 수 있는 사람이고 미친 사람은 남들이 안 하는 것을 하는 사람이 아닌가!

게임 이론의 두 번째 가정 — 주지의 사실

내쉬가 균형이 존재한다는 것을 증명한 이후에 게임 이론은 여러 해 동안 큰 발전을 하지 못했다. 그 이유 중의 하나가 바로 '주지의 사실 Common Knowledge'이라는 것 때문이다. 이것은 사람들이 널리 알고 있는 사실이라는 뜻인 '공공의 정보'와 구분되는 것인데, 그 차이를 잘 몰랐던 것이다. 그리고 그 사실을 깨닫는 데 많은 시간이 걸렸다.

대개 '주지의 사실'과 '공공의 정보' 두 가지를 같은 의미로 알고 있는 사람들이 많지만 게임 이론에서는 다르다. 예를 들어서 매스컴에 나온 이야기는 공공의 정보라고 할 수 있지만, 주지의 사실이 되기에는 부족하다. 왜냐하면 주지의 사실은 상대편이 아는 것을 내가 알아야 하고 그 사실을 다시 상대편이 알아야 하기 때문이다. 이렇게 상대편이 아는 것을 내가 안다는 사실을 다시 상대편이 안다는 것을 내가 알아야 한다는 것, 이 과정이 무한히 반복되어, 모든 경우에 안다는 말을 할 수 있을 때를 게임 이론에서는 주지의 사실이라고 부른다.

좀 더 쉽게 알아보기 위해 사례를 들어 보자. 갑돌이와 갑순이 남매에게 어느 날 아버지가 만 원짜리가 든 봉투와 10만 원짜리가 든 봉투, 그리고 100만 원짜리가 든 봉투, 세 개를 내밀었다고 하자. 물론 어느 봉투에 얼마가 있는지를 구분할 수는 없다. 남매에게 이 사실을 얘기한 다음, 각자 선택하라고 했다. 남매가 봉투를 하나씩 고른 후에 얼마가 들어 있는지를 확인했는데, 아버지가 둘 다 동의한다면 봉투를 바꿔도 좋다고 했다. 과연 갑돌이와 갑순이는 봉투를 바꿨을까?

먼저 누구든지 봉투에 100만 원이 들어 있으면 바꾸지 않을 테니까 한 명이라도 100만 원을 가졌다면 바꾸는 것은 성사되지 않는다. 만 원짜리를 가진 사람은 무조건 바꾼다고 하겠지만, 나머지 한 사람이 100만 원을 가졌다면 아무리 바꾸려고 해도 소용없을 것이다. 한 사람은 만 원, 다른 사람은 10만 원을 가졌을 때가 문제다.

갑돌이가 10만 원을 가졌다고 할 때의 상황을 보자. 갑돌이는 갑순이가 얼마짜리 봉투를 가졌는지 알 수 없으니까 짐작을 해야 한다. 갑순이가 가질 수 있는 봉투는 100만 원짜리일 가능성도 있고 만 원짜리일 가능성도 있다. 계산해 보면, 50만 5000원의 기대 수익이 있으므로 바꾸는 것이 좋다는 결론이 나온다.

그런데 바꾼다고 하면 후회할 가능성이 크다. 만약 갑순이가 100만 원을 가졌다면 바꾸기를 거부할 것이기 때문이다. 그러나 갑순이가 만 원짜리를 가졌다면 당연히 바꾼다고 할 것이다. 결국 10만 원을 가진 갑돌이가 봉투를 바꾼다고 하면 성사되는 경우는 갑순이가 만 원을 가진 경우밖에 없다. 이럴 경우 갑순이는 신나겠지만 갑돌이는 바꾸고 나서 크게 후회하게 된다. 갑돌이가 후회하는 이유는 갑돌이가 자신이 이용할 수 있는 첫 번째 정보, 즉 갑순이의 봉투에 만 원 또는 100만 원이 있으므로 50만 5000원의 기대 수익이 있다는 정보만을 이용했기 때문이다.

그렇다면 두 번째 정보는 무엇일까? 두 번째 정보는 바로 갑순이가 무엇을 아는지를 갑돌이가 아는 것이다. 그리고 상대편이 무엇을 아는지를 알기 때문에 어떻게 행동할지를 예측할 수 있다는 것이다. 갑순이가 100만 원을 가졌다면 봉투를 바꾸지 않을 것이라는 사실을 미리 짐작할 수 있었는데도, 갑돌이가 이용하지 못했던 것이다. 만약 상대편이 무엇을 아는지를 몰랐거나, 다르게 알고 있었다면 갑돌이의 행동은 옳았을 수도 있다. 예를 들어 봉투의 금액이 백만원에서 끝나는 것이 아니라, 그 이상의 금액인 1억, 10억 그리고 그 이상의 금액도 가능한 것으로 갑순이는 알고 있다고, 갑돌이가 알고 있었다면 봉투를 바꾸는 것은 옳았을 수 있다. 주지의 사실은 서로 간에 알고 있는 정보를 명확히 규정하는 것이다. 이처럼 게임 이론에서는 주지의 사실이 중요하다. 주지의 사실이 다르다면 결과가 달라지기 때문이다.

게임에는 게임을 하는 합리적인 경기자, 게임의 규칙, 그리고 결과가 존재한다. 게임 이론은 이 세 가지 요소를 경기자가 모두 알아야 하며, 그것이 주지의 사실이라는 점을 전제한다.

23
용의자의 딜레마
합리적인, 하지만 나쁜 선택

게임 이론은 비단 게임뿐만 아니라 현실에서 의견을 조율하는 해야 상황에서도 사용될 수 있다. 조정 게임과 용의자의 딜레마라는 사례를 통해서 어떤 선택이 최선을 다하는 것인지 살펴보자.

게임에는 경기자, 규칙, 그리고 게임의 결과라는 세 가지 요소가 있다. 이 세 가지 요소를 주지하고 있는 합리적인 게임 참가자들이 최선을 다하고 서로 후회 없는 최선의 결과를 내는 것이 내쉬 균형이다.

바로 이것이 앞에서 살펴본 게임 이론의 간략한 내용이다. 그렇다면 현실에서는 게임 이론이 어떻게 적용될까? 이 장에서는 게임 이론이 적용되고 있는 현실의 다양한 상황들을 보고자 한다. 게임 이론을 모르는 사람이어도 이 상황을 보면서 "아 그랬구나!" 하고 쉽게 자신의 경험을 떠올릴 수 있을 만큼 게임 이론은 현실 곳곳에 적용되고 있다.

1. 조정 게임

누군가 상점을 운영하면서 고객을 끌어모으기 위해 물건 값을 인하하고자 한다. 그런데 주변의 다른 상점에서도 물건 값을 함께 인하하면 손님을 모으려던 의도는 달성되기 어렵다. 반면에 주변의 다른 상점에서 가격을 인하하지 않는다면 성공할 가능성이 높아진다. 어떤 일을 결정할 때에는 이처럼 주변의 의도를 감안해야 하는 경우가 많다. 이런 상황을 전략적 상황이라고 하고, 이런 상황에 게임 이론이 적용된다.

남녀 간의 데이트도 게임이라고 할 수 있다. 한 커플이 데이트를 하기로 했다. 남자와 여자는 대개 좋아하는 것이 다르고 데이트 중에도 자신이 좋아하는 곳으로 가고자 한다. 여성들은 데이트 장소로 백화점을 선호한다고 하자. 그런데 남성은 야구 경기장을 선호한다면 이 커플이 데이트를 하러 어디로 가야 하는지를 게임 이론으로 분석할 수 있다. 참고로 이런 게임을 '조정coordination 게임'이라고 한다. 둘 사이의 의견 차이를 조정한다는 뜻이다.

데이트 장소를 선정하는 문제를 게임 이론으로 분석해 보자. 이 게임의 결과는 네 가지로 나타날 수 있다.

    1. 둘이 같이 야구장에 간다.
    2. 둘이 같이 백화점에 간다.
    3. 남자는 야구장으로, 여자는 백화점으로 간다.
    4. 남자는 백화점으로, 여자는 야구장으로 간다.

1번이나 2번처럼 둘이 같이 야구장이나 백화점에 갈 경우 한쪽은 자신이 원하는 곳으로 가지 못하더라도 좋아하는 남자 혹은 여자 친구와 함께 있다는 사실에 기분이 나쁘지는 않을 것이다. 하지만 서로 자신이 가고 싶은 곳을 주장하다가 기분이 상해서 남자는 야구장으로 여자는 백화점으로 갈 수도 있다. 기분이 아주 많이 상했다면 남자는 백화점으로 여자는 야구장으로 가는 4번 상황까지도 생길 수 있다.

내쉬 균형을 이용하면 네 가지 가능성 중에서 어떤 결말이 날지, 왜 그런 결론이 나는지를 논리적으로 설명할 수 있다. 물론 게임 이론을 배우지 않은 사람들도 논리적으로 또는 경험적으로 예측할 수 있다.

우선 경험적인 방법으로 결과를 예측해 보자.

보통의 경우 둘이 같이 가겠지만, 그곳이 야구장일지 백화점일지는 알 수 없다. 만약에 남자가 야구장을 가겠다고 하면 보통의 경우 여자도 야구장으로 가는 것이 좋다. 혼자 백화점에 간다고 해도 나쁠 것은 없지만 남자 친구와 같이 있는 것보다는 못할 것이기 때문이다. 남자의 입장에서는 어떨까? 여자 친구가 야구장에 간다고 동의했는데, 갑자기 마음을 바꾸어 백화점에 가는 것은 합리적이지 않다. 혼자서 별로 좋아하지도 않는 백화점에 갈 리는 없기 때문이다.

이렇게 한편이 전략을 세우고 다른 편에서 최선의 대응 전략을 세우는 것, 이 대응 전략에 대해서 원래의 전략이 최선의 대응 전략이라면 이것이 내쉬 균형이다. 결국 쌍방이 최고의 전략을 세워서 더 이상 전략을 바꿀 필요가 없는 상태가 바로 내쉬 균형이다.

그렇다면 같이 백화점에 가는 것도 내쉬 균형일까? 그렇다.

여자 친구가 백화점에 간다면 남자도 백화점으로 가는 것이 최고의 전략이다. 그리고 남자가 백화점으로 따라가겠다는데 여자 친구가 혼자서 야구장으로 가겠다고 전략을 바꾸는 것은 이치에 맞지 않는다. 결국 둘이 함께 백화점에 가는 것도 내쉬 균형이다.

그런데 여기서 정말 궁금한 것은 둘이 함께 백화점으로 갈 것인지 아니면 야구장으로 갈 것인지이다. 지금까지의 게임 이론은 이 문제에 대한 명확한 답을 찾지 못했다. 최근 게임 이론 전문가들이 연구하는 문제가 바로 그것이다. 사실 내쉬 균형은 너무 많다. 그래서 쓸모 없는 내쉬 균형을 찾고, 줄여 나가는 것이 게임 이론의 발전 과정이라고 보면 된다. 그 노력 중의 하나가 '행동 경제학behavioral economics'이다. 행동 경제학은 사람들이 실제로 어떻게 행동하는지를 연구하는 분야이다. 실험실에서 위와 같은 조정 게임과 유사하게 게임을 구성하여 여러 커플들이 어떻게 결정하는지 관찰하는 것이다. 물론, 그 목적 중의 하나는 너무 많은 내쉬 균형 중에 어느 것이 실제 결론인지 찾아보는 것이다.

다시 조금 전의 문제로 돌아가자. 게임 이론에서 얘기하는 균형은 백화점과 야구장에 함께 가는 것이다. 결국 어디로 갈지를 예측할 수는 없지만 둘 중 한 곳으로 함께 간다는 것은 알 수 있다. 현실적으로 추측할 수 있는 것은 한 번 데이트 할 때는 잘 몰라도 여러 번 데이트를 한다면 한 곳씩 교대로 가면 좋다는 것은 짐작할 수 있다.

2. 용의자의 딜레마

게임의 종류는 아주 다양하다. 그중에서 현실에서 많이 사용되는 사례 중에 '용의자의 딜레마 prisoner's dilemma'라는 게임 상황이 있다. 이 게임은 어떤 범죄를 함께 저질렀다고 짐작되는 두 용의자가 검사의 심문을 받는 상황에서 벌어지는 일이다.

두 용의자 모두 검사의 취조에 자신은 범죄를 저지르지 않았다고 주장한다. 검사는 고민 끝에 두 사람을 각각 다른 방에서 취조하고, 두 용의자에게 다음과 같은 제안을 한다. "순순히 자백하면 가벼운

형벌인 1년 형을 받을 것이다. 그런데 다른 사람은 자백했는데 당신 혼자서 끝까지 부인한다면, 자백한 사람은 정상을 참작해서 풀어 주겠지만 범행을 부인한 사람은 3년 형을 살도록 할 것이다. 만약 둘 다 끝까지 부인하면 내가 증거를 갖고 있는 사소한 범죄의 대가로 1개월

의 형을 살 것이다."

둘 다 범죄를 부인하면 한 달 뒤에 모두 풀려나는 것이다. 두 사람을 위해서는 가장 좋은 방법이다. 그렇지만 이 게임의 결론은 그렇지 않다. 내쉬 균형은 '둘 다 자백하는 것'이다. 왜 둘 다 자백하는 것이 균형일까?

두 용의자는 자백할 수도 부인할 수도 있다. 그런데 두 사람은 모두 상대방이 어떻게 할지 모르는 상황에서 자백을 할지 여부를 결정해야 한다. 물론 둘 다 자백하지 않는 것이 최선이다. 그래서 두 용의자 모두 부인하려고 생각할 것이다. 하지만 내가 부인했는데, 상대편이 만에 하나 자백하면 어떻게 될까! 부인한 사람은 3년 형을 산다. 그리고 상대편이 자백할 때 나도 자백하면 1년 형만 산다. 즉 상대편이 자백한다면 나도 자백하는 것이 좋다. 혹시 상대방이 부인하면? 상대편이 부인할 때 나도 부인하면 1개월만 감옥에 가면 된다. 그런데 이때 내가 자백하면 1개월도 안 살고 바로 방면된다. 상대편이 부인해도 자백하는 것이 더 좋다는 얘기다. 간단하게 정리하면 다음과 같다.

상대편 자백 + 나 부인 = 3년 형
상대편 자백 + 나 자백 = 1년 형
상대편 부인 + 나 부인 = 1개월 형
상대편 부인 + 나 자백 = 형 없음

이 결과들을 종합해 본다면 상대편이 자백하면 나도 자백하는 것이 낫고, 상대편이 부인해도 나는 자백하는 것이 좋다는 것을 알 수 있다. 즉 상대편이 어떻게 하든 상관없이 자백하는 것이 더 낫다. 이렇게 상대편의 반응에 관계없이 더 좋은 전략을 '우월 전략'이라고 한다. 이 이야기는 결국 둘 다 자백할 수밖에 없다는 결론을 갖게 되고 그래서 용의자의 딜레마라고 부른다. 용의자들이 더 좋은 결과가 있다는 것을 뻔히 알면서도 그렇게 하지 못하는 것이다.

둘 다 부인했다면 1개월만 살 수도 있었는데 결과적으로 둘 다

1년씩 살게 되었으니 좋은 기회를 활용하지 못한 셈이다. 둘 다 범행을 부인하는 한 가지 방법은 상대방이 하는 말을 듣고 대답하는 것이다. 그런데 이 방법은 둘이 같이 있어야 가능한 방법인 것을 알기에 검사는 애초부터 두 사람을 분리한 것이다. 둘이 같이 있지 못하더라도 상대방에 대한 '믿음'이 있으면 부인할 수는 있다. 그러나 이 믿음이 없어 둘 다 자백한다는 것이 이 게임의 내쉬 균형이다. 상대방이 자백하든 부인하든 관계없이 자백하는 것이 최선의 전략이고, 전략을 바꿀 이유가 쌍방 간에 없으니 말이다.

'용의자의 딜레마'는 정치학에서 무기 경쟁을 설명하는 데에도 사용된다. 막대한 자원을 군비에 투입하고 있는 남한과 북한의 예를 들어 보자. 군비에 투입하는 자원 때문에 국민들의 복지가 희생되고 있다는 사실을 두 국가 모두 알고 있다. 그런데 만약에 어느 한쪽에서 군비를 줄여서 국민의 복지를 위해서 사용했는데 상대편은 군비를 줄이지 않는다면 위험 상황을 자초한 것이 된다. 이런 이유로 양편 모두 군비를 줄이지 못하고 있다. 결국 좋은 결과가 있다는 것을 뻔히 알면서도 그렇게 하지 못하는 용의자들과 같은 상황인 것이다.

기업들이 담합해서 가격을 올리는 것 역시 '용의자의 딜레마'가 적용되는 대표적인 경제 사례이다. 석유 수출국 기구OPEC는 산유량을 제한해서 원유 가격을 높임으로써 혜택을 보고자 한다. 하지만 문제는 가격이 올라가고 나서부터이다. 각 산유국은 가격이 올라갔으니까 조금이라도 더 생산해서 팔고 싶어 한다. 범인들이 자백하는 것과 비슷한 경우이다. 하지만 이렇게 되면 OPEC의 전체 산유량도 늘어나는 셈이어서 가격은 떨어지고 다른 산유국들이 피해를 보게 된다. 결국 담합은 깨질 위험에 놓이고 결과적으로 석유 수출국 기구의 산유량 조절은 시간이 지나면서 실패할 가능성이 크다.

다시 용의자의 딜레마로 돌아가 보자. 그렇다면 범죄자들이 이런 상황을 피할 방법은 정말 없을까? 방법이 없는 것은 아니다. 앞에서도 언급했지만, 서로에게 믿음이 있다면 둘 다 범행을 부인할 것이다. 범죄자들이 '의리'를 강조하는 것도 이런 논리적인 이유가 숨어 있다. 배신했다는 죄책감을 심어 주어서 자백하는 것을 막으려는 의도이다.

의리가 없더라도 누군가가 보복해 준다면 범죄자들은 보복이 두려워 범행을 부인할 것이다. 이 경우에는 몇 년 형을 사느냐보다 보복을 당할지 아닐지의 여부가 더 중요해지기 때문이다. 보복에는 육체적인 보복도 있지만 경제적인 보복도 있다. 경제적인 보복을 할 수 있는 경우 가운데는 범행을 자백할지 고민하는 상황이 무수히 반복되는 상황도 있다. 이 경우에 범죄자들은 범죄를 부인할 가능성이 있다.

쉽게 이해되지 않는 말이지만 처음부터 상황을 따져 보자. 용의자들은 둘 다 범행을 부인하는 것이 가장 좋다는 것을 알고 있다. 그런데도 용의자가 범행을 자백했던 이유는 자신이 자백했을 때, 상대편이 보복하기 위해서 선택할 수 있는 수단이 아무것도 없었기 때문이다.

석방된 뒤 계속해서 함께 범죄를 저지르고 심문 받는 상황이 무수히 반복될 거라고 예상된다면 보복할 수 있는 수단이 생기게 된다. 같이 부인하는 좋은 결과를 놔두고 상대편이 자백한다면 앞으로 있을 무수히 많은 심문에서 자신도 자백하는 보복 수단이 생기는 것이다. 상대편은 자백해서 한 번 좋은 결과를 얻겠지만, 앞으로는 계속 나쁜 결과를 얻을 것이다. 그렇다면 두 사람 모두 처음부터 자백하지 않고 부인하는 것이 타당하다고 결정할 수 있다. 결국 이런 경우에는 두 사람 모두 범행을 부인하는 것도 내쉬 균형이다.

24
반복 게임
진화론으로 본 용의자의 딜레마

이 장에서는 진화론을 이용해 게임 이론을 분석해 본다.
용의자의 딜레마가 진화론적으로 어떻게 설명 가능하며 공약과
정책의 발표에서 신뢰가 왜 중요한지를 알아보고자 한다.

게임 이론은 사람들의 의견을 조정할 때 게임의 어떤 결과가 쌍방에 모두 유리할지를 예측하는 데 유용하게 사용된다. 앞 장에서 조정 게임과 용의자의 딜레마를 통해서 게임 이론이 현실에서 어떻게 이용되는지를 살펴봤다. 그 과정에서 내쉬 균형이 게임에 대한 결과를 예측하고 설명한다는 점에서는 혁명적이었지만, 균형이 너무 많이 존재한다는 문제점도 짚어 봤다. 그리고 경기자들에게 예상하지 못한 나쁜 결과가 나오는 용의자의 딜레마에 대해서도 소개했다.

이번 장에서는 게임 이론을 다른 각도로 설명해 보려고 한다. 게임이 여러 번 반복될 때 결과가 달라질 수 있을까? 앞 장의 용의자의 딜레마에서 보았듯이 당연히 답은 달라질 수 있다. 하지만 여기서는 다윈의 진화론을 이용해 용의자의 딜레마를 분석한다. 얼핏 듣기에는 진화론으로 설명한다는 얘기가 어렵게 느껴질지 모르지만 의외로 쉽게 이해할 수 있고, 그 과정에서 최신 이론인 진화론적 게임 이론

도 이해할 수 있게 된다. 참고로 진화론적 게임 이론은 메이너드 스미스에 의해 수립되었다.

진화론으로 보는 용의자의 딜레마

다윈의 진화론으로 설명하는 용의자의 딜레마는 어떤 내용일까? 이번에도 역시 쉬운 예로 얘기를 시작해 보자. 순한 양들이 평화롭게 살고 있는데 갑자기 고기를 먹는 돌연변이 육식 양이 태어났다. 육식 양은 대부분의 육식 동물처럼 성질이 사나웠다. 그리고 순한 양을 잡아먹었다. 하지만 순한 양들은 자신들과 똑같이 생긴 육식 양을 알아보지 못했기 때문에 저항하지 못했고 결국 많은 순한 양들이 희생되었다. 육식 양들은 순한 양들을 잡아먹으면서 점점 수를 늘려 갔고 반면 순한 양들은 점점 수가 줄어들었다. 나중에는 육식 양들이 잡아먹을 순한 양들이 없어지는 지경에까지 이르렀다. 결국 모든 양들에게 좋지 못한 상황이 벌어진 것이다.

이것은 용의자의 딜레마를 진화론적으로 설명하기 위한 동물 세계의 사례이다. 이제 이 얘기를 인간 세계로 바꿔 보자. 처음에 세상 사람들은 모두 평화롭게 비둘기 전략을 쓰면서 잘 살았다. 사람들은 다른 사람을 희생시키는 전투적인 매 전략(용의자의 딜레마 게임에서 범행을 자백하는 전략이며 돌연변이 육식 양 전략이다.)이 있다는 것을 알지도 못했고 그런 전략을 쓸 생각조차 하지 못하고 살고 있었다. 그러던 어느 날 한 사람이 매 전략을 들고 나와 다른 사람을 희생시키면서 자신의 이익을 추구하기 시작했다. 매 전략을 쓰는 사람들은 어떻게 하면 비둘기 전략을 쓰는 사람들을 이기는지 알고 있었다. 당연히 두 부류의 사람들이 만나면 매 전략을 쓰는 사람들이 이겼고 비둘기 전략을 쓰는 사람들은 희생되었다.

그러나 비둘기 전략을 쓰는 사람들도 계속 당하고 있지만은 않았다. 비둘기 전략을 쓰던 사람들은 계속 희생을 당하면서 매 전략을 쓰는 것이 더 낫다는 사실을 깨닫게 되었고 그중 일부는 매 전략으로 전략을 바꾸었다. 이제 사회 전체적으로 매 전략을 쓰는 사람들의 숫자가 늘고 비둘기 전략을 쓰는 사람들의 숫자는 줄어들게 되었다. 결국 사회는 전체적으로 평화롭게 서로 돕고 살기보다는 서로 잡아먹으려는 사회로 바뀌게 된 것이다.

이 이야기는 평화롭게 살아갈 수 있는 좋은 방법이 있는데도 사회적으로 바람직하지 못한 결론에 도달하게 되었다는 점에서 용의자의 딜레마와 같은 모습을 진화론을 통해서 보여준다.

사회적으로 바람직한 결론이 존재하더라도 현실에서는 그에 어긋나는 일들이 종종 일어난다. 얼마 전 보도된 '직장인이 가장 싫어하는 상사'에 대한 설문 조사를 보면 '아이디어를 가로채 가는 상사'가 상위권에 있었다. 그만큼 상사가 부하 직원의 아이디어나 공을 가로채 가는 일이 자주 일어나고 있다는 것인데, 이럴 경우 처음 아이디어를 낸 사람은 상당히 좌절하게 마련이다. 이런 일이 반복될 경우 '열심히 노력하면 뭘 해!' 혹은 '나도 어떻게 해서든 올라가야지!'라는 생각을 한다. 물론 '그래도 열심히 노력해야지!'라고 생각하는 사람도 있을 것이다. 문제는 셋 중 앞의 두 생각을 하는 사람이 늘면 사회 전체적으로는 좋지 않은 결과가 생긴다는 데 있다.

자신도 승진한 후에 아이디어를 가로채는 상사가 되어 버리는 경우도 있을 수 있다. 그렇게 되면 열심히 일해서 좋은 아이디어를 내는 사람들의 숫자는 줄어들고 남의 아이디어를 이용하려는 사람들의 숫자는 늘어날 것이다. 사회 전체를 발전시키는 아이디어가 줄어든다는 점에서 이것도 용의자의 딜레마 현상임을 알 수 있다. 앞의 사례로 보면 육식 양들이 많아지는 결론에 도달한 셈이고 전투적인 매 전략을 쓰는 사람들이 늘어나는 것과 같은 이치이다.

창의적인 사람이 대우받는 사회

핸드폰을 쓰는 사람은 대부분 천지인이라고 하는 핸드폰 자판의 한글 입력 방식을 알고 있을 것이다. 우리나라 유명 전자 회사인 삼성전자의 직원이 개발한 것이다. 이 방식은 개발한 사람이 직원으로서 월급을 받으며 일하는 중에 발명한 것이기 때문에 발명의 소유권을 회사에게 귀속시켰다고 한다. 이 발명으로 인해 회사는 수백 억 원의 혜택을 봤지만 이 직원에게는 수십 만 원의 보너스를 지급한 것이 전부였다. 직원은 억울한 생각에 법에 호소했지만 결과는 회사의 승리였다. 결국 좋은 아이디어의 가치는 수백 억 원이었지만, 발명자에게 돌아간 것은 평소에 받던 월급 그대로와 수십 만 원의 보너스에 불과했던 것이다. 앞에서 말했던 대로라면 비둘기 전략을 쓰는 직원과 매 전략을 쓰는 회사가 만난 결과라고 할 수 있다.

일본에서도 비슷한 일이 있었다. 그러나 결과는 정반대였다. 텔레비전이나 컴퓨터에 많이 쓰는 LCD 모니터의 필수적인 기술 중에 LED라는 것을 발명한 사람이 있었는데 이 사람도 우리나라의 경우와 같이 회사로부터 수십 만 원의 보상만 받았다. 억울함을 느낀 이 사람도 법에 호소했는데 일본 법원은 해당 회사에게 수천 억 원의 보상금을 지급하라는 명령을 내렸다.

이 두 사례를 비교해 보면 상당수의 사람들은 한국 법원이 잘못했다고 생각할 것이다. 그러나 꼭 법원만의 잘못은 아니다. 각 나라의 법에 차이가 있어서 다른 결론이 내려진 것일 수도 있기 때문이다. 문제는 이 결론이 앞으로의 사건들에 미칠 파장이다. 법원의 판결은 앞으로 훌륭한 발명을 위해서 노력하는 사람들이 늘어날지 아니면 줄어들지를 결정한 것이다.

일본의 경우에는 수천 억 원을 벌 것으로 예상하고 무언가 발명해 보려는 직원이 점점 늘어날 것이지만, 우리나라의 경우에는 발명에 매진하는 직원이 줄어들 것이다. 좋은 것을 발명해 봐야 남 좋은 일 시키는 것으로 생각하고 더 이상 발명을 중요하게 생각하지 않을 것이다. 이런 현상은 요즘 문제가 되고 있는 이공계 기피 현상과도 연관이 있지 않을까! 어쨌거나 상대편에 대한 신뢰가 없어서 덜 바람직한 결론에 도달하는 용의자의 딜레마와 유사하다. 그렇다면 이 문제를 어떻게 해결해야 할까? 이것은 방금 언급했던 법과 관련이 있다. 즉 다른 사람의 아이디어를 보호하는 법이 필요하다. 이런 법을 만들고 시행하면 상당한 효과가 있을 것이다.

또 다른 해결책도 있다. 하지만 이 해결책을 얘기하기 위해서는 질문이 한 가지 필요하다. 앞에 나왔던 순한 양과 육식 양의 이야기에서 순한 양들이 육식 양의 출몰에 따른 희생을 피하기 위해 어떤 대응책을 써야 할까? 앞서도 이야기했지만, 한 가지 전략은 자신이 육식 양으로 변하는 것이다. 그런데 본성이 착한 사람이 갑자기 이렇게 변하기는 어렵고 사회적으로도 바람직한 방법이 아니다. 결국 순한 양들이 생각해 낸 또 다른 방법이 순한 양들끼리 뭉쳐서 육식 양 무리를 물리치는 것이다. 그러면 희생을 줄일 수도 있고 경우에 따라서는 육식 양을 없앨 수도 있다. 참고로 두 방법 모두 반복 게임에서의 내쉬 균형이다.

좋은 방법이지만 이 방법이 역할을 하기 위해서는 신경 써야 할 문제가 있다. 바로 육식 양과 순한 양을 구분하기 어렵다는 점인데 이 문제를 해결하는 방법이 바로 체면이나 평판이다. 다른 양을 잡아먹은 양은 육식 양이라고 평판이 나고, 한번 평판이 나빠지면 순한 양들이 육식 양을 알아볼 수 있다. 이렇게 되면 순한 양들이 단합해서 대항할 것이므로 육식 양은 곤란해질 것이다. 육식 양이 될까 생각했던 양들 중에는 육식 양이 되려는 생각을 포기하는 경우도 생길 것이다. 육식 양이 되면 순한 양을 잡아먹는다는 이득은 있지만 체면이나 평판에 손상이 가기 때문에 미래를 위해서 참는다는 것이다. 선조들이 예로부터 체면이나 평판을 중요하게 생각했던 것도 이런 이유 때문인 것 같다.

다른 사람의 아이디어를 가로채는 상사나 기업에 대해서도 이런 평판으로 대응할 수 있다. 부당한 행동을 한 상사나 기업을 지적하는 사람들은 그런 행위에 평판으로 대응하고 있는 것이라고 볼 수 있다. 그리고 이런 전략은 많은 경우에 유효하다. 실제로 해당 직원이 법원에 항소하고 이 사실이 매스컴을 타는 등 사회적으로 큰 문제가 되자 삼성전자는 천지인을 개발했던 직원에게 항소심을 취하하는 대가로 거액을 지불했다. 기업의 이미지를 생각한 행동이었을 것이다.

정치가들과 정책 입안자들에게 주는 게임 이론의 교훈 — 신뢰

용의자의 딜레마에 대한 설명은 이쯤에서 마무리하고, 이번에는 선거 공약을 게임 이론으로 살펴보자.

길을 가다가 강도를 만났다고 하자. 강도가 총을 겨누며 지갑에 있는 돈을 달라고 한다면 어떻게 할까? 아마 대부분의 사람들이 돈을 줄 것이다. 그러나 강도가 자신의 머리에다가 총을 겨누고 돈을 달라고 한다면 어떻게 해야 할까? 황당한 질문이지만 돈을 주는 사람도 있을 수 있고 돈을 주지 않는 사람도 있을 수 있다. 돈을 주지 않는 사람은 자기는 다치지 않는다는 생각에서 그랬겠지만 돈을 주는 사람은 상대편이 자신의 눈앞에서 죽는 것을 차마 못 보겠다는 생각일 것이다. 두 번째 경우에서 중요한 것은 권총 강도가 총을 쏠 것인지 여부이다.

정말 총을 쏠 것으로 예상되면 돈을 줄 가능성이 높아진다. 자기 앞에서 사람이 죽는 것을 보고 싶은 사람은 많지 않기 때문이다. 과연 그 강도가 정말 자기 머리에 총을 쏠 것인가? 보통의 경우에는 그럴 리 없다고 할 수 있다. 미치지 않은 다음에야 당연히 총을 쏘지 않을 것이기 때문이다. 그렇다면 상대편이 미친 것처럼 보이며 정말 스스로에게 총을 쏠 것 같으면 돈을 줄 것이고 반면에 정상적인 사람으로 보인다면 돈을 주지 않을 가능성이 클 것이다. 즉 강도 입장에서 자신의 행동에 신뢰감을 줄 수 있다면 그 행동에는 무게가 실리는 것이고 이는 상대방의 선택을 바꿀 수 있을 만큼 중요한 것이다.

이 논리는 정부의 정책이나 발표에도 적용된다. 정부의 정책이나 발표에 신뢰가 간다면 국민들은 그 정책을 따르겠지만 신뢰가 가지 않는다면 따르지 않을 것이다.

정부에서 범죄를 근절하기 위해 '범죄와의 전쟁'을 고려한다고 생각해 보자. 범죄를 근절하면 국민들의 삶은 안정될 것이다. 그런데 범죄와의 전쟁에는 많은 경찰관을 동원해야 하고 비용도 많이 든다는 문제점이 있다. 이런 점들을 모두 고려한 끝에 정부에서 범죄와의 전쟁을 선포했다고 하자. 이 정책이 실제로 실천될 것이라고 예비 범죄자들이 믿는다면 범죄는 현저히 줄어들 것이다. 실제로 범죄와의 전쟁이 벌어지기도 전에 범죄가 줄어든 것이다. 그러나 이 상황에도 문제는 있다.

범죄가 줄어든 것이 좋기는 하지만 정부 입장에서는 범죄가 줄어들고 난 후에는 경찰관들을 고생시키고 많은 비용이 들 전쟁의 필요성을 느끼지 못하게 된다. 바꿔 말하면 선포하는 것만으로도 소기의 성과를 거뒀으니 실제로 범죄와 전쟁을 실행해야 하는지의 여부를 재검토할 것이라는 것이다. 그리고 검토한 다음에는 예고했던 범죄와의 전쟁을 하지 않을 가능성이 크다.

실제로 실행하지 않았지만 범죄는 줄어들었고 비용과 부작용도 절감했으니 문제가 없는 것처럼 보인다. 하지만 이제는 사람들이 정부의 정책을 믿지 않게 된다는 신뢰성의 문제가 남는다. 범죄와의 전쟁을 하기로 해 놓고 안 했기 때문이다. 그리고 처음에 정부가 범죄와의 전쟁을 선포했을 때 실제로 범죄가 줄어든 이유는 예비 범죄자들이 정부의 발표를 믿었기 때문이다. 그러나 이제는 믿지 않을 것이다. 늑대가 나타났다고 외치는 양치기 소년의 말을 사람들이 믿지 않았던 것처럼 말이다.

비단 범죄와 관련된 정책뿐만이 아니다. 경제 정책에도 같은 원리가 적용된다. 예를 들어, 정부에서 올해는 경기를 부양하여 우리 경제의 성장률을 높이겠다고 발표했다고 하자. 정부의 부양책으로 경기가 좋아지면 기업들은 자신들이 만든 상품이 잘 팔릴 것으로 생각할 것이다. 그래서 기업들은 물건을 만들기 위해서 시설 투자를 늘리거나 연구 개발에 투자를 할 것이고 기업이 이렇게 투자를 하면 경제는 성장할 것이다. 그런데 그 후의 정부 입장은 어떨까?

정책을 시행하기도 전에 기업들이 투자해서 경기가 부양된 것을 본 정부는 많은 예산을 쓰는 경기 부양은 예산 낭비로 생각하고 시행하지 않을 수 있다. 이렇게 되면 경기 부양은 되었는지 모르지만 정부는 거짓말쟁이가 된 것이다. 그러면 기업들은 정부의 발표를 더 이상 믿지 않게 되고, 후에 정부가 경기를 부양한다고 발표해도 한 번 속지 두 번 속느냐는 심정으로 투자를 꺼릴 수도 있다.

이 얘기는 선거 때 정치인들에게도 그대로 적용된다. 정치인들은 후보 시절에 수많은 공약을 내세우지만 선거에 당선되고 나면 공약은 짐으로 남는다. 특히 실천할 수 없는 공약을 내세워 당선된 후보들은 실제로 공약을 달성시키기 힘들기 때문에 실천하지 않을 동기가 생기는 것이다.

정치인이나 정부가 실제로 이런 행동을 하는지에 대한 평가는 사람마다 다를 것이다. 누가 거짓말을 하는지는 각자가 판단해야 한다. 문제는 정치인이나 정부가 그렇게 할 동기가 있다는 것이다. 그렇기 때문에 유권자는 누가 어떻게 하고 있는지 잘 관찰해야 한다. 거짓말쟁이에게 속지 않는 방법은 누가 거짓말쟁이인지 알아 두는 것이다. 그러면 다음번 선거에서 좋은 사람에게 투표할 수 있다. 이것이 순한 양들이 게임 이론에서 배울 수 있는 교훈이다.

25
신뢰가 중요한 이유

공약 선택과 신뢰

정치 후보자들은 당선에 유리한 공약을 내세우고,
유권자들에게 약속을 믿어 달라고 한다.
어떻게 해야 유권자들이 믿을까?

앞 장에서 게임 이론 중 최신 이론의 하나인 진화론에 대해 설명했다. 순한 양과 돌연변이 육식 양의 사례로 진화론적 접근 방법을 소개하면서 문제점과 해결 방안도 함께 알아봤다. 또한 선거 공약이나 경제 정책의 신뢰성이 중요한 이유를 간략히 얘기했는데, 이번 장에서는 신뢰 획득이 중요한 이유와 신뢰 획득 방법에 대해서 생각해 본다.

선택의 문제

선거 공약에 대한 얘기를 하려면 해수욕장에서 얘기를 시작해야 할 것 같다. 갑자기 해수욕장을 떠올리라니 의아할 수도 있겠지만 선거 공약과 해수욕장 상점의 위치 선정은 모두 선택의 문제라는 공통점이 있다. 무더운 여름철 해수욕장을 한번 상상해 보자. 뜨거운 햇볕 때문에 모래사장을 밟을 때 열기가 느껴진다. 시원한 음료수나 아이스크림을 판매하는 상점이 해수욕장 곳곳에 있으면 아주 좋을 것이다. 뜨거운 모래를 오래 밟지 않고도 시원한 음료수를 마실 수 있을 테니 말이다.

그러나 바닷가의 상점들은 가운데 몰려 있는 경우가 많다. 물론 예외도 있겠지만 보통은 가운데 몰려 있다. 가운데 있어야 돈을 벌 수 있기 때문이다. 왜 그런지 생각해 보자. 어떤 사람이 상점이 전혀 없는 바닷가에 처음으로 상점을 내려고 한다. 어디에 상점을 내야 할까? 혼자 상점을 내는 경우라면 아무 곳에나 위치해도 관계없다. 독점이므로 손님들이 어쩔 수 없이 올 것이기 때문이다. 이런 경우라면 해수욕장 끝에 상점을 내도 괜찮을 것이다.

그러나 잘 생각해 보면 그렇지 않은 경우도 있다. 만약에 햇볕도 따갑고 바닷가의 모래도 아주 뜨거워서 걷기 힘들다면 소비자들이 시원한 음료수를 마시기 위해 해수욕장 끝까지는 가지 않을 수 있기 때문이다. 이렇게 되면 상점을 해변 끝에 차리면 손해이기 때문에 독점이라 하더라도 상점을 여는 장소는 가운데가 되어야 할 것이다. 가운데라야 손님들이 오는 데 가장 편할 테니 말이다. 또 혼자이기 때문에 아무 곳이나 괜찮다면 가운데로 정해도 문제가 없으니 그렇게 할 가능성이 크다. 이 얘기를 그림으로 정리해 보자.

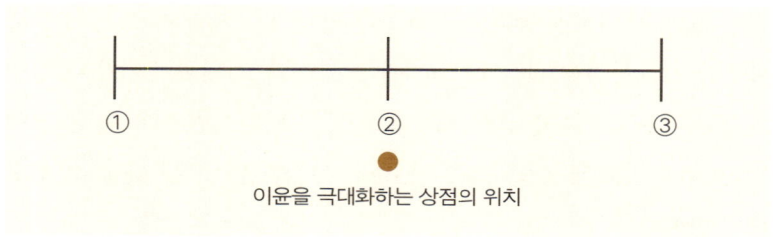

〈그림1〉 상점이 한 개인 경우의 위치 선정

상점이 ①의 위치에 있으면, 오른쪽(③의 위치)에 있는 손님들 중에는 음료수를 마시기 위해 상점 ①이 있는 위치까지 가려 하지 않는 사람도 있을 것이다. 마찬가지로 상점이 ③의 위치에 있는 경우, 왼쪽(①의 위치)에 있는 손님들 중에는 상점 ③이 있는 위치까지 가려하지 않는 사람도 있을 것이다. 두 경우 모두 한쪽 끝에 있는 손님이 다른 쪽 끝까지 가는 데 드는 비용보다 음료수를 마심으로써 얻는 혜택이 큰 경우에 한해서 구매하게 된다. 그러므로 ②의 위치에 있을 때 상점은 가장 큰 이윤을 얻는다.

상점 위치 선택하기

바닷가에 상점이 하나만 존재할 경우에는 비교적 쉽게 위치를 선정할 수 있었다. 이제 두 사람이 상점을 낸다고 가정하자. 각각 어디에서 문을 열어야 할까? 조금 복잡하다.

바닷가를 두 군데로 나눠서 양쪽에다 하나씩 상점을 내는 경우를 생각해 보자. 이 경우 손님들은 편할 것이다. 이렇게 하면 소비자들은 시원한 음료수를 살 때 조금만 걸어도 된다. 소비자들을 위한다면 이 경우가 맞을 텐데 상점 주인의 입장은 다르다.

상점 주인들이 순서대로 상점을 낸다고 생각해 보자. 첫 번째 사람은 앞서 얘기한 것처럼 가운데에 상점을 낼 것이다. 문제는 두 번째 사람인데 이 사람은 바닷가의 한쪽으로 가서 소비자에게 편한 위치를 잡을지 아니면 다른 곳을 선택할지를 고민할 것이다.

상점의 위치는 '가운데'가 가장 좋다

어디에 상점을 내는 것이 가장 좋을까? 정답은 첫 번째 사람이 상점을 낸 것처럼 가운데 상점을 내는 것이다. 가운데 상점을 또 내면 전체 바닷가에 있는 사람들이 모두 가운데로 올 것이다. 그런데 상점이 하나 더 있으므로 절반 정도만 자신의 고객이 될 것이다. 물론 두 상점의 가격이 같다면 말이다.

가운데가 아닌 다른 곳으로 결정하면 어떻게 될까? 손님들의 편의를 위해서 바닷가의 끝에 상점을 냈다고 생각해 보자. 손님들이 몇 명이나 올지 생각해 보면 바닷가에 있는 사람들 중에 4분의 1 정도만 자신의 고객이 될 것이다. 왜냐하면 반대편 바닷가에 있는 사람들은 모두 가운데 있는 상점으로 갈 테니, 고객의 절반은 이미 다른 상점에 빼앗긴 셈이다.

자신에게 올 사람들은 자신과 다른 상점 사이에 있는 사람들 중에 자신 쪽에 가까운 절반이다. 결국 손님들을 위해서 중간이 아닌 끝으로 가면 상점 입장에서는 손님 숫자가 줄어 손해를 보게 된다. 그런데 끝으로 가지 않고 다른 곳을 선택해도 중간이 아니라면 숫자가 줄어드는 것은 마찬가지이다.

결론적으로 말하면 다른 상점이 옆에 있더라도 가운데 있을 때 손님 숫자가 가장 많은 것이다. 이렇게 하면 상점 주인은 손님 숫자가 많아서 좋지만 소비자는 가운데까지 가야 하니 별로 좋지 않다. 아무튼 상점 주인 입장에서 볼 때 상점의 위치는 가운데가 가장 좋다. 이것을 그림으로 알기 쉽게 정리해 보면 다음과 같다.

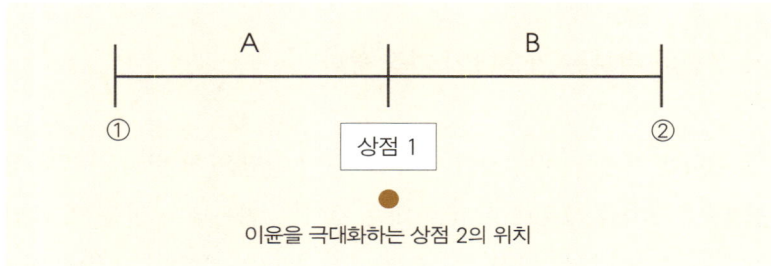

〈그림2〉 상점 1이 가운데 위치할 때 상점 2의 위치 선정

상점 1은 가운데 위치할 때 이윤이 극대화된다. 이 경우 상점 2는 어디에 위치하는 것이 가장 좋을까? 상점 2가 ①의 위치에 있는 경우 상점 1과 상점 2는 A의 손님을 반씩 나누어 가질 것이다. 반면에 상점 1은 B의 고객을 모두 갖고 A의 고객은 상점 2와 절반씩 나눈다. 따라서 상점 2는 전체 손님(A+B)의 4분의 1만을 갖게 된다.

가운데를 제외한 다른 모든 장소에서 고객의 숫자는 전체의 절반이 되지 못한다. 반면 상점 2가 상점 1과 마찬가지로 중간에 위치하는 경우에는 각각 전체 손님의 절반을 나누어 갖게 되므로 이곳에서 상점 2의 이윤이 가장 커진다. 상점 2의 경우에도 가운데가 이윤을 극대화하는 최선의 위치가 된다.

선거 공약의 선택 문제

선거 공약에 대한 설명에 앞서 바닷가 상점의 위치 얘기를 해 봤다. 이 이야기와 선거 공약이 무슨 관련이 있을까? 선거 때면 후보자들은 공약을 내세운다. 공약에는 진보적 공약도 있고 보수적 공약도 있다. 진보적 공약을 해수욕장의 왼쪽, 보수적 공약을 오른쪽이라고 생각하면, 상점의 위치는 후보자들이 내세운 공약의 정치적 성향으로 해석할 수 있다. 후보자들 입장에서는 그중에서 표를 많이 받을 수 있는 선거 공약을 선택하고 싶어 하는데, 표를 많이 받는 선거 공약이라는 것은 국민들이 생각하는 다양한 의견들 중에 딱 중간을 선택하는 것이다.

설사 다른 후보가 그 공약을 내세웠더라도 똑같다는 얘기이기도 하다. 그러다 보니까 여러 후보가 있다고 하더라도 선거 공약을 보면 다 비슷비슷하다. 그러니 국민들 입장에서는 후보들의 공약에서 큰 차이를 느끼지 못하는 것이다. 사실 선거 공약만을 보고 어느 당의 선거 공약인지 맞혀 보라고 하면 맞히기가 쉽지 않다. 하지만 다양한 공약이 제시되는 것이 국민들을 위해서는 더 좋다. 바닷가에서 상점이 곳곳에 있는 것이 고객에겐 더 좋지만 가운데 모여 있는 것과 같은 이치다.

선거 공약과 바닷가의 상점 위치는 선택의 문제라는 공통점이 있다. 두 경우 모두 중간을 선택하는 것이 최선의 선택이라는 것을 알았을 것이다. 많은 후보자들은 표를 가장 많이 얻을 수 있는 공약을 내게 된다. 물론 대쪽같이 자신의 소신을 공약으로 내세우는 사람도 있지만 유권자 입장에서는 후보자들의 공약이 후보자의 소신과 같은지 알 수 없다. 소신과 다르더라도 당선된 후에 자신이 내세운 공약을 실천한다면 별 문제 없겠지만, 문제는 소신과 다른 공약을 하고 당선된 후에 공약을 지키지 않는 경우이다. 이는 후보자가 소신도 없이 당선되기 위한 거짓말을 한 것이다.

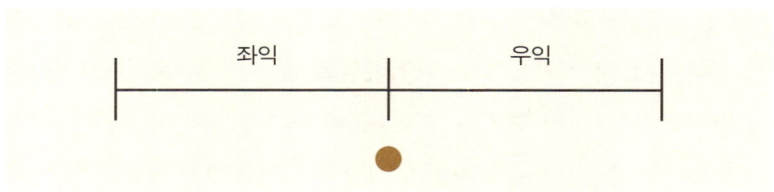

〈그림3〉 득표를 극대화하는 각 당 공격의 위치도 가운데다.

다시 속지 않으려면 공약을 실천했는지 아닌지 관찰해야 한다. 과거에 거짓말한 사람에 대해서는 국민들이 잘 기억해 두었다가 선거 때 반영해야 할 것이다. 앞 장에서 설명했지만 육식 양에 대응하는 순한 양의 전략은 누가 육식 양인지 알아낸 후 단합해서 대응하는 것이다.

입장을 바꿔서 후보들 입장에서 생각해 보자. 후보 입장에서는 자신이 선거 공약을 실천할 것이라는 믿음을 국민들에게 줄 수 있다면 선거에서 당선되는 데 크게 도움이 될 것이다. 그래서 어떻게든 자신의 공약이 (자신의) 소신이라는 것을 유권자에게 알리고 싶어 할 것이다.

공약의 신뢰감을 높이는 방법

1. 배수진

후보자들은 어떻게 해야 할까? 상대편이 믿을 수밖에 없는 행동을 해야 한다. 중국의 고서 『초한지』를 보면 항우와 싸워 승리한 후 한나라를 세운 한고조 유방의 얘기가 나온다. 유방의 대장군으로 한신이라는 사람이 있었는데 그는 초나라 20만 대군에 적은 수의 병사로 맞서 싸워야 했다. 병사들의 숫자가 적기 때문에 최선을 다해서 싸울 수 있는 방법을 생각해 내야 했다.

먼저 열심히 싸우라고 명령하는 방법이 있었을 것이다. 병사들에게 열심히 싸워야만 살 수 있다고 말하는 것이다. 그런데 병사들 중에는 싸우다가 위험해지면 도망가겠다는 생각을 마음속에 가진 경우도 있을 것이다. 그러므로 열심히 싸우지 않으면 죽을 것이라는 얘기는 아무 소용이 없다. 결국 한신 장군이 생각해 낸 것이 그 유명한 배수진이다. 상대편과 싸울 진을 칠 때 뒤에 깊은 강물이 흐르도록 한 것이다. 배수진을 치면, 위험하다고 도망갈 경우 강물에 빠져 죽게 된다. 전쟁에 져서 적에게 죽으나 물에 빠져 죽으나 죽는 것은 마찬가지니 열심히 싸워야만 살 수 있다는 한신 장군의 공약은 사실이 된 것이다.

병사들은 한신 장군의 말을 믿고 따를 수밖에 없었고, 실제 이 전쟁에서 이겼다. 신뢰감 있는 공약이 얼마나 중요한지 보여 주는 고사이다. 공약을 믿게 하는 방법 중에는 돌이킬 수 없는 수단을 이용해서 상대방이 믿을 수밖에 없도록 하는 방법이 있는 것이다.

이것을 선거에 적용해 보자. 후보들이 당선된 후에 자신이 내세웠던 공약을 지키지 못하면 자동으로 큰 손해를 보는 장치를 마련하는 방법이 있다. 이렇게 하면 후보들은 거짓 공약을 남발할 수 없고 결과적으로 국민들은 후보들의 공약을 믿게 될 것이다. 어떤 방법이 있을까? 예를 들면 거금을 공탁하는 방법을 생각해 볼 수 있다. 당선된 후에 자신이 공약한 것을 어기면 자동으로 거액이 자선 단체에 기부되도록 하는 방법처럼 말이다. 물론 약속을 돌이킬 수 없도록 공신력 있는 곳을 이용해야 할 것이다.

2. 신뢰

배수진을 쳐서 사람들이 믿을 수밖에 없도록 하는 것도 좋은 방법이지만 평소에 거짓말을 하지 않아서 신뢰감을 주는 것은 더 좋은 방법이다.

유권자가 신뢰하는 정치인은 과거에 계속 신뢰를 받도록 행동했고 앞으로도 그럴 것으로 예상되는 정치인이다. 신뢰를 쌓아 온 사람은 선거 결과도 좋겠지만 다른 좋은 점도 있다. 신뢰를 쌓아 온 사람의 말은 좀 이상하게 들리더라도 상대방이 믿어 준다는 것이다.

예를 들어 보자. 「레옹」의 주인공이 폭탄을 몸에 감고 집에 왔다고 하자. 그리고 폭탄의 안전핀을 잡은 상태에서 돈을 달라고 한다면 돈을 줘야 할까?

안전핀을 뽑으면 자신도 죽을 것이므로 레옹은 그 핀을 뽑을 동기가 없을 것이다. 그렇지만 협박을 하는 사람이 그동안 한번도 거짓말한 적이 없는, 믿을 만한 레옹일 경우에는 믿을 수밖에 없다. 그렇다면 할 수 없이 돈을 주게 될 것이다. 돈을 준다면 폭탄은 터지지 않을 것이고 결국 레옹은 거짓말을 하지 않은 셈이다. 신뢰가 큰 위력을 발휘한 것이다. 이와 비슷한 일은 기업 간에도 벌어진다.

다음은 김영세의 『게임 이론』에 나오는 기업들의 사례이다.

전략적으로 신빙성을 얻은 사례

1. 스탠더드 오일의 약탈적 가격 설정

1900년대에 '스탠더드 오일'이라는 회사가 미국의 정유 시장을 독점하고 있었는데 이 회사는 다른 회사가 정유 시장에 들어오면 무자비하게 가격을 낮췄다. 그래서 결국은 다른 정유 회사를 망하도록 했다. 한 가지 생각할 점은 스탠더드 오일이라는 회사가 자기는 손해 보지 않으면서 가격을 낮춘 것이 아니라는 것이다. 자기도 손해를 보면서 가격을 낮추고 결국 다른 회사를 망하게 한 것인데 이런 가격을 경제학에서는 '약탈적 가격'이라고 한다.

사실 다른 회사가 시장에 들어오기 전에는 기존 기업은 약탈적 가격을 설정할 것이라고 공약한다. 하지만 막상 다른 회사가 시장에 진입하고 나면 약탈적 가격을 설정하지 않는다. 당장 손해를 보기 때문이다. 그런데 스탠더드 오일은 손해를 보면서도 약탈적 가격을 설정했다. 바로 신빙성을 높이기 위해서였다. 손해를 보면서도 계속 약탈적 가격을 설정했기 때문에 스탠더드 오일은 명성을 쌓을 수 있었다. 다른 기업이 진입하는 것을 절대로 용인하지 못하는 회사라는 명성이 생긴 것이다.

이렇게 명성을 쌓고 나니 감히 시장에 진입하려는 기업이 없어졌다. 그래서 상당히 오랜 기간 동안 시장을 지배한 것이다. 물론 이런 상황이 소비자에게 좋을 리는 없었지만 이 회사에게는 아주 이상적인 상황이었다. 앞서 폭탄을 감고 위협하는 사람과 같은 상황이 된 것이다. 어쨌거나 명성에 힘입어 이 회사의 독점력은 난공불락이었다. 감히 경쟁하겠다고 나서는 회사가 없었으니 말이다. 결국 미국의 법원이 나서서 스탠더드 오일을 여러 개의 회사로 분리시키고 나서야 독점이 풀렸는데, 이렇게 분리된 회사가 요즘에도 유명한 엑손 모빌이다. 우여곡절 끝에 엑손과 모빌이 다시 합병된 것을 보면 재미있다는 생각이 든다.

2. 디즈니 사의 판매 전략

한 가지 사례를 더 들어 보자. 우리 모두 잘 아는 월트디즈니 사의 만화 이야기인데, 디즈니 만화 영화는 재미있고 교훈적이어서 아이들이 참 좋아한다. 그러나 디즈니 사는 DVD 또는 테이프를 한 번 팔면 적어도 십 년 안에 다시 팔지 않는다. 한 번 테이프를 산 아이가 클 때까지는 다시 그 테이프를 팔지 않는 것이다. 그래서 아이들이 어떤 만화 영화 테이프를 사고 싶어도 아무 때나 살 수 없다. 지금 디즈니 상점에 가서 보고 싶은 특정 만화 테이프를 사겠다고 해도 살 수 없는 것이다. 디즈니에서 만든 테이프 중 실제 살 수 있는 테이프의 종류는 생각보다 많지 않다. 이런 상황은 테이프를 사고 싶은 사람에게는 좋지 않지만 디즈니 사에게는 아주 좋은 상황이다.

디즈니는 몇 십 년 동안 이 방식을 고수했다. 오랫동안 이렇게 하다 보니까 사람들이 디즈니의 방식을 신뢰하게 되었다. 소비자들은 디즈니에서 어떤 만화 영화 테이프가 나오면 지금 사지 않으면 십 년 후에나 살 수 있다는 사실을 알게 되었다. 지금 안 사면 아이가 다 큰 후에나 살 수 있다는 얘기이므로 당연히 가격이 비싸더라도 지금 살 것이다. 이렇게 해서 디즈니는 높은 가격을 받고 만화 영화 테이프를 팔 수 있게 된 것이다. 실제로 디즈니에서 새 만화 영화를 출시한다고 하면 소비자들은 줄을 서서 기다린다. 바로 신빙성 있는 공약의 힘인 것이다.

만일 디즈니 사가 단기 매출액을 높이겠다는 욕심에 십 년이 되기 전에 테이프를 생산한 적이 있다면 소비자들은 높은 가격에 구입하지 않을 것이다. 또 줄을 서서 기다리지도 않을 것이다. 신빙성 있는 공약이 얼마나 큰 힘을 발휘하는 지 알 수 있는 좋은 사례라고 할 수 있다.

제7부
노동 경제학

26
부자가 되기 위하여
부가 가치 창출하기

모두가 열심히 일한다고 해도 늘 소득 격차는 존재한다. 이런 현상은 왜 발생할까?
그 원인을 이해할 때, 우리는 비로소 어떻게 돈을 버는 것이
개인과 국가 경제에 도움이 되는지 알 수 있다.

『부자 아빠 가난한 아빠』, 『서른 살 직장인, 10억을 벌다』, 『150만 원 월급으로 따라하는 10억 재테크』 등 과거 국내 대형 서점 경영·경제 코너의 베스트셀러 자리를 지켰던 책들을 보면 21세기를 살아가는 사람들의 관심은 온통 부자 되기에 쏠려 있는 듯하다.

부자가 되고 싶어 하는 것, 물질적인 풍요를 누리고자 하는 것은 오래전부터 있어 왔던 인간의 보편적인 욕망이다. 하지만 그 욕망을 추구하는 방식은 분명 달라졌다. 과거에는 대부분의 사람들이 '많이 벌어 조금 쓰기'라는 전통적이고 수동적인 부자 되기 방법을 써 왔다면 요즘 사람들은 좀 더 적극적으로 돈을 많이 벌 수 있는 방법을 찾고자 한다. 그렇다면 어떻게 하면 돈을 벌 수 있을까? 방법은 크게 세 가지다. 우선 취직해서 봉급을 받거나 회사를 창업해서 돈을 버는 방법이 있다. 두 번째는 부동산 투자나 주식 투자와 같은 재테크를 통해 돈을 버는 방법이다. 마지막 방법은 조금 이상하게 들릴 수도 있

다. 바로 '무상이전'이라는 것인데 부모님에게 용돈을 받거나 재산을 물려받는 것, 또는 도둑질이나 강도질을 통해 돈을 버는 것이 여기에 속한다. 복권이나 도박, 뇌물 역시 무상이전의 한 방법이다. 대부분의 사람들은 이런 것이 돈 버는 방법이라는 사실에 의아해 할 수도 있지만 이 방법으로 돈을 벌어 생계를 유지하는 사람들이 있으니 돈 버는 방법에 넣어야 할 것이다.

하지만 도둑질이나 도박을 통해 돈 벌기를 권유할 사람은 거의 없다. 법적으로나 도덕적으로 올바른 방법이 아닐 뿐더러 무상이전에 속하는 돈 벌기는 대부분 국가 경제에 아무런 기여를 하지 못하기 때문이다. 사회 구성원 각자가 돈을 벌기 위해 노력하는 것은 나만의 만족으로 끝나는 개인적인 행동이 아니다. 그것은 다른 사람, 더 나아가 이 사회의 존속에 영향을 미치는 행동이다. 결국 바람직하게 돈을 버는 방법은 국가 경제에 기여할 수 있는 것이어야 한다.

대박 권하는 사회

국가 경제에 기여한다는 것은 열심히 일해서 부가 가치를 창출해 내는 것을 말한다. 그런데 투자라고 불리는 재테크 방법들은 사실 부가 가치 창출은 거의 없다고 할 수 있다. 물론 재테크 중에는 시장의 균형을 맞춰 국가 경제에 기여하는 투자도 존재한다. 실제 가치보다 저평가 된 기업의 주식에 투자를 해서 투자자도 돈을 벌고 기업도 자금 조달을 할 수 있게 되는 경우도 있다. 하지만 우리가 일반적으로 재테크라고 부르는 것 중 대부분은 국가 경제에 큰 도움이 되지 않는다.

무상이전은 한 사람의 재산이 다른 사람에게 이전되는 것이므로 경제 전체적으로 보면 부의 변화가 없어서 아무 문제가 없는 것처럼 보인다. 하지만 현실에서는 앞에서 보았듯 그 해악이 크다. 뇌물과 투기로 인한 재테크가 국가 경제에 어떠한 해악을 미치는지 분석해 보자. 뇌물로 호의호식하는 사람들을 보고 자신이 받는 월급과 비교하는 선량한 시민들은 차츰 열심히 일하는 것을 소홀히 하고 때로는 윤리 의식마저 잃게 될 수 있다. 이를테면 뇌물을 받을 기회가 왔을 때 굳이 사양하려 하지 않을 것이고, 이것은 곧 사회 전체의 부패로 이어질 것이다. 하지만 정작 더 중요한 문제는 다른 데 있다. 뇌물로 돈 버는 사람들이 늘기 시작하면 정직하게 일한 대가로 받는 월급은 상대적으로 작아 보일 것이다. 뇌물에 비해 일해서 버는 돈이 적다면 열심히 일하는 사람의 숫자는 점점 줄어들 것이고 동시에 경제 전체는 점점 활력을 잃을 것이다.

부동산 투기 역시 같은 맥락에서 이해할 수 있다. 부동산 투기로 돈을 버는 사람이 많아진다면 취직해서 열심히 일하던 사람들도 차츰 부동산에 관심을 가질 것이다. 또 창업해서 열심히 기업 활동을 해야 할 사람들이 기업을 이용해서 부가 가치를 창출하는 것이 아니라 기업 명의로 부동산 투기를 하는 상황도 발생할 수 있다. 기업주는 기업 명의로 부동산에 투기를 하고 회사원들은 근무 시간에 부동산 시세를 들여다본다면 어떻게 될까? 열심히 일해야 할 사람들이 일보다 투기에 더 신경을 쏟는다면 국가 경제의 발전에 지장이 있는 것은 자명한 일이다.

재테크를 통해 대박을 꿈꾸는 사회는 미래가 없다. 국가가 나서서 대박을 권하는 사회가 되어서는 안 된다. 국민들이 돈을 벌고자 하는 방향이 대박을 향해 가고 있다면 그것을 막기 위해 정부는 열심히 일하는 만큼 돈 벌 수 있는 사회를 만들어야 한다. 그러기 위해서는 예측 가능한 투명한 정책이 필수적이다. 누구나 예측할 수 있다면 대박은 존재할 수 없다. 반면 소수의 사람들만이 아는 정책이 갑자기 도입된다면 대박은 가능해진다. 소수를 위한 예측 불가능한 깜짝 정책이 계속 나온다면 사람들이 열심히 일하지 않고 대박에만 집중하게 될 것이며, 결과적으로 국가가 국민들을 파멸의 길로 몰고 가는 것이다.

노동 시장에서 임금이 결정되는 과정

개인의 만족도나 국가 경제에 이바지하는 바를 생각하면, 역시 돈은 열심히 일해서 정직하게 버는 것이 가장 좋다. 하지만 현실에서는 똑같이 열심히 일을 해도 어떤 사람은 많이 벌고 어떤 사람은 적게 벌게 된다. 이런 임금 차(근로자의 입장에서는 소득 차)를 경제학적으로 분석해 보기 위해서는 먼저 노동 시장에서 임금이 어떻게 결정되는지 살펴보아야 한다.

노동 시장에서 임금이 결정되는 과정에는 수요와 공급의 원리가 숨어 있다. 노동의 가격이 봉급이라는 것만을 기억하고 수요와 공급이 노동에 어떻게 적용되는지 분석해 보자. 앞서 배운 것을 되살려 보면 수요와 공급은 각각에 영향을 주는 변수들에 의해 결정된다. 그리고 그 수요와 공급이 만나는 지점에서 바로 노동의 가격인 봉급이 결정된다.

노동 시장에서 노동자는 노동의 공급을 결정하고 기업주는 노동의 수요를 결정한다. 노동의 공급과 수요에 각각의 입장이 반영되는 것이다. 그리고 두 입장이 조정, 절충되어 임금의 수준과 취업자의 수를 결정한다.

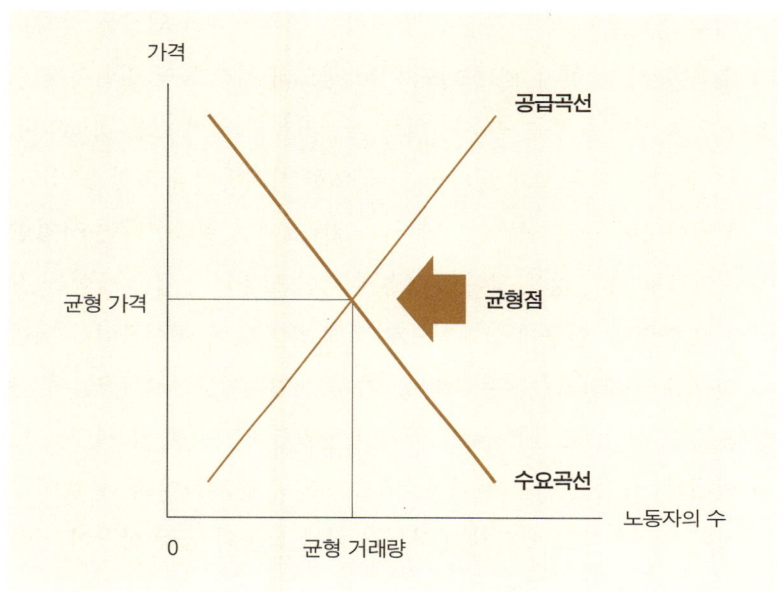

우선 노동의 수요를 결정짓는 기업주의 입장에는 어떤 것이 있는지 살펴보자. 기업주가 근로자를 몇 명이나 얼마를 주고 채용할 것인지를 결정할 때는 가장 먼저 기술을 고려한다. 기업에서 선택한 기술이 사람을 많이 필요로 하면 그만큼 노동자를 많이 채용할 것이다. 반면에 상품을 제조하는 로봇을 이용할 수 있고 가격까지 저렴할 정도로 기술이 발전했다면, 로봇을 구입하지 사람을 채용하지 않을 것이다. 후자의 경우 노동자에 대한 수요가 줄어들 것이다. 즉 기술의 필요성에 따라 노동자의 수요가 달라지는 것이다.

한편 기업주의 입장에서는 근로자를 고용할 때 자신이 만들어 파는 물건의 가격도 고려할 것이다. 만약 기업주가 만들어 파는 물건의 가격이 높으면 근로자들을 더 고용해서 많이 만들어 팔려고 할 것이고 따라서 근로자에 대한 수요도 높아질 것이다.

이제 반대로 노동의 공급을 결정하는 근로자들의 입장을 살펴보자. 일을 할지 안 할지, 또 한다면 어느 정도의 시간 동안 일할지를 결정하는 데 영향을 주는 변수는 바로 근로자들의 의식 같은 것들이다. 근로자들의 의식은 쉽게 말하면 일에 대한 가치관이라고 할 수 있다. 앞서 말했듯이 근로자들이 도박이나 재테크에만 열중한다면 사업장에서 일하려 하지 않을 것이고 이렇게 되면 노동의 공급은 줄어들 것이다. 또한 노동 인구에 상대적으로 적게 참여해 온 여성들이나 노년층 인구가 일에 대해 어떤 생각을 가지고 있는지도 노동 공급에 큰 영향을 줄 수 있다. 예를 들어 60세가 되었을 때 '이제 일 제대로 할 수 있겠네!'라고 느끼는 사회와, 60세가 되면 은퇴하여 집에 들어앉는 것이 당연하다고 생각하는 사회는 각각 노동의 공급 상황이 전혀 다르게 나타날 것이기 때문이다.

노동의 수요와 공급에 영향을 주는 요인들을 살펴보았다. 앞서 이야기한 바와 같이 수요와 공급이 일치하는 금액이 바로 근로자가 받는 임금이다. 따라서 이런 요인들이 근로자에게 유리하면 높은 임금을 받고, 불리하면 낮은 임금을 받게 된다.

종합해서 볼 때 과연 근로자들은 언제 높은 임금을 받을 수 있을까? 근로자들은 경제적으로 기여한 바가 클 때 많은 돈을 받는다. 우선 직종마다 임금 격차가 생긴다. 우리가 흔히 말하는 전문직과 비숙련 노동직을 비교해 보면 쉽게 이해할 수 있다.

전문직과 같이 근로자의 기여가 큰 직종에서는 근로자에 대한 수요가 많지만 공급은 적다. 기업은 기여가 크기 때문에 더 많은 근로자를 채용하려고 하지만 이 수요를 채워 줄 수 있는 기술이나 지식을 가진 근로자는 상대적으로 적다. 그래서 결과적으로 전문직에 대한 임금이 높아지는 것이다. 반면에 공급은 많고 수요는 적은 직종은 낮은 봉급을 받는다. 비숙련 노동은 공급은 많지만 그에 비해 수요는 적기 때문에 임금 수준이 낮아진다.

순위	직업	임금
1	변호사	833만 원
2	의사	667만 원
3	세무사	625만 원
4	한의사	500만 원
5	회계사	500만 원

* 자료 : 한국고용정보원(2007년, 해당 직종 상위 25%의 평균 임금)

지금까지 노동 시장에서 임금이 결정되는 과정을 살펴봤다. 하지만 이것은 소득 격차를 설명하기 위한 시작일 뿐이다. 수요가 많은 직종은 왜 수요가 많은지 그리고 공급이 적은 직종은 왜 그런지도 알아야 하기 때문이다. 결국 경제에 존재하는 큰 폭의 소득 격차를 설명하기 위해서는 또 다른 상세한 이유들을 살펴봐야 한다.

소득 격차를 설명해 주는 요인들

소득 격차를 설명하는 첫 번째 요인은 보상적 임금 격차이다. 이는 힘들고 어려운 직업일수록 그 고생을 임금의 차이로 보상해 줌으로써 더 높은 임금을 주는 것을 뜻한다.

먼저 교수와 변호사의 예를 생각해 보자. 교수와 변호사의 교육 수준은 비슷하고, 둘 중 누가 더 능력이 있다고 얘기하기는 어렵다.

그러나 봉급 수준에서는 차이가 난다. 변호사의 평균 연봉이 교수의 평균 연봉보다 더 많은 것이다.

능력 차가 나지 않는데도 연봉에 차이가 나는 이유가 바로 보상적 임금 격차에 의한 것이다. 교수의 경우, 직업상 받게 되는 지적인 만족이 높을 뿐 아니라 학생들을 가르치는 만족감이 높다고 판단되어 금전적 보상이 적어진 것이다. 반면 변호사는 이해관계가 첨예하게 얽힌 사람들을 대해야 하기 때문에 직업에서 오는 스트레스가 크기 마련이다. 그렇기 때문에 더 높은 금전적 보상을 받는 것이다.

보상적 임금 격차로 소득 격차를 설명할 때에는 다른 점들은 모두 같다는 전제하에서 성립한다는 것을 염두에 두어야 한다. 아래에 설명할 소득 격차의 조건들 역시 마찬가지이다.

임금 격차를 설명하는 두 번째 요인은 인적 자본이다. 인적 자본은 사람에게 체화된 지식이나 기술을 뜻한다. 자본은 기업주가 소유한 공장의 설비와 같은 형태로 눈으로 볼 수 있는 반면 인적 자본은 직접적으로 보이지 않지만 생산 과정에서 중요한 역할을 한다. 근로자가 가진 지식과 기술은 생산 시간을 단축시키고 생산량을 늘릴 뿐 아니라 제품의 품질도 향상시키는 등 생산의 효율성을 높일 수 있기 때문이다. 즉 기업이 고용한 근로자의 인적 자본이 크다면 기업의 생산 증가에 직접적으로 도움이 되므로 이런 근로자에게 더 높은 급여를 지불하는 것은 당연하다. 따라서 인적 자본을 많이 소유한 근로자가 더 높은 임금을 받는 것이다.

이외에도 임금의 차이를 설명하는 또 다른 요소가 있다. 능력 있는 사람이 더 높은 임금을 받는 것은 당연하지만, 능력이 다소 떨어지더라도 노력을 해서 회사에 크게 기여해서 높은 임금을 받는 사람도 있다. 이처럼 '노력'이라는 요소도 임금 격차의 원인이 된다. 마지막으로 '운'이라는 요소가 있다. 능력과 노력이 아니라 운 좋게 높은 성과를 달성했다 하더라도 높은 성과를 달성함으로써 회사에 기여했다면 높은 임금을 받아야 하는 것이다.

많은 사람들이 전문직을 갖고자 한다. 이미 몇 년씩 직장 생활을 하고도 전문직에 종사하려고 새롭게 공부를 시작하는 사람들도 많다. 이런 현상 역시 임금의 차이와 관련이 있다.

전문 직종에 근무하는 사람과 비전문 직종에 근무하는 사람 간의 임금 차이가 점점 커지고 있다. 미국의 경우를 보면 1978년에 대졸자(52만 761달러)와 고졸자(31만 847달러)의 임금 격차는 66%였지만, 20년 후인 지난 1998년에는 대졸자(62만 588달러)와 고졸자(28만 742달러)의 격차가 118%로 늘어났다. 이렇게 숙련된 근로자와 비숙련 근로자 간의 임금 격차가 커지는 정확한 원인은 아직 확인되지 않았지만 두 가지 가설로 설명할 수 있다.

첫 번째는 무역 개방이 임금의 차이를 점점 벌린다는 것이다. 국제적으로 무역이 개방되면서 고품질 제품에 대한 수요가 늘어나게 되었고 고품질 제품을 생산할 수 있는 숙련된 근로자에 대한 필요성이 증가했기 때문이다.

두 번째는 기술 발전으로 전문인이 더욱 필요하게 되었기 때문이다. 컴퓨터가 개발되면서 컴퓨터를 잘 다루는 사람이 필요해졌듯이, 새로운 기술이 생기면 그것을 전문적으로 다룰 수 있는 사람이 필요하게 된 것이다. 어느 가설이 정확하다고 말할 수 없지만 소득을 높일 수 있다는 측면에서 전문인이 되는 것은 권장할 만하다.

비교 가치론

　임금 격차에 대한 원인들을 살펴보다 보면 비슷한 능력을 가진 사람이 비슷한 정도로 일한다면 임금이 비슷해야 하지 않을까 의문을 가질 수 있다. 이런 주장을 '비교 가치론'이라고 한다. 일반적으로 비슷한 능력을 가진 사람이 비슷한 정도로 일한다면 당연히 비슷한 임금을 받아야 할 텐데 다르게 받는 경우가 있기 때문에 비교 가치론이 등장했다. 자신이 근무하고 있는 회사에서 봉급을 어떤 수준으로 받고 있는지를 판단할 때, 똑같은 대졸 5년차인데 어떤 회사는 얼마이고 우리 회사는 얼마인지 비교하는 것이 그 예이다.

　그런데 대부분의 경제학자들은 비교 가치론에 대해서 비판적이다. 왜냐하면 비슷한 직업이라고 해도 세부적으로 들어가면 일의 강도라든지 해야 하는 일의 범위, 혹은 일을 통해서 결과에 기여하는 정도가 얼마든지 다를 수 있기 때문이다.

　필자가 군대에 있을 때의 사례로 비교 가치론을 설명해 보고자 한다. 사병이었을 때 십여 명의 동료들과 사단장 관사에서 잔디를 깎는 일을 한 적이 있었다. 문제는 아무런 도구도 없었다는 것이다. 몇 백 평쯤은 됨 직한 잔디밭을 맨손으로 하루 종일 뜯었지만 일의 성과는 크지 않았다. 혼자서 잔디 깎는 기계를 가지고 해낸 양보다 못했으니 말이다.

　물론 군대니까 가능한 일이었지만 만약 사회에서 그 정도로 일을 했다면 대가는 얼마여야 할까? 고생한 것에 비례해서 돈을 많이 받아야 할까? 아니면 기여한 바가 적으니까 대가를 적게 받아야 할까?

　사병의 입장에서는 당연히 많이 받아야 한다고 생각할 것이다. 하루 종일 땡볕에서 고생을 했으니 그만큼 대가를 받아야 한다고 생각하기 때문이다. 이 주장이 바로 비교 가치론이다. 비슷한 능력을 가진 사람이 비슷하게 열심히 노력하면 성과와 관계없이 비슷한 임금을 받아야 한다는 주장이다.

이 주장이 틀린 것은 아니지만 일을 시킨 사람 입장에서는 별로 기여한 것도 없는 사람에게 돈을 많이 주어야 한다는 얘기이니 억울할 것이다. 물론 도구를 주지 않은 사람의 잘못도 있기 때문에 임금을 많이 줘야 한다고 생각할 수도 있다. 하지만 도구를 준비할 경우에도 잔디 깎는 가위를 준비하는 경우와 잔디 깎는 기계를 준비하는 경우가 또 다르다. 이것이 비슷한 능력을 가진 비슷한 사람이 똑같이 열심히 일해도 기여하는 바는 다를 수 있음을 보여 주는 것이다. 앞서도 언급했듯이 노력이나 운, 인적 자본 같은 것으로도 임금은 달라질 수 있는데, 그런 것들을 합쳐서 '비슷한 직업'이라고만 표현했으니 너무 부정확한 것이 아니냐는 것이 비교 가치론에 대해 비판적인 이유인 것이다.

27

슈퍼스타와 소득 격차

부자가 되려면 슈퍼스타가 되어라

특정 분야에서 최고로 뛰어난 슈퍼스타는 높은 소득이 보장된다.
정보화로 인해 슈퍼스타는 스포츠계나 연예계 외의 분야에서도 나타나기 시작한다.
다양한 분야에서 슈퍼스타가 나타나는 것은 즐거운 일이지만
소득 격차는 더욱 커지게 된다.

얼마 전까지만 해도 부자가 되려면 공부 잘하고 좋은 대학에 가서 좋은 회사에 취직하는 것이 가장 확실한 방법이라고 했다. 그런데 부자가 되는 방법 중에는 슈퍼스타가 되는 방법도 있다.

우리나라 프로 야구 선수 중에 손에 꼽는 유명한 선수 중 한 사람이 이승엽 선수다. 시즌마다 대기록을 경신했으니 두말할 나위가 없다. 그가 일본의 롯데 지바 구단에 입단했을 때 계약금을 제외하고 연봉만 22억 원이었다고 한다. 국내에서 2003년에 받은 연봉이 6억 3000만 원이었으니 네 배 정도 올라간 것이다. 그런데 이승엽 선수의 수입은 이것으로 끝나지 않는다. 광고 출연을 통한 수입 등도 있으니 한마디로 돈방석에 앉은 것이다. 김연아 선수도 2009년에 100억 원 정도의 수입이 있었다고 한다. 2010년 동계올림픽 금메달로 그 수입이 급등할 것이라고 하니 슈퍼스타의 소득은 일반인에 비해 엄청나게 높은 것이 사실이다.

이보다 더 엄청난 소득을 올리는 사람도 있다. 미국의 시사 주간지 《스포츠 일러스트레이티드Sports Illustrated》가 발표한 바에 따르면 골프 천재 타이거 우즈는 2008년 한 해 동안 9973만 달러, 우리 돈으로 환산하면 1200억 원 정도를 벌어들였다. 우즈가 골프를 치는 동안 벌어들인 수입을 모두 합하면 무려 10억 달러에 육박하며, 환산하면 1조 원 이상의 수입을 올린 것이다.

슈퍼스타가 소득이 높은 이유 — 인적 자본

슈퍼스타들은 어떻게 그렇게 많은 돈을 벌 수 있을까?

그 이유를 경제학적으로 분석하기 위해서는 앞에서 배웠던 소득에 영향을 주는 변수들을 우선적으로 생각해 봐야 한다.

우선 소득에 영향을 주는 변수 중에 보상적 임금 격차가 있었는데 이것으로 슈퍼스타의 높은 소득을 설명하기는 어렵다. 왜냐하면 운동선수가 그렇게 좋지 않은 환경에서 일한다고 보기 어렵기 때문이다. 또 보상적 임금 격차로 설명할 수 있는 임금의 차이는 일반적으로 그렇게 크지 않다. 프랑스의 외인 부대처럼 열악한 환경에서 생명을 걸고 근무하는 경우를 보통 군인과 비교한다면 모르지만 스포츠계는 그렇지 않다. 즉 보상적 임금 격차로 슈퍼스타의 고소득을 설명하긴 어렵다.

슈퍼스타가 고소득을 올리는 근본 원인은 '인적 자본'이 아주 크기 때문이다. 비슷한 것으로 능력과 노력, 운 같은 것들을 들 수 있다. 슈퍼스타는 훌륭한 능력이나 뛰어난 인적 자본을 갖고 있다.

하지만 이것만으로 설명하기엔 뭔가 부족하다. 왜냐하면 슈퍼스타들이 여타 선수들에 비해 성과에서 큰 차이를 냈다면 이 설명이 맞을 수 있지만, 성과에서 큰 차이가 없었다면 인적 자본만으로는 부족하기 때문이다.

1등과 2등은 하늘과 땅 — 소득 격차

앞서 얘기한 것처럼 이승엽 선수는 2003년에 6억 3000만 원의 연봉을 받았다. 반면에 이승엽 선수와 홈런 경쟁을 벌였던 현대의 심정수 선수는 3억 1000만 원을 받았다. 연봉이 이승엽 성수의 절반도 채 되지 않는 셈이다. 그런데 2003년도의 기록을 보면 심정수 선수가 이승엽 선수에게 크게 뒤지지 않는다. 먼저 홈런 숫자를 보면 이승엽 선수가 56개, 심정수 선수가 53개이다. 불과 3개 차이다. 타점을 봐도 이승엽 선수는 144타점, 심정수 선수는 142타점으로 2타점 차이고 타율은 오히려 심정수 선수가 더 높다.

두 사람의 실적 차이는 10%도 안 되는 데 비해 연봉은 100% 이상 차이가 난다. 이런 사례는 많다. 미국 프로 농구의 슈퍼스타 마이클 조던, 그리고 같은 팀에서 뛰었던 스카티 피펜은 둘 다 뛰어난 실력의 소유자이다. 그런데 연봉의 차이는 매우 컸다. 앞서 언급했던 골프 황제 타이거 우즈와 유명 골프 선수인 필 미켈슨의 경우에도 평균 타수는 별 차이가 없지만, 소득에서는 큰 차이가 나타난다.

여러 사례에서 알 수 있듯 능력의 차이에 비해 소득의 차이가 훨씬 크다. 고소득의 이유를 능력의 차이로 설명할 수 있는 것은 슈퍼스타의 연봉 중 일부에 불과하다는 얘기다. 그렇다면 슈퍼스타가 고소득을 올리는 근본적인 이유는 무엇일까?

스포츠계와 연예계는 슈퍼스타 제조 공장

슈퍼스타가 있는 곳은 주로 스포츠계나 연예계다. 제조업 분야에는 직책이나 기능장 등의 칭호가 있지만 슈퍼스타는 없다.

이 현상을 이해하려면 수요와 공급의 원리를 다시 떠올려야 한다. 노동의 수요는 크고 공급은 적어야 높은 임금을 받는 슈퍼스타가 탄생할 수 있다. 그러니까 어떤 사람의 노동이 유일무이하다면 임금은 아주 높을 것이다. 타이거 우즈나 이승엽처럼 말이다.

하지만 제조업에서는 유일무이한 근로자가 나오기 어렵다. 왜냐하면 몇 명이 모여서 물건을 만든다면 능력 있는 사람 혼자서 만드는 것보다 더 잘할 수도 있을 것이며, 혹시 손재주가 좋아서 남보다 물건을 두 배나 더 만들 수 있는 사람이 있다고 하더라도 세 명이 만드는 것보다 더 많이 만들 수는 없기 때문이다. 그러므로 한 명의 소득이 다른 사람보다 아주 커지진 못한다.

하지만 이런 이치가 통하지 않는 세계가 바로 스포츠계와 연예계다. 평범한 선수 두 명보다 조금이라도 더 잘하는 선수 하나가 낫다고 생각하는 세계이기 때문이다.

팬이 슈퍼스타를 만든다

스포츠와 연예계는 왜 슈퍼스타 한 명만을 원하게 되었을까? 바로 '팬'이 존재하기 때문이다. 팬들은 가장 잘하는 사람만을 좋아하고 기억한다. 가장 잘하는 사람은 한 명밖에 없다. 팬들은 이인자를 두 번 보는 것보다 일인자를 한 번 보는 것을 더 좋아한다. 즉 최고의 실력을 가진 사람을 좋아한다. 두 번째로 잘하는 선수가 안타 열 개를 치는 것보다 이승엽 선수가 아시아 신기록을 세우는 장면을 훨씬 더 좋아한다. 이승엽 선수가 홈런 치는 것을 보려고 스탠드를 가득 메운 야구 팬들을 생각해 보면 실감이 날 것이다. 바로 이 점이 제조업과 같은 전통 산업과 다른 점이다.

연예계도 마찬가지다. 가장 재미있는 영화를 한 번 보는 것과 별로 재미없는 영화를 여러 번 보는 것 중에서 어느 것이 좋을지는 자명하다. 코미디도 비슷하다. 별로 웃기지 않는 개그를 여러 번 보는 것보다 한 번을 보더라도 아주 재미있는 개그를 보는 것이 훨씬 좋다.

이는 곧 많은 사람들에게 몇 배 더 큰 만족을 줄 수 있는 사람에게는 몇 배 더 많은 소득이 보장될 수 있다는 얘기다. 더 많은 사람들이 만족한 만큼 돈을 기꺼이 내려고 하기 때문이다.

슈퍼스타를 만드는 큰손, 매스컴

연예계나 스포츠계에서 슈퍼스타가 잘 나타나는 이유는 또 있다. 그것은 바로 매스컴의 영향이다. 연예계나 스포츠계 소식을 주로 전하는 매스컴의 파급력이 크기 때문이다.

예를 들어 모차르트 시대에는 텔레비전 같은 매스컴이 없었다. 그래서 유명한 성악가의 공연을 보려면 비싼 돈을 주고 공연장에 가야만 했다. 하지만 공연장이 아무리 넓어도 공간의 제한이 있기 마련이다. 당연히 유명한 성악가의 노래를 들을 수 있는 사람도 제한될 수밖에 없었다. 결국 최고의 성악가도 모든 사람으로부터 최고라고 인정받기 어려웠다. 왜냐하면 모든 성악가를 본 사람이 적고 최고를 본

적이 있는 사람들도 아주 적어서 최고를 구별할 수 있는 사람들이 극소수였기 때문이다. 아마도 당시에는 자신이 본 성악가가 최고라고 생각하는 사람들이 많았을 것이다. 결국 당시에는 최고와 두 번째의 구분이 불투명한 만큼 두 성악가 사이의 소득 차이도 요즘처럼 크지는 않았다.

하지만 요즘은 어떤가? 전 세계에서 성악에 관심이 있는 사람들은 텔레비전이나 컴퓨터를 통해 파바로티의 열창을 들을 수 있다. 파바로티보다 조금 못하는 성악가가 텔레비전에 나오면 시청자들은 당장 파바로티와 비교할 것이다. 텔레비전이 없던 시절과는 전혀 다른 상황이다. 다르게 말하면 매스컴을 통해서 최고를 판별할 수 있는 사람들이 많아졌기 때문에 결과적으로 실력 있는 사람이 더 큰돈을 벌 수 있게 된 것이다.

다른 사람들보다 많이 잘할 필요도 없이 조금만 더 잘하면 실력 있는 팬들이 슈퍼스타로 만들어 주는 그런 시대가 된 것이다.

정보화가 슈퍼스타를 만든다

이런 현상을 더욱 가속화하는 힘이 바로 정보화다. 매스컴을 통하지 않더라도 파바로티의 열창이 점점 더 원음에 가깝게 CD 또는 인터넷과 같은 다양한 매체를 통해서 팬들에게 전달될 수 있다.

인터넷을 통해 탄생한 '얼짱'은 좋은 사례이다. 인터넷에 올라와 있는 사진을 보고 누가 잘생겼다더라 하면, 금방 그 소식이 퍼져서 '얼짱'이라 부르고 팬 카페까지 생긴다. 길거리에서 알아보는 사람도 있어서 실제로 만나면 사인을 해 달라고 하기도 하고, 배우가 되거나 방송에 출연하게 되는 경우도 있다. 그만큼 정보의 유통이 빠르고 남들보다 조금만 잘생겨도 여러 사람이 알아 주는 세상이 된 것이다.

요즘에는 연예계나 스포츠계가 아니더라도 슈퍼스타가 나타난다. 슈퍼스타가 점차 다른 직종에서도 나타나고 있는 것이다. 의사나 변호사, 그리고 경영자 중에서 가장 유능하다고 알려진 사람의 소득은 그렇지 못한 사람보다 훨씬 많은데 그 이유도 정보화 때문이라고 짐작된다.

전문 분야의 실력 있는 사람들에 대한 소식을 일반인들도 점점 더 빨리 더 정확하게 접할 수 있게 되었다. 이런 추세가 전문성이 필요한 직종에서 슈퍼스타를 만들기 시작한 것이다.

이런 성격의 직종을 '승자가 독식A winner takes all하는 직종'이라고 부른다. 이런 직종에서는 다른 사람보다 조금이라도 잘하면 큰 부와 명예가 보장된다. 그리고 이런 직종은 조금씩 늘어나는 추세이다.

슈퍼스타는 소득 격차의 주범

점점 많은 직종에서 승자가 독식하다 보면 사회 전체적으로는 소득의 격차가 커질 것이다. 1등은 크게 얻고 2등은 훨씬 적게 얻는 직종이 늘어나다 보면 자연스럽게 소득이 한쪽으로 쏠리는 결과가 나타나기 때문이다. 앞서도 이야기한대로 절대적 능력으로 소득이 결정된다면 1등과 2등 사이에 별 차이가 없겠지만, 승자가 독식하는 직종은 1등에게만 큰 보상이 돌아가므로 소득 격차가 더욱 커진다. 그리고 이런 쏠림 현상은 정보화 사회가 진전될수록 가속화될 것으로 예상된다.

팔방미인은 옛말, 부자가 되려면 한 방면에 최고가 되어라

무엇이든 못하는 것이 없는 사람보다는 한 방면에서 다른 사람보다 조금이라도 더 잘하는 사람이 바로 슈퍼스타이고, 정보화 시대에는 이런 슈퍼스타가 큰돈을 벌 수 있다.

하지만 우리나라의 교육 현실을 보면 이런 원리에 역행하는 것 같다. 우리나라의 교육은 우수한 학생을 뽑는 방법으로 총점을 사용한다. 대학교 입시에 사용되는 수능 점수나 고등학교 내신 점수가 대표적인 예이다. 이런 방법에 의해서 우수하다고 평가받은 학생은 모든 과목을 고루 잘한다. 좋은 평가를 받기 위해서는 한 과목이라도 뒤지지 않고 모든 과목을 고루 잘해야만 하는 것이다.

하지만 앞서 보았듯이 슈퍼스타는 어느 한 방면에서 뛰어난 사람이지 모든 면에서 부족함이 없는 사람은 아니다.

사실 김연아 선수나 박지성 선수가 학교에 다닐 때 영어를 잘했는지 수학을 잘했는지 우리는 알 수 없다. 사실 관심조차 없다.

하지만, 현재 우리나라에서는 학생들에게 공부에 대해 조언할 때, 어느 과목을 못하니 그 과목에 신경 쓰라고 한다. 하지만 이런 방법은 슈퍼스타를 키우는 방법이 아니다. 정보화 시대에 맞도록 우리나라의 교육도 단점을 없애는 교육이 아니라 장점을 살리는 교육이 필요할 것이다.

28
왜 명문대에 가고 싶어 할까?

차별의 경제학

차별이 일어나는 중요한 이유 중의 하나는 정보 문제이다.
구직자는 자신을 잘 알지만, 기업은 구직자에 대해서 잘 알지 못하기 때문이다.
하지만 시장에서 경쟁이 충분히 이루어진다면 노동 시장의 차별도 막을 수 있다.

이 장에서는 차별의 경제학에 대해서 얘기하고자 한다. 고용주가 근로자를 차별하는 것은 경제학적으로 당연히 좋지 못하다. 그리고 경쟁이 충분히 존재한다면 기업의 입장에서도 차별은 좋지 못하다. 고용주의 차별 행위에 대해서 살펴보자.

고용주의 차별

고용주가 여성들에게 낮은 임금을 지불하거나 아예 여성을 채용하지 않는다면 어떻게 해야 할까? 아마 많은 독자들은 법으로 해결해야 한다고 생각할 것이다. 광고를 낼 때 남녀 차별이나 학력 차별 행위를 금지시켜야 한다는 것이다. 맞는 말이다. 하지만 그것만으로는 부족하다. 그래도 차별은 일어나기 때문이다. 그렇다면 채용할 때 일어나는 차별 행위를 어떻게 막아야 할까?

머리 색깔을 통해 차별을 막는 방법에 대해서 알아보자. 머리를 빨강으로 염색한 사람과 염색하지 않은 사람이 있을 때, 고용주가 염색하지 않은 사람을 선호한다고 가정하자. 두 종류의 사람들이 업무 능력 면에서 차이가 없다고 하더라도, 머리를 염색한 사람들은 취직이 되지 않거나 취직이 되어도 임금이 낮을 것이다. 실제로 이런 일이 발생한다면 어떨까? 취업이 급한 사람이나 저임금으로 취직한 사람들 중에는 고용되기 위해서 또는 조금이라도 높은 임금을 받기 위해서 검은 머리로 다시 염색하는 사람도 있을 것이다. 물론 염색한 머리를 고수하는 사람도 있게 마련인데, 이런 사람들이 실업자로 남을지 채용될지가 관건이다.

경쟁 시장에서 차별은 결국 자기 손해

당신이 고용주라면 어떻게 하겠는가? 같은 생산성에 임금이 낮은 염색한 사람을 채용하겠는가? 아니면 끝까지 차별할 것인가? 만약 시장에서 기업간의 경쟁이 치열하다면 임금이 낮지만 보다 높은 생산성을 갖춘 사람을 채용할 것이다. 그 사람이 염색했는지 아닌지는 고려 대상이 아니다. 왜냐하면 임금이 낮고 업무 능력은 높은 사람을 채용하지 않는다면 경쟁에서 이길 수 없기 때문이다. 경쟁에서 이기기 위해서는 채용하지 않을 수 없다.

구체적인 사례를 통해서 경쟁이 차별에 어떤 영향을 미치는지 살펴보자. 염색 머리를 C(color)라고 하고 검은색 머리를 B(black)라고 하자. 염색한 사람과 하지 않은 사람이 각각 일곱 명이 있는데, 일곱 명의 능력을 1부터 7까지로 표시해 보자. 염색한 사람을 나열하면 C1, C2, C3, C4, C5, C6, C7이다. 그중에서 가장 능력 있는 사람은 C1이고 다음으로 능력 있는 사람은 C2이다. 물론 가장 능력이 없는 사람은 C7이다. 검은색 머리인 사람을 나열하면 B1, B2, B3, B4, B5, B6, B7이다. 두 그룹의 능력에는 차이가 없다고 하자.

두 기업이 있는데 한 기업은 검은색 머리만을 좋아하는 '차별 기업'이고 다른 기업은 '무차별 기업'이다. 두 기업은 모두 네 명의 직원이 필요하다. 지원자들은 양쪽 기업에 모두 지원했는데 각 기업이 합격시키는 지원자들은 누구일까? 먼저 차별 기업은 B1, B2, B3, B4를 합격시킬 것이다. 반면에 무차별 기업은 B1, B2, C1, C2를 합격시킬 것이다. B1과 B2는 중복해서 합격했으므로 기업을 선택하는 즐거움을 누릴 것이다.

B1과 B2가 어디를 선택할지는 알 수 없지만 각 기업에 한 사람씩 나누어 선택했다고 하자. 이 경우 차별 기업은 B1, B3, B4가 회사에 출근할 것이다. 차별 기업은 한 명의 직원이 더 필요하니까 B5를 추가 합격시킬 것이다. 차별 기업에서 일하는 사람은 B1, B3, B4, B5이다. 차별 기업에서 일하는 사람들의 능력을 평균하면, (1+3+4+5)÷4 =3.25이다.

무차별 기업은 B2, C1, C2만 출근 의사를 밝혔으므로 C3를 추가로 합격시킬 것이다. 결국 무차별 기업에서 근무하는 사람들은 B2, C1, C2, C3이다. 무차별 기업에서 근무하는 사람들의 능력을 평균하면, (2+1+2+3)÷4=2이다. 결국 평균적으로 2등인 사람이 근무하는 기업과 3등 이하의 사람들이 근무하는 기업이 경쟁하게 되는 것이다. 누가 경쟁에서 승리할지는 자명하다고 할 수 있다.

이런 이유로 경제학에서는 차별을 방지하는 최선의 노력을 시장 경쟁으로 본다. 그런데 만약 기업 간 경쟁이 없거나 상대적으로 적다면 고용주의 입장에서는 차별을 계속할 수도 있다. 경쟁이 없으니까 염색한 사람을 채용하지 않더라도 기업의 생존에 별 문제가 없기 때문이다. 현재 우리나라에서는 몇몇 기업에서 이런 차별이 존재하는 것으로 알려져 있다. 다시 강조해서 이야기하면 이렇게 차별이 존재하는 주요 이유는 해당 기업의 경쟁이 충분하지 않기 때문이다.

시장 경쟁은 노동 시장의 남녀 차별도 해소할 수 있다. 따라서 경쟁이 충분하지 못하다면 당연히 경쟁을 도입해야 할 것이다. 그리고 경쟁의 도입이 어렵다면, 또는 경쟁이 있는데도 계속 차별이 존재한다면 차별이 일어나는 원인을 파악해서 문제점을 해소하는 방안이 필요하다. 참고로 경쟁 시장에서도 임금 차별이 유지되는 경우 중 하나는 정부가 차별을 강제할 때(예를 들어 특정 집단의 사람들이 특정 직종에 취업하지 못하도록 규제를 실시하는 경우)이다.

학력 차별과 신호 이론

학력 차별 문제는 어떻게 해야 할까? 학력 차별도 비슷한 얘기로 시작해 보자. 취업할 때, 사람들은 자신의 능력을 모두 보여 줄 수 없다. 기껏해야 시험을 보거나 면접을 보는 정도이므로 진실한 능력을 모두 보여 주기는 어렵다고 할 수 있다. 결국 많은 취업 희망자들이 "일자리만 주면 열심히 잘할 수 있는데 일자리가 없다."라고 불평한다. 기업에서도 구직자들 중에 누가 일에 적합한지 알 수 없다. 구직자들은 모두 취업을 원할 것이므로 기업은 구직자에게 능력이 있는지 물어보더라도 정확한 대답을 얻어 낼 수는 없을 것이다. 구직자에게 능력이 있는지 물어본다면 당연히 능력이 좋다고 얘기할 것이기 때문이다.

전형적인 정보 문제가 발생하는 상황에서는 높은 능력을 가진 구직자가 오히려 불이익을 받는다. 다른 사람들과 섞여 버리기 때문이다. 그래서 이런 사람들은 자신이 뛰어난 능력을 갖고 있다는 것을 기업에 알리는 방법을 찾는다. 바로 능력이 덜 뛰어난 사람들은 할 수 없는 어떤 신호를 보내서 자신들을 구별하게 만드는 것이다. 예를 들면 교육 수준이나 영어 능력 같은 것들이다.

능력이 덜 뛰어난 사람도 이 신호를 보낼 수 있다면, 신호로서의 역할을 하지 못할 것이다. 따라서 신호는 뛰어난 사람의 경우에는 쉽게 보낼 수 있어야 하고 능력이 떨어지는 사람의 경우에는 보내기 어려운 것이어야 한다. 능력이 떨어지는 사람은 높은 학업 성취도를 달성할 수 없기 때문에, 교육 수준이나 성적이 신호 역할을 할 수 있다. 또 영어 구사력도 신호 역할을 수행한다. 영어 시험으로 취업이나 승진이 결정되는 경우가 있는데, 이는 곧 능력이 뛰어난 사람을 구분해 내기 위한 방법이다. 실제로 교육 수준이 직장 생활에 큰 기여를 할지 아니면 상관없을지 모르지만, 그것이 일종의 신호이기 때문에 기업들은 교육 수준이 높은 사람을 선호한다. 직장에서 영어를 많이 사용하지 않더라도 영어 실력을 중요하게 보고 채용하는 이유도 마찬가지다. 그 사람의 능력이 이만큼이라는 신호이기 때문이다.

그렇다면 실제 능력의 차이가 있을까? 그럴 수도 있지만 아닐 수도 있다. 실생활에서 자신보다 능력이 없어 보이지만, 학벌 좋은 사람이 더 출세하는 경우를 심심치 않게 있을 것이다. 이럴 때 마음이 상하고 불공평하게 느껴질 것이다. 하지만 기업 입장에서는 적당한 다른 방법이 없다. 어쨌거나 미국의 스펜스 교수는 이 신호Signaling 이론

(즉 높은 교육 수준이라든가 학력 등이 그 사람이 능력이 있다는 신호가 된다는 이론)으로 노벨상을 수상했다.

그런데 기업에서 정말 중요한 것은 교육 수준이나 영어가 아니라 실제로 주어진 업무를 잘 수행할 수 있는지 여부이다. 요즘은 구직자의 업무 수행 능력을 파악할 수 있는 또 하나의 신호인 인턴 제도를 활용하는 기업이 늘고 있다. 일단 인턴으로 임시 채용해서 일을 시켜 본 후, 잘하면 채용한다는 것이다. 부정확할 수도 있는 학력이나 영어 신호에만 의지하지 않는 좋은 방법으로 생각된다.

명문대를 선호하는 이유

앞서도 밝혔듯이 기업은 능력 있고 성실한 사람을 채용하고 싶지만 잘 알 수가 없다. 따라서 기업들은 사회에서 그동안 좋은 성과를 보였던 명문대 출신의 취업 희망자들을 선호한다. 결국 명문대를 졸업한다는 것은 자신이 능력 있는 사람이라는 좋은 신호인 셈이다. 이렇게 된다면 실제로 능력이 있는지 없는지는 중요하지 않다. 왜냐하면 능력을 알 수 없는 취업 시장에서는 신호가 그만큼 중요하기 때문이다.

사실 이런 현상은 맞선 시장에서도 비슷하게 작용한다. 맞선 상대자가 좋은 사람인지 아닌지를 짧은 만남에서 모두 파악할 수 없다. 결국 상대가 좋은 사람인지 아닌지를 파악할 수 있는 신호에 신경을 쓰게 되고, 이때 사람들이 신호로서 생각하는 것이 조건이고 그중에는 출신 학교도 포함된다.

그런데 한 가지 짚고 넘어가야 할 것이 있다. 명문대 출신 학생들은 명문대에서 교육을 받았기 때문에 좋은 성과를 냈던 것인지 아니면 원래 좋은 학생들이 명문대에 진학했던 것인지의 문제이다. 만약 원래 똑똑한 사람이 명문대에 진학했기 때문에 나중에 성공한 것이라면 똑똑한 학생들은 어느 대학을 가더라도 성공할 것이기 때문에 걱정할 필요가 없다. 반면에 명문대에 진학했기 때문에 성공한 것이라면, 명문대에 진학하는 것은 아주 중요한 일이 될 것이다.

 과연 어느 쪽일까? 미국에서 이와 관련한 연구가 있었는데, 능력 있는 사람은 어느 대학을 가건 차이가 없다는 결과가 나왔다고 한다. 결국 사회 생활에서 중요한 것은 출신 학교보다는 학생 자신의 노력과 자질인 셈이다.

제8부

거시 경제학과 경제 지표

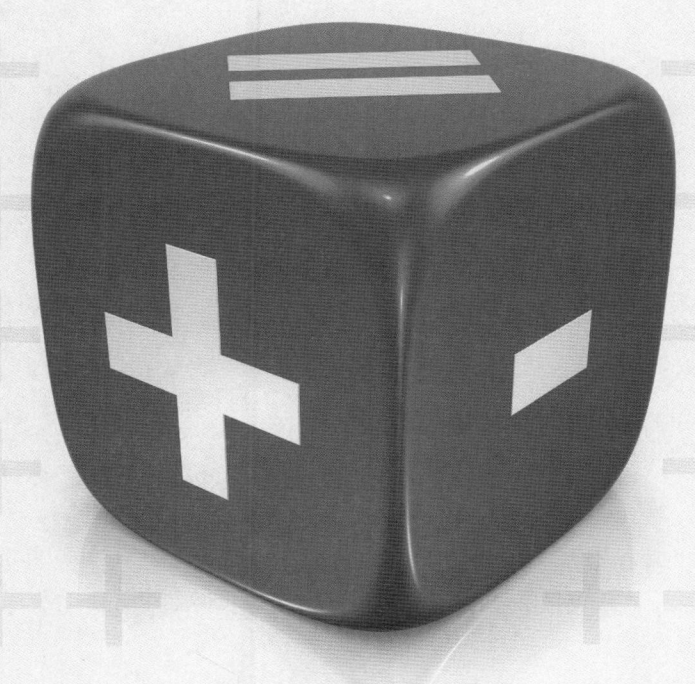

29
경제 지표의 허와 실
GDP와 BSI

GDP는 소득을 측정하며, BSI는 경기를 예측한다.
하지만 가치 산정이 어려운 주부들의 가사 노동, 여가, 환경 파괴 등은
GDP에 포함되지 않는다. BSI는 기업가들의 예감을 이용하여 실물 경제를 예측한다.

GDP란 무엇일까?

경제 상황을 알 수 있도록 경제학자들이 만든 숫자들을 경제 지표라고 부르는데 경제 지표에는 GDP(gross domestic products)나 실업률, 물가 상승률 등이 있다. 이것들은 주로 현재의 경제 상황을 파악하는 지표들인데, 여기서는 그중에서 대표 격인 GDP, 즉 국내 총생산에 대해서 알아보려고 한다. GDP는 쉽게 '그 나라의 소득'으로 생각하면 된다. 정확하게는 '국내에서 일정 기간 동안 생산된 최종 생산물의 가치를 모두 합한 것'으로 그 나라의 삶의 질을 대표하는 경제 지표로 알려져 있다.

간단한 이야기를 통해서 GDP를 이해해 보자. 성경에 보면 에덴동산에 아담과 이브가 살았다. 이 두 사람은 에덴동산에서 일할 필요가 전혀 없었다. 먹고 살 것을 모두 하느님이 주셨으니까 말이다. 생산이

전혀 없이 소비만 있는 삶이었으므로, 아담과 이브의 GDP는 0이라고 할 수 있다. 이렇게 편안하게 살다가 다 알다시피 아담과 이브는 죄를 짓고 에덴의 동쪽으로 쫓겨나게 되었다. 모두가 잘 알다시피 에덴의 동쪽에서 아담은 열심히 일해서 무엇인가 생산해야 했고 이브는 출산의 고통을 겪게 된다.

이 이야기 속에도 경제 이야기는 포함되어 있다. 먼저, 에덴동산에서 나오면서부터는 생산한 것만을 소비할 수 있다는 사실이다. 하느님의 벌이었지만, 경제의 법칙 한 가지가 여기에서 생겨났다. 생산량과 소비량은 같다는 것이다. 그건 그렇고 아담과 이브 이야기로 돌아가 보자. 아담과 이브가 에덴동산에서 쫓겨날 때 서로 상대편 탓을 하면서 싸우고 헤어졌다고 상상해 보자. 에덴의 동쪽에서 각각 혼자 살게 되었고 아담 나라와 이브 나라를 세웠다고 하자. 물론, 국민은 자기 혼자뿐이다. 처음에는 아담과 이브 모두 각자 사냥을 하면서 살았다.

아담과 이브 누가 더 잘살았을까? — GDP를 통한 생활 수준 비교

아담은 힘이 세니까 사냥에서는 유리했을 것이다. 그래서 아담은 토끼를 20마리 잡고, 이브는 토끼를 10마리 잡았다고 하자. 이 경우에 아담 나라의 GDP는 토끼 20마리이고, 이브 나라의 GDP는 토끼 10마리이다. 여기서 누가 경제적으로 더 잘 살고 있는지는 명확하게 알 수 있다. 아담이 토끼를 더 많이 잡았으니 아담이 더 잘 살고 있다. 아담은 이제 당분간은 먹을 것을 걱정할 필요가 없고 사냥할 시간에 쉴 수도 있을 뿐만 아니라, 편히 잠을 잘 수 있는 집을 지을 수도 있다.

여기서 우리는 소득 수준과 삶의 질은 깊은 관계가 있다는 것을 알 수 있다. 이렇게 소득이 높으면 삶의 질도 높아지는 경향이 있다. 그러니까 여러 나라의 삶의 질을 비교할 때, 소득을 비교하는 것이다. 그리고 GDP는 소득을 나타내므로 GDP가 삶의 질을 비교하는 대표 지수로 많이 사용되고 있다. 실제로 1인당 GDP가 높은 나라가 삶의 질이 높은 경향이 있다고 알려져 있다. 미국이 우리나라보다 잘 사냐고 할 때, 미국은 1인당 GDP가 4만 달러가 넘는데 비해서 우리나라는 2만 달러 정도 되니까 우리보다 미국이 잘 산다고 하지 않는가. 생산 또는 소득을 통해서 생활 수준을 비교하는 것이다. 사실 다른 삶의 지표들도 많이 있다. 예를 들면, 평균 수명이라든지, 교육 수준 같은 것들인데 이런 것들은 대체적으로 소득 수준과 비례한다. 그래서 단일 지표로는 GDP가 삶의 질을 제일 잘 나타낸다고 알려져 있다. 따라서 복잡하게 여러 지표를 보는 것보다 1인당 GDP라는 단일 지표를 통해서 삶의 질을 비교할 수 있다는 것이 GDP의 장점이라 하겠다.

다시 아담과 이브 이야기로 돌아오자. 아담이 사냥에서 우세했으니, 이브는 계속 아담보다 못살았을까? 물론 아니다. 이브는 사냥이 적성에 안 맞는 것을 알게 된 후 잡은 토끼를 키우기로 했다. 도망가지 못하게 잘 가둔 다음에 먹이를 뜯어다 주니까 토끼는 잘 자랐다. 거기에다 토끼는 번식력이 뛰어나서 금방 마릿수가 늘어나게 되었다. 따져보니까 처음 10마리에서 100마리로 늘어났다. 이때, 이브 나라의 GDP는 토끼 100마리이다. 당연하다고 생각이 들겠지만 꼭 당연하지는 않다.

왜냐하면 이브는 풀이나 당근을 뜯어다가 토끼에게 먹였으므로 토끼의 먹이도 생산한 것이다. 그런데 토끼의 먹이는 토끼가 먹어 버렸기 때문에 GDP를 계산할 때는 포함하지 않는다. 바꿔 이야기하면, GDP는 '최종 생산물'만 계산하고 중간재는 포함하지 않는다. 현대적으로 이야기하면, 자동차 부품을 생산해서 조립하면 자동차가 되는데 GDP에는 자동차만 계산되고 부품은 빠지는 것이다. 부품은 최종 생산물에 포함되기 때문이다.

이제는 이브가 아담보다 토끼를 많이 생산하니, 이브 나라의 GDP가 더 크고, 실제로도 아담보다 더 잘 살고 있다. 그런데 이브는 토끼가 점점 더 많아져서 혼자 먹이를 구해서 가져다주기가 힘들어졌다. 그래서 아담에게 토끼 먹이를 같이 구해주면 그 대가로 토끼 30마리를 준다고 하였다. 자기가 잡을 수 있는 20마리 보다 많으니 아담은 이브 나라에 가서 토끼 먹이를 구해주고 토끼 30마리를 받았다고 하자. 이브는 그동안 편히 지내고 말이다. 이렇게 되면 이브 나라의 GDP는 토끼 100마리지만, 아담 나라의 GDP는 0이 된다. 왜냐하면, GDP는 국내에서 생산된 것만을 따지기 때문이다. 아담이 외국에 가서 생산한 것은 포함되지 않는 것이다.

GNP보다 GDP를 더 선호하게 된 이유

아담이 번 돈인데 아담 나라의 GDP에 포함되지 않는다니 조금 이상하다. 그 이유는 GDP의 계산 방법에 있다. 즉 조금 전에 이야기한대로, GDP는 자기나라 영토 안에서 생산한 것만을 포함하기 때문이다. 아담은 이브 나라에서 일했으므로 아담의 생산은 이브 나라의 GDP에 포함된다. 그렇다면 아담이 번 돈을 아담 나라의 소득으로 포함하는 방법은 없을까? 그런 목적으로 개발된 다른 경제 지표가 있다. 바로 GNPgross national products 또는 국민 총생산이다. '국민이나 기업들이 1년간 생산한 최종 생산물의 총가치'이다. 당연히 GDP의 '국내'에서 생산한 것과는 다른 것이다. 국민들이 번 것이 모두 포함되므로 외국에서 우리 국민이 번 돈도 당연히 포함된다. 위에서 이야기했던 이브 나라에서 일하는 아담의 소득도 아담 나라의 GNP에 포함되는 것은 물론이다. 하지만, 외국 기업이 국내에서 생산한 것은 제외하게 된다. 위의 아담과 이브의 사례를 보면, 아담 나라의 GNP는 토끼 30마리이고 이브 나라의 GNP는 토끼 70마리이다. 위의 GDP와 비교해 보면 차이가 있다는 것을 알 수 있다.

사실 필자가 경제학 공부를 시작할 때만 해도 GDP라는 말 보다는 GNP라는 말을 더 많이 사용했는데 어느 순간부터 GDP로 바뀌었다. 왜 바뀌었을까? 세계화가 그 원인이다. 세계화가 진행됨에 따라 국내에 외국 기업들이 많이 진입했고 국내 기업은 외국으로 많이 진출했다. GNP를 계산할 때 국내의 외국 기업은 빼고 외국의 국내 기업은 포함해야 한다. GNP의 계산이 너무 복잡해진 것이다. 그래서 GNP대신에 국내외 기업의 구분이 필요 없는 GDP를 사용하게 된 것이다.

참고로 국내 기업도 국내 기업이라고 이야기하기 어려운 경우도 많다. 무슨 이야기인가 하면, 국내에 있는 국내 기업의 경우에도 외국 투자자들이 주식을 구입해서 국내 기업인지 외국 기업인지 구분할 수가 없어진 것이다. 사실 우리나라의 대표 기업 중에 하나인 삼성전자는 국내 기업이라고 우리 모두 알고 있지만 지분을 보면 외국인 지분이 내국인 지분보다 더 많다. 이 상황은 삼성전자에만 적용되는 것이 아니고, 우리나라의 많은 우량 기업들이 똑같이 적용되는 상황이다. 그러니 삼성전자나 포스코를 우리나라의 GNP에 포함해야 하는지 헷갈리게 된 것이다. 앞서도 이야기했지만, GNP를 계산하기 점점 더 어려워지니까 GNP의 사용이 줄고 대신 이제는 소유가 누구이건 국내에서 생산된 것이 중요하다는 취지에서 국내의 생산량을 따지는 GDP가 등장한 것이다.

GDP의 단점

1. 내국인이 외국에서 번 돈은 포함되지 않는다.

GDP는 각 나라의 소득이나 생활 수준을 측정하는 대표적인 지표라는 장점을 갖고 있다. 그렇다면 GDP의 단점은 무엇일까? 첫 번째 단점은, 반복해서 이야기하는 것이지만, 우리나라 사람이 외국에 가서 번 돈은 GDP에 포함되지 않지만 외국인들이 국내에 들어와서 번 돈은 GDP에 포함된다는 점이다. 대부분의 통계 지표들이 그렇듯이 GDP도 여러 가지 단점을 가지고 있다. 이런 단점들을 감안한다면 정확하게 경제 뉴스를 해석할 수 있지만 정확히 모르고 있다면 경제 뉴스를 오해하여 잘못된 결정을 할 수도 있다.

GDP를 높이고 싶으면 어떻게 해야 할까? 물론 열심히 일하고 생산성을 높여서 나라를 부강하게 만드는 것이다. 하지만 GDP의 단점을 이용하여 GDP를 높이는 편법도 있다. 그중 한 가지는 외국인이 국내에 들어와 돈을 벌게 해 GDP를 높이는 방법이다. 정부에서 외자 유치를 강조하는 부분적인 이유이기도 하다. 외국인들이 번 돈도 GDP에 포함되므로 외국인 특별구 설치나 세금 혜택을 통해서 외국인을 우대한다. 일부 사람들이 생각하는 것처럼 우리나라 사람들이 못나거나 부패해서 외국인들로부터 배우자는 면도 있을 수는 있겠지만 말이다. 그러나 이 방법은 우리 국민들의 생활 수준을 높이기보다는 GDP라는 경제 지표의 단점을 이용하여 생활 수준이 높아진 것처럼 만드는 것이다. 물론 외국인들의 투자로 내국인들이 고용된다면 실제로 생활 수준이 높아지는 면이 있기도 하다.

내국인이 외국에서 버는 돈은 GDP에 포함되지 않는다. 박찬호나 이승엽 선수가 외국에서 많은 돈을 벌고 있지만 우리나라의 GDP에는 포함되지 않는다는 말이다. 이 사람들의 소득은 미국이나 일본의 GDP에 포함된다. 그러니까 경제 당국의 입장에서는 내국인들이 외국에 진출하는 것을 장려하려는 동기가 별로 없는 것이다. 실제로 외국인들을 국내로 유치하려는 정책은 여러 가지가 나오지만, 내국인들의 외국 진출을 장려하는 정책은 잘 없다. 이것은 우리나라뿐만 아니라 세계적으로도 그렇다. 사람들이 남아도는 일부 후진국을 제외하고는 내국인을 외국으로 보내려는 정책을 찾기 어렵다. 그 원인 중의 하나가 바로 GDP라는 경제 지표의 단점 때문이라고 할 수 있다.

2. 가치 산정이 어려운 것은 포함되지 않는다.

GDP의 또 다른 단점은 무엇일까? GDP에 넣어야 되는데 못 넣는 것들이 있다는 것이 두 번째 단점이라고 할 수 있다. 이렇게 누락되는 것들이 존재하면, 자료의 왜곡이 나타난다. 어떤 것을 이야기하는 것일까?

먼저 주부의 가사 노동이 누락된다. 누락되는 이유는 가치를 정확하게 산정하기 어렵기 때문이다. 주부의 가사 노동은 시장 가격이 없기 때문에 가격을 측정하기가 불가능하다. 그래서 주부의 가사 노동은 당연히 GDP에 포함되어야 하는 서비스의 일종이지만 얼마인지 몰라서 빠지고 있는 실정이다.

지하 경제도 GDP에 포함되지 않는 것들 중 하나이다. 지하 경제에서 거래되는 최종 생산물이 무엇인지조차 경제 지표를 작성하는 당국에서 알기 어렵고, 혹시 알아도 얼마나 거래되었는지는 더더욱 모른다. 그래서 GDP에 포함되지 못하고 있는 것이다. 러시아 같은 경우에는 이 지하 경제가 전체 경제의 한 30%는 되는 것으로 추정하고 있는데 이것이 사실이라면 러시아의 GDP는 실제 발표되는 수준보다 훨씬 높다는 이야기인 것이다. 아마 그래서 GDP로 보아서는 별로 높지 않은 러시아를 강대국으로 인정하는 것이 아닐까.

어쨌거나 국가 간의 GDP를 비교할 때는 이렇게 누락되는 것들을 감안해야 한다. 우리나라에도 당연히 지하 경제가 있다. 우리나라에서도 세금을 피하기 위해서 주류를 무자료 거래한다는 이야기를 매스컴을 통해서 종종 듣는다. 이것도 당연히 지하 경제의 일종이다. 사채 시장도 이자 수입에 대한 보고가 이루어지지 않기 때문에 GDP의 계산에서 빠지게 된다. 암달러 시장도 마찬가지다.

삶의 질을 따질 때 여가는 아주 중요하다. 하지만 GDP 계산에서는 여가도 포함하지 않는다. 여가도 돈을 주고 사고파는 것이 아니기 때문이다. 필자가 지하철을 탈 때마다 들었던 생각인데 우리나라에서 지하철을 타보면 많은 사람들이 졸고 있는 모습을 자주 보게 된다. 반면에 외국의 지하철에서는 졸고 있는 사람을 거의 찾아보기가 어렵다. 우리나라가 외국에 비해서 여가가 부족하다는 증거라고 생각되는데, 이 추측이 정확하다면 우리나라의 삶의 질은 GDP가 나타내는 삶의 질보다 떨어진다. 그러니까 GDP가 삶의 질을 나타내는 대표 지수인 것은 맞지만, 여가는 반영하지 못한다는 단점도 존재한다는 것이다.

그뿐만 아니라 경제가 발전하고 국민들이 소득을 얻기 위해서 파괴한 환경도 GDP에는 포함되지 않는다. 취지대로 GDP를 계산하려면 파괴된 환경의 가치를 계산해서 GDP에서 빼는 것이 맞을 텐데 환경 파괴의 가치를 따지기 아주 어려워서 포함하지 못하는 것이다. 하지만 잘 알다시피 환경은 매우 중요하다. 경제가 빨리 성장해서 높은 GDP를 갖고 있다고 하더라도 오염된 물을 먹고 오염된 공기를 마셔야 하는 상황을 삶의 질이 높다고 하기는 어렵기 때문이다.

3. 소득만으로는 삶의 질을 평가할 수 없다.

GDP는 국내 총소득인데 소득으로만 삶의 질을 평가할 수 있을까? 재산도 생각해야 하는 것은 아닌가? 맞다. GDP는 소득이다. 보통 사람으로 친다면 한 해 동안 벌어들인 돈을 의미하는 것이다. 그런데 어떤 사람이 잘 사는지는 소득에도 달려 있지만 재산이 얼마인가에도 달려 있다. 부모님이 물려주신 재산으로 소득이 없어도 잘 사는 사람들은 얼마든지 있으니 말이다. 그러니까 삶의 질을 따질 때는 소득만 따지면 안 되고 재산 상태도 따져야 한다는 것이다.

그런데 국가 간에는 재산의 비교가 어렵다. 서로 갖고 있는 땅도 다르고 집도 다르고 생활 양식도 다르기 때문에 각자가 갖고 있는 물건에 두는 가치도 전혀 다르다. 또한 사용하는 돈의 단위도 다르다. 그런데 재산을 평가해서 비교한다는 것이 불가능까지는 아니지만 매우 어렵고, 혹시 비교한다고 해도 오차가 크다. 예를 들어 재산 가치를 따져보니까 일본의 부동산을 모두 팔면 미국을 모두 사고도 남는다는 결과가 오래전에 나온 적이 있는데 그것을 그대로 믿기는 어려운 면이 있다. 일본의 땅은 미국 땅보다 훨씬 적을 뿐 아니라, 미국 땅보다 덜 풍요롭다고 알려져 있기 때문이다. 어쨌거나 재산을 비교하기는 어려우니까, 우리는 GDP를 삶의 질을 평가하는 대표 지표로 사용하는 것이다. 대개는 소득이 많은 사람이 재산도 많고 삶의 질도 높다는 취지에서 말이다.

그렇다면 국가 간에 재산이 많은 것은 아무 역할도 못한다는 것일까? 그렇지는 않다. 재산이 많은 사람이 없는 사람보다 훨씬 유리하듯이 국가 사이에도 마찬가지이다. 한번 어떻게 되는지 예를 통해서 이야기해 보자. 만복이와 칠득이, 두 사람이 있다고 하자. 두 사람은 부모님이 물려주신 많은 유산을 갖고 각자 좋은 집에서 살고 있는데 별로 부족할 것이 없었다. 그런데 한 가지, 소득이 없는 것이 두 사람의 마음에 걸려 두 사람은 일거리를 찾아보기로 하였다.

먼저 취직을 해 보려고 했는데 실패했다. 그래서 두 사람은 궁리를 하다가 한 가지 아이디어를 냈다. 그 아이디어는 바로 서로가 서로에게 돈을 주는 것이었다. 많이 물려받은 돈을 서로에게 주는 것이니까 천재적인 아이디어라고 서로 좋아했다. 그래서 이 방법을 실천하게 되었고 서로가 서로에게 돈을 주니까 소득이 생기게 되었다. 어쨌거나 다른 사람들이 소득이 얼마냐고 할 때 두 사람은 대답할 수가 있어서 참 좋았다.

그런데 다른 사람들이 무슨 일을 하냐고 물을 때는 적당히 대답할 말이 없었다. 그래서 두 사람이 다시 생각해 낸 아이디어가 지금 살고 있는 집을 부수고 새로 집을 짓는 것이었는데 서로 상대편 집을 새로 지어 주는 것이니까 다른 사람이 무슨 일을 하냐고 물으면 건축업에 종사한다고 할 수 있게 된 것이다. 이제는 두 사람 모두 다른 사람들 눈에는 멀쩡한 사람으로 보였다. 직업도 있고 소득도 있으니 말이다. 두 사람을 나라라고 한다면, GDP가 상당히 높은 것이다. 그런데 사실 내용을 보면 재산을 쓸데없는 곳에 사용하고 있는 것이다.

개인들의 행동을 모은 것이 국가 경제이기 때문에 이것과 비슷한 일이 국가 경제에서도 벌어질 수 있다. 예를 들어 어떤 나라에서는 100년이 지난 아파트에서 사람들이 내부에 필요한 것들만 고쳐 가면서 살고 있다고 하자. 반면에 어떤 나라는 건설한 지 30년도 안 된 아파트를 재건축한다고 한다면 어떨까? 이것은 위에서 이야기한 만복이와 칠득이 이야기와 비슷한 것이다. 빨리빨리 재건축하는 나라의 GDP는 높은 것처럼 보이지만, 재산을 쓰고 있는 것이다. 반면에 100년이 지나도 아끼고 절약하는 나라의 GDP가 당장은 높지 않지만 길게 보면 부자가 될 수 있는 것이다. 당연히 생활 수준도 높아질 것이 예상되고 말이다.

우리나라도 재건축을 많이 하는 나라이다. 우리나라를 비롯한 아시아의 국가들은 국가의 재산을 GDP와 바꾸는 것이 아닌가하는 생각이 든다. 필자가 미국에서 유학 생활을 하는 동안 살았던 아파트는 대략 80년 된 아파트였다. 아파트가 얼마나 구식인지 엘리베이터에 타려면 자기 손으로 직접 문을 열고 들어가게 되어 있었다. 고장이 나면 수선하고 많이 쇠락하면 리모델링하는 경우는 있지만 엘리베이터를 근본적으로 교체하거나 건물을 다시 짓는 것은 드문 일이었다.

그런데 우리나라에서는 30년도 되기 전에 재건축 붐이 일어난다. 재건축뿐만 아니라 자동차도 마찬가지다. 우리나라의 자동차 교체 시기는 다른 나라에 비해서 훨씬 짧은 것으로 알고 있다. 이렇게 재건축을 하거나 자동차를 빨리 교체하면 새 건물을 짓기 위해서 더 많은 생산 활동을 해야 한다. 즉 GDP를 상승시킨다는 말이다. 그런데 이런 식으로 행동한다면 높은 GDP를 통해서 실제로 국부를 축적했는지 알 수가 없다. 자칫하면 만복이와 칠득이처럼 재산을 쓰고만 있었을지도 모르는 일이다. 어쨌거나 재산이 많다는 것은 여러모로 유리하다는 것도 알 수 있다.

경기실사지수 BSI

경기가 현재 어떤지, 앞으로는 어떻게 될지 예측하는 것은 중요하다. 경기가 현재보다 좋아질 것으로 예상된다면, 기업들은 지금 설비에 투자해서 경기가 실제로 좋아졌을 때 많은 소득을 올릴 수 있을 것이다. 반면에 현재는 좋지만 앞으로 나빠질 것으로 예상되는데도 이것을 모르고 투자한다면 그 회사는 망할 것이다. 그러므로 현재는 어떤지, 앞으로는 어떨지를 아는 것은 기업의 입장에서 필수적인 것일 뿐만 아니라, 정부의 입장에서도 올바른 경제 정책을 수립하기 위해서는 필수적인 것이다.

경기를 잘 예측하기 위해서 경제학자들이 여러 가지 지수를 만들었는데, 그중에 하나가 '경기실사지수'인 것이다. 영어로는 BSI business survey index라 부르고 실생활에서도 이 단어를 쓰는 경우가 많다. 경제학자들이 어떻게 BSI를 만들었는지 알면, BSI를 이해하기 쉬울 것이다.

보통 사람들이 경기를 예측한다면 자기가 알고 있는 사실에 근거해서 예측하게 될 것이다. 이때 그냥 들은 이야기보다는 자기가 직접 경험한 사실이 더 많은 영향을 미치는 경향이 있다. 자기가 체감하는 상황을 고려해서 미래를 예측하게 된다는 말이다. 승진이 확실시 되는 사람이나 매출이 급격히 늘고 있는 기업가는 경기가 좋다고 이야기할 것이라는 말이기도 하다.

이렇게 판단한 경제 상황을 체감 경기라 부른다. 바로 이런 체감 경기를 이용하여 미래를 예측하는 경제 지표가 BSI다. 체감하는 경기 상황을 이용하는 BSI의 단점을 먼저 이야기하고, 구체적으로 BSI가 이를 어떻게 극복하는지 살펴보자. 체감 경기를 이용하는 방법은 자신의 경제 상황을 돌이켜본다는 면에서는 좋지만, 전체 경제의 예측으로는 틀릴 가능성이 크다. 왜냐하면, 장기 실업자가 경제 여건을 판단한다면 경제 여건을 아주 좋지 못할 것이라고 생각할 것이고, 반면에 복권에 당첨된 사람은 경기가 좋다고 생각할 것이기 때문이다. 체감 경기와 실제 경기가 다르다고 생각하는 사람들이 많이 생기게 되는 것이다. 외풍이 심한 온돌방의 아랫목은 따뜻하지만 윗목은 춥듯이 말이다. 이제 문제를 알았으니 해결하는 방법을 살펴보자.

BSI는 어떻게 만들어 지는 것일까?

경기실사지수는 체감 경기를 이용하여 경기를 예측하는 것이므로, 조사할 때 여러 사람에게 물어보는 방법으로 조사한다. 특히 여러 사람에게 물어보는 것이 매우 중요하다. 왜냐하면 한 사람에게 물어보았을 때는 앞서 이야기한대로 부정확한 자료를 얻을 가능성이 크기 때문이다. 그래서 여러 사람에게 물어보는 것이고, 그 결과를 종합하면 경기 예측이 비교적 정확해질 수 있다. 그러나 이 방법에도 문제점은 있다. 유유상종이라고 사람들은 비슷한 사람들과 자주 만나게 된다. 경기가 좋은 사람은 그런 부류의 사람들을 만날 확률이 높은 것이다. 이렇게 비슷한 사람들에게만 물어보게 된다면, 거기에 근거한 경기 예측은 틀릴 가능성이 크다.

실제로 경기실사지수를 측정할 때는 유유상종의 문제를 해결하기 위해서 객관적인 기관에서 무작위로 여러 사람을 뽑아서 조사하게 된다. 무작위로 뽑는다고 해도 아무것도 모르는 어린아이에게 물어보는 것보다는 현장에서 뛰고 있는 기업가에게 물어보는 것이 더 정확하므로 경기실사지수는 보통 기업가에게 물어본다. 기업가의 예감을 통해서 경기를 예측해 보자는 것이다.

그렇다면 경기실사지수는 어떻게 계산하는 것일까? 먼저, 기업가 200명을 무작위로 뽑는다. 그리고 경기가 좋아질 것이라고 생각하는지 물어본다. 이 사람들 중에서 좋아질 것이라 생각하는 사람과 나빠질 것이라 생각하는 사람들로 나누어지게 된다. 좋아질 것이라고 생각하는 사람의 숫자가 바로 경기실사지수인 것이다. 예를 들어서 200명 중에 150명이 좋아질 것이라고 생각하면, 경기실사지수는 150이 되는 것이다.

200명에게 물어보았으니까, 100명보다 많다면 경기가 좋아질 것이라고 생각하는 사람들이 절반을 넘는다는 이야기이다. 그러므로 경기실사지수가 100보다 크면 경기가 좋아질 것이라고 생각하는 사람이 더 많다고 이해하면 된다. 반면에 100보다 작다면 경기가 나빠질 것이라고 생각하는 사람이 더 많은 것이다. 경기실사지수를 볼 때는 100보다 큰지 작은지를 살펴보면 된다. 경기실사지수는 실제로 잘 맞는다고 알려져 있다.

무작위로 뽑을 사람의 수가 200명이 아닐 때에는 어떻게 해야 할까? 숫자가 200명이 정확히 아닐 때에도 지수에 대한 해석은 같다. 100보다 크면 좋아질 것으로 예측되는 것이고 100보다 작으면 나빠질 것으로 예측하는 것이다. 다만, 지수를 계산하는 사람에게는 계산방법이 조금 복잡해지는데, 좋다고 생각하는 사람 수에 200을 곱하고, 다시 물어본 사람 수로 나누면 된다.

BSI의 허와 실

경기실사지수를 볼 때 이것 하나는 확실히 알아 두자. BSI는 경기의 방향을 예측하는 데는 비교적 정확하지만, 경기 변동의 정도를 예측하는 데는 정확하지 않다는 것이다. 예를 들면 BSI 70과 BSI 50을 비교할 때, 두 경우 모두 경기가 나빠질 것으로 예측한 것은 맞다. 그리고 그 방향성은 상당히 정확한 것으로 알려져 있다. 하지만, 50인 경우가 70인 경우보다 더 나쁜 경기를 예측한 것은 아니라는 것이다. 왜냐하면 경기실사지수 BSI를 계산할 때, 사람들의 숫자만 반영했지 실제로 얼마나 좋아질 것으로 생각하는지에 대해서는 조사한바 없기 때문이다.

물론, 나쁘다고 한 사람들의 수자가 훨씬 많으니 그렇게 해석할 수도 있을 것 같다. 하지만 사후에 경기가 어떻게 되었는지를 확인해 보면, 보통 방향은 정확하지만 변화의 정도를 예측하는 데는 부정확했다는 것을 알게 된다. 그래서 BSI는 경기에 대한 '감' 내지는 방향을 잡기는 좋지만, 정확하게 경제 여건이 어떻게 될지를 예측하는 지표로는 부정확하다고 알려져 있다.

BSI의 또 다른 장점은 조사 대상에 따라서 다양한 BSI를 만들 수 있다는 것이다. 특정 업종에 종사하는 사람들에게 조사하면 특정 업종의 BSI가 되고 어떤 지역에 대해서 하면, 그 지역의 BSI가 된다. 이때는 경기실사지수 앞에 그 업종의 이름을 붙이게 된다. 예를 들어서 IT 업종에 대해서 조사했다면 IT 업종 경기실사지수가 되는 것이다. 또한 신촌에서 조사했다면 신촌 지역 경기실사지수가 된다.

GDP의 계산 방법

GDP는 과연 어떻게 계산하는 것일까? 다음에 나와 있는 표를 보자. 2005년에는 자동차 10대와 오토바이 50대를 생산하였지만, 2009년에는 그 두 배를 생산하였다. 2005년에는 자동차의 가격이 2000만 원이고 오토바이의 가격은 200만 원이다. 2009년의 가격은 2005년과 같을까? 대개의 경우 가격은 변동한다. 아무 숫자나 관계없지만, 2009년에는 가격이 50%씩 상승해서 자동차는 3000만 원이고 오토바이는 300만 원이라고 하자.

연도	자동차 가격	자동차 생산량	오토바이 가격	오토바이 생산량	명목GDP	실질 GDP
2005	2000만 원	10대	200만 원	50대	3억	3억
2009	3000만 원	20대	300만 원	100대	9억	6억

GDP를 계산해 보기 위해 필요한 정보를 바탕으로 실제로 계산해 보자. 생산량에 가격을 곱한 금액을 합하면 GDP를 구할 수 있다. 위의 표에서 2005년에는 대당 2000만 원인 자동차가 10대 생산되었으므로, 자동차의 생산 금액은 2억이다. 같은 해에 대당 200만 원인 오토바이가 50대 생산되었으므로, 오토바이에 대한 생산 금액은 1억이다. 따라서 2005년도의 총생산은 3억이므로 2005년의 GDP는 3억이 된다. 연습 삼아 2009년의 GDP도 계산해 보기 바란다. 참고로 2009년의 GDP는 9억이다.

두 해의 GDP를 계산해 보니 3억과 9억으로 계산이 되었다. 그런데, 2009년의 생산량은 2005년의 정확히 2배인데, GDP는 3배다. 왜 그럴까? 말할 것도 없이 가격이 변하였기 때문이다. 그렇다면 생산 능력만을 반영하는 방법은 없을까? 이 질문에 대한 대답으로 개발된 것이 실질 GDP다. 실질 GDP는 2005년의 시장 가격으로 계산한 2009년의 GDP

라고 할 수 있다. 즉 생산량의 가치를 기준 년도 가격으로 계산한 수치이다. 2009년의 실질 GDP를 구해 보자. 자동차를 20대와 오토바이 100대를 생산했는데, 2005년의 가격은 2000만 원과 300만 원이므로, 20×2000+100×300=6억이다. 이것이 실질 GDP가 된다. 참고로 실질 GDP의 경우에는 생산량이 2배 증가하니까, 실질 GDP도 2배 증가하였다.

30
인플레이션이 무섭지 않은 이유
인플레이션의 경제학

소득하고 물가가 같이 오른다면 인플레이션은 무서울 것이 없다.
인플레이션은 돈을 빌린 사람과 실물 자산을 소유한 사람에게 유리하다.

인플레이션은 우리가 아는 것처럼 물가가 상승하는 현상을 말하는데, 사람들은 대개 물가가 비싸지니까 인플레이션은 좋지 않다고 생각한다. 물가가 올라가면 같은 돈을 가지고서도 살 수 있는 물건은 적어지니까 좋지 못하다는 생각이 드는 것이다. 이 생각은 부분적으로 맞지만 우리가 인플레이션에 대해 생각할 것은 또 있다. 인플레이션에 대해 자세하게 알아보면서 현실 경제에서 현명하게 대처하는 방법도 알아보자.

인플레이션의 겉만 보고 판단하지 말자

어느 주부가 가족들이 좋아하는 식단을 차리려고 시장에 갔다. 시장에 간 주부들이 대부분 경험하는 것처럼, 이 주부도 물건 값이 어제 다르고 오늘 또 다르게 올라가는 것을 보고는 놀라게 되었다. 봉급은 그대로인데 물건 값이 이렇게 올라가니 생활 수준을 낮추는 수밖에 없었기 때문이다. 내가 쓸 수 있는 돈은 그대로이지만 물건 값은 올라가서 사실상 물건을 덜 살 수밖에 없게 되는 것이다. 이런 측면에서 본다면 인플레이션은 당연히 좋지 못한 것이다. 즉 소득 증가보다 인플레이션이 더 높다면 실질 구매력이 떨어지고, 이는 당연히 좋지 못하다.

그런데 만약 월급이 물가보다 더 많이 올랐다면 어떨까? 예를 들면, 매달 월급이 100%씩 증액된다고 하면, 물가가 2~30% 올라도 더 윤택하게 살 수 있을 것이다. 통계청의 자료를 보면 2005년도 우리나라 5급 공무원의 한 달 기본급은 109만 3800원이었으나 2009년에는 145만 3000원이라고 한다. 약 33% 정도 오른 것이다. 이에 반해, 물가 지수는 100에서 113.8로 약 14% 정도 올랐으니까, 물가가 오른 것보다 봉급이 훨씬 더 많이 올랐다는 이야기가 된다.

적어도 5급 공무원들은 이 기간 동안 인플레이션이 별로 무섭지 않았다는 뜻이 된다. 공무원들의 임금은 앞에서 우리가 이야기한 인플레이션보다 더 높은 소득 증가율을 보인 경우에 해당되기 때문이다. 그런데 이 현상은 공무원에게만 해당되는 것이 아니고 다른 많은 직업의 경우에서 비슷한 형태를 보이고 있다. 물가보다 소득이 빠르게 증가하고 있는 것이다. 이렇게 물가보다 소득이 빠르게 증가한다면, 사람들의 생활은 더 윤택해지므로 인플레이션은 큰 위협이 되지 못한다.

인플레이션의 또 다른 문제

물가보다 소득이 빠르거나 비슷한 속도로 증가하면 정말 아무 문제도 없는 것일까? 국가 전체적으로 보면 중요한 또 다른 문제가 있다. 어떤 문제인지 사례를 통해서 알아보자.

만복이와 칠득이가 살고 있었다. 만복이는 자기 집을 가지는 것이 꿈이었고, 칠득이는 돈을 많이 가지는 것이 꿈이었다. 그래서 만복이와 칠득이는 돈을 열심히 모아서, 결국 1억 원씩을 돼지 저금통에 모았다. 하지만, 만복이는 돈이 부족하여 자신이 원하는 집을 살 수 없었다. 왜냐하면 만복이가 사려는 집은 집값이 2억 원이나 했기 때문이다. 그래서 만복이는 소원인 자기 집을 장만할 수가 없었다. 만복이는 이렇게 해서는 평생 집을 살 수가 없다고 생각하면서 실망하다가 특단의 대책을 마련하기로 했다.

돈을 빌려서라도 집을 사기로 결심한 것이다. 그래서 칠득이에게 1년에 10%의 높은 이자를 주기로 하고 돈을 빌렸다. 칠득이도 돼지 저금통에 넣어 두는 것보다, 친한 친구에게 선심도 쓰고 이자도 받으니 좋다고 생각하고 돈을 빌려 주었다. 만복이는 칠득이에게 1억 원의 10%, 즉 1년에 1000만 원을 이자로 주어야 했지만, 집을 장만하게 되어 무척 기뻤다. 만복이는 내 집 마련의 꿈을 이루었고, 돈을 좋아하는 칠득이도 이자를 10%나 받을 수 있어 좋았다. 여기까지는 문제가 없고 둘 다 행복했다. 그런데 갑자기 이 나라에 100%라는 높은 인플레이션이 발생했다. 인플레이션은 두 사람에게 어떤 영향을 주었을까?

우선 만복이를 보자면, 만복이는 자신이 산 2억 원짜리 집이 인플레이션으로 인해 갑자기 4억 원이 되었다. 칠득이에게 빚진 1억 원과 이자 1000만 원을 갚는다고 해도 9000만 원이나 돈이 남으니까 만복이는 신이 났다. 만복이는 이름대로 복이 아주 많았던 것이다. 그럼 칠득이는 어떨까? 칠득이도 자기 돈 1억 원과 이자로 1000만 원을 더 받으니까 나쁠 것은 없다. 그냥 돼지 저금통에 둔 것 보다는 1000만 원이 더 생겼으니까. 그런데 칠득이는 만복이와 자기의 재산을 비교해 본 순간, 실망할 수밖에 없었다.

처음에 만복이와 칠득이는 1억 원씩 똑같은 재산을 가지고 있었는데, 인플레이션이 생기고 나서 만복이의 재산은 2억 9000만 원으로 늘어난 반면, 칠득이는 1억 1000만 원으로 1000만 원 밖에 늘어나지 않은 것이다. 자기 재산이 1000만 원 늘어났다고 좋아했던 칠득이는 만복이의 재산이 더 많이 늘어난 것을 알고 난 후에 상대적인 박탈감을 느끼게 되었다. 같은 재산으로 시작하였는데 인플레이션이 발생한 후 비교하니까, 만복이가 자신보다 두 배도 넘는 재산을 가지게 된 것이다. 두 사람은 같은 기간 중에 누가 더 많이 저금하지도 않았고, 더 많이 낭비하지 않았지만, 인플레이션으로 인해 재산 정도는 엄청난 차이가 생겼다. 인플레이션으로 인해 부의 재분배가 일어난 것이다.

인플레이션에 의한 재산 재분배

인플레이션이 생기면 어떤 사람에게 유리하고 어떤 사람에게 불리할까? 인플레이션이 생기면 실물 자산을 갖고 있는 사람이 현금을 가지고 있는 사람보다 유리하다. 칠득이는 열심히 저금했지만 부동산이 아니라 돈으로 가지고 있었기 때문에 인플레이션에 대처하지 못한 것이다. 인플레이션은 현금을 가지고 있는 사람의 재산을 실물 자산을 가지고 있는 사람에게 재분배하는 역할을 하게 된다. 인플레이션이 생기면 돈을 가지고 있는 사람은 손해를 보게 되는데, 이 사람들이 입은 손해만큼 실물을 가지고 있는 사람에게 이익이 간다고 생각하면 되는 것이다.

이런 문제는 실물 자산을 가지고 있는 사람 내부에서도 차이가 나타나는데, 어떤 실물 자산을 가지고 있는지에 따라서 명암이 엇갈리기도 한다. 어떤 것은 많이 올라가고, 어떤 자산은 조금만 올라가기 마련이다. 그래서 사람들은 값이 많이 올라가는 실물 자산을 가지기 위해 노력하게 된다. 이것이 바로 근무 시간에 주식 시세표를 들여다보고 있다거나, 부동산 청약에 신경을 쓰게 되고 지방의 토지를 보러 다니는 등의 기현상이 나타나는 이유다.

이런 현상이 계속되다 보면 많은 사람들이 자신의 직업을 통해 성실하게 열심히 벌어서 부자가 되려는 노력을 게을리 하게 되어, 결국 국가 전체적으로는 생산성이 떨어지게 된다. 인플레이션의 가장 큰 단점은 인플레이션 그 자체보다는 인플레이션으로 인해 나타나는 재산 재분배에 대비하기 위한 사람들의 태도로 인해 국가 경제 전체의 효율성이 저하되는 것이다.

인플레이션 상황에서는 부동산과 같은 실물 자산에 투자해야 한다.

만복이와 칠득이의 사례를 보면 빚을 져서라도 부동산에 투자하라는 말처럼 들린다. 이 말은 상황에 따라 틀릴 수도 있고 맞을 수도

있는데, 인플레이션이 있을 때는 대체로 위의 사례처럼 나타나기 때문에 맞는 말이라고 할 수 있다. 칠득이의 사례를 보면, 빚을 진 만복이는 돈을 빌려 준 칠득이보다 부자가 되었다. 그래서 인플레이션은 빚진 사람한테 유리하다고 한다.

인플레이션은 물건의 가격이 올라가는 것이라고 했다. 이것을 반대로 생각하면, 물건의 가격에 비해 돈의 가격이 떨어진다고 할 수 있는 것이다. 앞의 만복이와 칠득이의 사례로 보면, 인플레이션이 생기기 전에는 칠득이가 갖고 있는 1억 원으로 집의 절반을 살 수 있었다. 물론, 집의 절반을 산다는 것이 집을 쪼개서 산다는 것인지는 잘 모르겠지만, 어쨌거나 2억 원짜리 집의 절반을 살 수 있는 금액이었다.

인플레이션이 생겨서 집값이 4억 원이 되고 나니까, 똑같은 1억 원으로 같은 집을 반의 반 만 살 수 있는 것이다. 1억 원이라는 돈의 가치가 인플레이션으로 인하여 떨어진 것이다. 또한, 돈의 값이 떨어지니까 빌린 사람이 유리해지는 것이다. 돈을 빌려 가는 사람은 빌려 갈 때는 비싼 돈을 빌려 갔는데, 갚을 때는 싼 돈으로 갚으니까 같은 액수를 갚아도 유리한 것이다. 반대로 돈을 빌려 주는 사람은 비싼 돈을 빌려 주고, 싼 돈으로 돌려받는 것이니 당연히 손해다.

필요한 사람에게 돈을 빌려 주었다가 이렇게 손해 보는 일이 생기니까, 돈이 있는 사람들은 처음부터 돈을 빌려 주려고 하지 않는다. 그리고 혹시 돈을 빌려 주어도 인플레이션이 불안하니까 오랜 기간 동안 빌려 주지 않고 짧은 기간 동안만 빌려 주게 된다. 이와 같이 단기간에 돈이 왔다 갔다 하면 돈을 빌리는 사람이나 빌려 주는 사람이나 모두 긴 안목으로 앞날에 대한 계획을 세우기가 어려워진다. 장기적인 경제 계획을 못 세우면, 경제 전체에 좋지 못한 결과가 나타날 수 있다. 이런 혼란은 인플레이션이 주는 또 다른 부작용이라고 할 수 있다.

인플레이션이 예상되면 이자를 높여서 받을 수 있다

일반적으로는 돈을 빌려 주는 사람이 주도권을 가지고 있는 경우가 대부분이고 빌리는 사람은 대개 어려운 조건에 처해 있는 경우가 많은데, 인플레이션 상황에서는 돈을 빌린 사람이 유리하고 빌려 주는 사람이 불쌍해진다(?)고 하니까, 좀 이상하긴 하다. 어쨌거나 인플레이션 상황에서는 돈을 빌려 주는 사람이 없을 것 같다. 하지만 현실에서는 돈을 빌려 주고 빌리는 것을 보면, 돈을 빌려 주는 사람도 뭔가 대책은 있는 듯하다. 무엇일까?

그것은 바로 이자율을 조정하는 방법이다. 인플레이션이 있을 것으로 예상이 되면, 이자율을 높여서 받는 것이다. 앞의 만복이와 칠득이의 경우에 칠득이는 만복이에게 더 높은 이자율을 요구할 수 있다. 예를 들어, 100% 인플레이션이 예상될 때, 칠득이는 이자율 10%에 물가 상승률 100%를 붙여서, 110%의 이자율을 만복이에게 요구하는 것이다. 이렇게 하면, 칠득이는 물가가 올라서 손해 보는 부분을 제외하고도 이자 수입이 생기게 되는 것이다.

이처럼 돈을 빌려 주는 사람의 입장에서도 인플레이션을 예측할 수만 있다면, 그만큼 이자율을 높여 받아서 대처할 수 있는 것이다. 물가 상승을 예상하는 것은 중요하면서도 쉽지 않은 문제이지만, 물가 상승을 예상할 수만 있다면, 손해 보지 않도록 대처할 수 있는 것이다. 그래서 예상되는 인플레이션은 별로 무섭지가 않다고 한다.

여기서 110%의 이자율을 '명목 이자율'이라고 부르는데, 명목 이자율은 '물가 상승률 100%'와 '실질 이자율 10%'를 더한 것이다. 명목 이자율이 이렇게 결정되므로 물가가 상승할 때는 명목 이자율도 같이 상승하게 되는 것이다. 그래서 매스컴을 통해서 물가가 상승하고 있다는 이야기를 들으면 이자율이 오를 가능성이 높다고 짐작할 수 있다.

메뉴 비용과 신발 비용

이제까지의 내용을 요약하면, 인플레이션이 생기면 돈을 빌려 준 사람이나 돈을 갖고 있는 사람이 불리하고 실물 자산을 갖고 있는 사람이 유리하다고 정리할 수 있다. 그리고 소득과 물가가 같이 오르면 인플레이션은 별로 무서울 것이 없다. 그런데 소득과 물가가 같이 오르면, 크게 걱정할 필요는 없지만 약간의 불편한 점은 생긴다. 메뉴 비용과 신발 비용이라는 것이 발생하기 때문이다.

물가가 오르면 물건의 가격이 변할 수밖에 없다. 그래서 음식점 같은 곳에서는 메뉴판이나 간판에 표시해 놓은 가격을 자주 바꾸어 주어야 한다. 당연히 비용도 들고 불편하다. 메뉴판을 고치기 위해 메뉴 비용이 발생하는 것이다.

신발 비용은 무엇일까? 신발 비용은 신발이 빨리 닳아서 발생하는 비용으로, 신발을 신고 많이 걸어 다녀서 발생하는 비용을 이야기하는 것이다. 그런데 신발 비용에는 실제로 신발이 닳는 비용도 있겠지만, 그것보다는 신발이 닳을 만큼 걸어 다니느라고 희생해야 하는 시간이나 에너지를 이야기하고 있는 것이다.

갑자기 왜 많이 걸어 다니는 이야기를 하는 것일까? 다시 칠득이의 사례로 돌아가서 이야기해보자. 칠득이는 원래 돼지 저금통에 저금했었다가, 그 돈을 만복이에게 빌려 주었다. 그리고 다시 돌려받았는데, 이자도 같이 돌려받았다. 이자가 좋다는 것을 칠득이도 드디어 알게 된 것이다. 칠득이도 재테크를 배운 셈이다. 이제부터는 이자를 받아야겠다는 생각에 칠득이는 돈을 돼지 저금통 대신에 은행에 저금했다. 그런데 칠득이는 가진 돈을 몽땅 저금한 다음에 생각해 보니까, 생활비하고 용돈이 필요했던 것이다.

은행에 가서 한 달치 생활비를 찾을까 생각하다가, 만약 인플레이션이 생기면 그 돈에 대해서 이자를 손해 볼 것 같아 두려웠다. 그래서 이자를 조금이라도 더 받으려고 돈을 조금만 찾았다. 돈을 조금만 찾았으므로 금방 다시 찾으러 은행에 가야만 했다. 은행을 자주 왔다 갔다 하다 보니까 신발이 빨리 닳게 되는 것이다. 결국 인플레이션 때문에 칠득이의 신발 비용이 증가한다는 이야기다.

국가 전체적으로 보면 인플레이션이 있을 때는 많은 사람들이 칠득이처럼 생각하게 되고, 칠득이처럼 은행에 자주 왕래하게 된다. 사람들의 신발 비용이 많이 들게 되는 것이다. 그리고 앞서도 이야기하였지만 은행에 왔다 갔다 하는 동안 낭비된 시간이나 에너지도 신발 비용에 포함해야 할 것이다. 그런데, 눈에 보이지 않는 이 비용이 생각보다 만만치 않다는 것이 사람들의 생각이다. 이와 같은 메뉴 비용이나 신발 비용은 인플레이션으로 인해 우리가 부담해야 하는 것이니 만큼 소득이 인플레이션보다 더 빨리 증가한다고 해도 발생하는 비용이라고 할 수 있을 것이다.

제9부

실물 경제

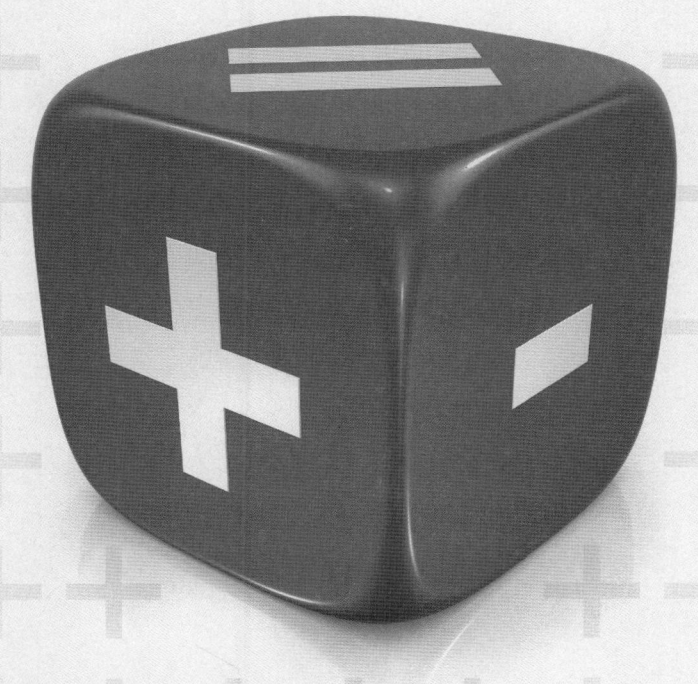

31
성장이냐, 분배냐?
경제 성장론

경제 성장에 영향을 미치는 것들은 물적 자본, 자연 자본, 기술 수준, 인적 자본이다.
이 중에서도 인위적으로 축적이 가능한 기술 수준과 인적 자본을 향상시키면,
분배 문제를 해결하면서도 경제를 성장시킬 수 있다.

GDP에 영향을 미치는 요인들

경제 성장을 측정하는 전통적인 방법은 GDP(국내 총생산)를 이용하는 것이다. 일반적으로 GDP 즉 국내 총생산이 늘어나면 경제가 성장했다고 이야기하는 것이다. 그런데 GDP가 늘어서 경제가 좋아지려면 어떻게 해야 할까? 당연히 GDP를 증가시키는 요인들을 찾아야 한다. 이 요인들은 다음과 같다.

먼저 물적 자본을 들 수 있는데, 건물이나 공장의 설비 같은 것이다. 물적 자본이 많아지면 GDP가 늘고 경제도 성장하게 된다. 언론에서 경제 성장을 이야기할 때, 기업들의 투자 금액을 언급하는 이유가 여기에 있다. GDP를 늘려서 경제를 성장시킬 수 있는 또 다른 요인으로 자연 자본과 인구를 생각할 수 있다. 천연자원이 많아지거나 인구가 증가하면 자본과 노동력이 늘어날 수밖에 없으므로 당연히 경

제 규모가 커지고 국가적으로 경제가 성장하게 되는 것이다. 참고로 인구가 증가할 때 국가 전체의 소득인 GDP가 증가하는 것은 맞지만, 국민 1인당 GDP는 감소하는 경우도 있다.

또 다른 요인들로는 기술 수준이나 인적 자본을 들 수 있다. 기술 수준은 그 나라에서 어떤 기술을 갖고 있는지를 의미하는 것으로, 기술 수준이 높아지면 당연히 그 나라의 경제도 더 좋아진다. 인적 자본은 사람이 가지고 있는 능력을 말하는데, 어떤 사람이 현재의 직장을 잃고 돈이나 집 같은 것들도 갑자기 없어져서, 맨몸으로 길거리에 나와 앉았을 때도 활용할 수 있는 능력이라고 생각하면 된다.

인적 자본과 기술 수준

인적 자본에 관하여 좀 더 구체적으로 알아보자. 빌 게이츠는 세계 최고의 부자 중 하나이기 때문에 가지고 있는 것이 참 많을 것이다. 그런데 어느 날 예기치 않은 상황이 발생하여 빌 게이츠는 자신의 재산을 잃어버렸다고 하자. 이런 경우에 과연 빌 게이츠는 무엇을 할 수 있을까? 매우 실망했을 테지만, 이런 상황이 발생해도 빌 게이츠는 할 일이 많을 것이다. 우선 그는 유명한 컴퓨터 전문가이자 CEO이니까 다른 컴퓨터 회사에 스카우트 될 수도 있고, 자신이 직접 새로운 벤처 회사를 다시 만들 수도 있을 것이다. 그리고 강연을 하러 다닐 수도 있고, 자신의 경험과 노하우를 담아서 글을 쓸 수도 있을 것이다. 이런 능력들이 바로 빌 게이츠의 인적 자본인 것이다.

또 다른 예로, 우리나라의 최경주 선수가 여차여차해서 맨몸으로 길거리에 나앉았다고 해 보자. 최경주 선수가 노숙자들과 같은 신세가 될 거라고 생각하는 사람들은 아마 아무도 없을 것이다. 왜냐하면 최경주 선수는 곧바로 돈을 벌 수 있을 것이기 때문이다. 골프 레슨을 할 수도 있고, 골프 대회에 나가서 상금을 탈 수도 있다. 앞서도 이야기했지만, 이와 같이 가진 것 없이 자신의 지식과 몸으로 돈을 벌 수 있는 능력을 그 사람의 인적 자본이라고 생각하면 되는 것이다.

반면에 별다른 능력이 없는 사람이 맨몸으로 할 수 있는 일은 많지 않다. 공장이나 노동 현장에 나가거나 주유소에서 기름을 넣는 일과 같이 대부분의 다른 사람도 할 수 있는 일을 할 수는 있지만, 이런 일은 노동의 대가가 적다. 이런 일들은 인적 자본을 거의 필요로 하지 않는다. 이처럼 인적 자본은 개인의 신체만을 의미하는 것이 아니라 개인이 가지고 있는 기술까지 포함하는 것이라 볼 수 있다.

사실 인적 자본은 앞에서 말한 기술 수준과 중복되는 면이 상당히 많다. 대부분의 사람들이 갖고 있는 기술이 인적 자본인 경우가 많으니까 말이다. 그런데 기술과 인적 자본 사이에는 한 가지 차이점이 있다. 한 나라의 기술 수준은 그 나라 최고의 기술을 의미하지만, 인적 자본은 그중에 얼마가 자기의 것인지를 의미하는 것이기 때문이다. 기술 수준은 그 나라의 대학이나 연구소, 기업에서 실제로 알고 있는 내용이지만 인적 자본은 그 내용 중에 개인이 알고 있는 것만을 의미한다.

기술은 교육을 통해서 다른 사람에게 전달될 수 있다. 전달된 기술로 인해서 그 사람의 인적 자본이 늘어나게 되면, 그로 인해 나라의 인적 자본도 늘어난다. 한 나라의 인적 자본은 개인들의 인적 자본을 더해서 구하기 때문이다. 이렇게 한 나라의 인적 자본이 늘어나면, 그 나라의 경제는 동일한 기술 수준이라고 하더라도 더 잘 살게 된다. 물론 인적 자본이 늘어나면, 이 사람들이 연구를 수행하기 때문에 기술 수준도 향상되는 것이 보통이다. 교육을 통해서 한 국가의 인적 자본이 커지고 기술 수준도 향상되며, 경제가 성장할 수도 있다는 이야기이기도 하다.

아담과 이브가 가진 모든 것

이해를 돕기 위해서 사례를 들어 보자. 아담과 이브가 에덴동산에서 쫓겨나서 에덴의 동쪽에 도착했다. 그런데 맨몸으로 쫓겨났기 때문에 너무나 어려움이 많았다. 우선 먹고사는 문제가 너무나 막막했던 것이다. 어쨌거나 먹고는 살아야 했으므로 힘이 센 아담은 사냥을 시작했고, 이브는 아담이 사냥하는 것을 도왔다. 처음에는 사냥이 서툴러서 고생을 많이 했지만, 시간이 지나면서 사냥하는 방법을 차차 알게 되었다. 어디에 가야 동물이 많은지를 알게 되고, 활을 만들어 사용하는 방법도 배우게 되었다. 그러다 보니 사냥을 통해서 잡는 동물의 숫자도 점점 늘어났다.

그런데 이브는 계속 아담의 사냥을 돕는 일만 했을까? 무엇인가 생산적인 일을 하면 더욱 좋을 것이라는 생각을 우리가 가진 것처럼, 이브도 그런 생각을 하다가 생산적인 일을 발견했다. 아담이 가끔 잡아 오는 동물 중에 죽지 않은 순한 양을 키우기 시작한 것이다. 이브가 양 치는 일을 시작한 이후로, 두 사람은 살기가 훨씬 편안해졌다. 사냥할 동물을 찾아다니는 수고가 줄어들었고, 사냥하면서 다칠 염려도 적어졌다. 그리고 사냥해서 잡은 동물들은 대개 죽으니까, 상할 염려가 있어서 보관했다가 나중에 먹을 수가 없었다. 하지만 이젠 상할까 봐 걱정을 안 해도 되는 가축이 생긴 것이다.

이 이야기 속에도 경제는 숨어 있다. 아담이나 이브 모두에게 인적 자본이 쌓인 것이다. 아담과 이브가 각각 사냥과 동물을 기르는 인적 자본을 쌓았고, 이 나라의 기술 수준도 따라서 높아졌다. 그리고 아담과 이브는 자신이 알게 된 것을 모두 상대편에게도 가르쳐 주었다. 두 사람의 인적 자본은 더욱 늘어나게 되었다. 인적 자본이 늘어나서 이브의 사냥 솜씨도 전보다 좋아지고, 아담도 가축을 돌볼 수 있게 된다. 인적 자본이 늘어나면서 자연스레 수확량도 늘릴 수 있게 된 것이다.

아담과 이브가 자신이 알게 된 사냥 기술과 양치기 기술을 서로에게 가르쳐 준 행위는 원래 둘이 알던 것이므로 나라 전체로 봐서는 기술 수준의 발전에 영향을 끼치지 못한다. 하지만 인적 자본의 증가로 아담과 이브는 이전보다 잘 살게 되고, 경제도 성장한 것이다. 물론 에덴동산에서 쫓겨났을 때는 그 기술들도 없었으므로, 그 때와 비교하면 기술 수준이 향상되었다. 기술을 습득한 이후에 서로에게 가르쳐 준 행위는 기술 수준을 향상시킨 것이 아니고, 서로의 인적 자본을 높여 주는 역할만을 하였던 것이다.

여기서 아담과 이브 나라의 경제 성장에 영향을 미치는 요인들을 정리해 보자. 우선 사냥을 하기 위해 아담이 만든 활은 물적 자본이라고 할 수 있을 것이며, 이 나라에 살고 있는 동물들의 수와 종류는 자연 자원이 될 수 있다. 그리고 활을 정확하게 쏘는 방법과 활이 망가졌을 때 이것을 고치거나 다시 만드는 방법을 아는 것은 기술 수준이라고 할 수 있다. 그런데 이 기술을 아담만 알고 있다면 아담의 인적 자본만 되겠지만, 이브도 알고 있으면 이브의 인적 자본도 된다.

성경에 나와 있는 것처럼 아담과 이브가 카인과 아벨을 낳고, 이들이 장성해서 카인은 농사를 짓고, 아벨은 양을 쳤다면 당연히 생산 능력은 더 높아질 것이다. 인구가 증가해도 경제는 성장하는 것이다. 이처럼 물적 자본이나 자연 자본, 그리고 인적 자본과 기술 수준, 인구 모두 각각의 역할을 하고 있으므로 모두 경제 성장에 중요한 요소가 된다.

그런데 여기서 한 가지 생각해 볼 점이 있다. 앞서도 이야기했지만 카인은 농사를 지었고, 아벨은 양을 쳤다. 아버지인 아담은 사냥꾼이고, 어머니인 이브는 양치기였으니까 동생인 아벨은 어머니로부터 양치기 기술을 물려받았다. 하지만 형인 카인은 농부가 아닌 부모로부터 농사 기술을 배울 수는 없었을 것이므로, 부모로부터 배운 것이 거의 없다고 할 수 있다. 성경에 나오는 카인의 불만은 여기에서 비롯된 것일지도 모르겠다. 자신은 부모로부터 물려받은 것이 없는데 동생인 아벨은 양치기 기술을 물려받았을 뿐 아니라, 부모의 사랑까지 독차지하고 있었으니 말이다. 그래서 성경에서처럼 아벨을 살해하였다고 하자.

크게 불행한 일인 이 사건이 경제에 미치는 영향을 보면, 이 나라의 경제는 크게 후퇴했다는 사실을 알 수 있다. 아벨이 없어졌으니 생산 인구가 줄었고, 아벨이 가지고 있던 인적 자본도 같이 사라졌기 때문이다. 하지만 이 나라의 기술 수준은 변함이 없을 것이다. 양치는 기술을 가진 어머니 이브가 살아 있으니 말이다.

경제 성장을 위한 핵심 포인트

앞에서 열거한 여러 가지 요인들 중에서 어떤 것이 가장 중요 요인일까라는 문제를 두고 많은 경제학자들이 연구를 했다. 다양한 연구 결과가 나왔다. 결론은 의외로 간단하고 당연했다. 어느 요인도 무시할 수 없다는 것이다. 하지만 중점을 두어야 할 것들과 그렇지 않은 것들에 대한 구분 정도는 할 수 있어서, 다음과 같이 말할 수는 있다.

경제 성장을 위해서는 특히 기술 개발이나 인적 자본이 중요하다. 왜 그럴까? 여러 요인 중에 천연자원은 이미 존재하고 있는 것 즉 정해진 것이라서, 아껴 쓰거나 전쟁을 해서 빼앗는 것 말고는 할 수 있는 일이 거의 없다. 하지만 기술 수준과 인적 자본은 얼마든지 변화시킬 수 있다. 기술 수준은 연구 개발을 통해서 높일 수 있으며, 개발된 기술은 교육을 통해서 국민들의 인적 자본으로 만들 수 있다. 그리고 다시 인적 자본을 쌓은 사람들은 연구 개발을 할 수 있는 사람이 되어서, 그 나라의 기술 수준을 높일 수 있게 된다. 경제를 성장시키기 위해 중점을 두어야 하는 근본적인 요인은 바로 기술 수준과 인적 자본인 것이다. 참고로 규모의 경제가 나타나는 것도 바로 이 요인들이니 잘만 하면 금상첨화가 될 수 있는 것이다.

이것은 삼성그룹의 이건희 회장이 이야기한 "천재 한 명이 10만 명을 먹여 살린다."는 말과도 일맥상통한다고 볼 수 있다. 왜 그런지 사례를 통해서 설명해 보자. 어느 시골 마을에는 각자가 먹고살 만한 땅을 가지고 농사를 지으면서 근근이 살아가고 있는 사람들이 있었다. 겨우겨우 먹고사는 것이 급하다 보니, 남는 것을 사고파는 것은 엄두도 낼 수 없었다. 그래서 집도 자신이 직접 짓고, 옷도 필요하면 직접 만들어 입을 수밖에 없었다. 하여간 필요한 모든 물건들을 자급자족하는 생활을 하고 있었던 것이다.

그러던 어느 날, 이 마을에 어떤 농학 박사가 이사를 왔다. 농학 박사는 농기계를 마을 주민들에게 소개해 주었다. 마을 사람들은 농기계를 사용하면 다양한 농사를 지을 수 있을 뿐만 아니라, 수확도 더 많이 올릴 수 있다는 것을 알게 되었다. 마을 사람들은 이 농기계가 산출량을 높여 주므로 높아진 산출량의 일정 부분을 농학 박사에게 대가로 지불하기로 약속한 후, 농기계를 사용하기 시작했다. 실제로 농기계를 구매한 농민들은 대가를 지불하고도 자신들의 몫이 늘어났고, 농학 박사도 농기계를 여러 농민들에게 팔아 돈을 많이 벌 수 있어서 좋았다. 농학 박사와 농민들은 양쪽 다 더 잘살게 된 것이다.

좋은 점이 또 생겼다. 농기계가 가끔 고장 나면, 바쁜 농학 박사를 대신해 기계를 고치는 사람도 생기게 된 것이다. 그리고 산출량이 늘어나니까, 농사에만 전념하는 사람들이 생겼고, 어떤 사람은 남는 시간에 다른 일을 할 수 있게 되었다. 이런 사람들을 위해서 집을 지어 주거나 수리하는 사람도 생겨났다. 새로운 일자리가 생긴 것이다. 종합해 보면 기계를 만드는 일, 농기계를 수리하는 일, 그리고 집을 수리하는 일까지 생긴 것이다. 결국 신기술은 새 일자리를 세 종류나 만든 것이다.

농학 박사는 자신의 기술을 어린이들에게 교육하였고 아이들은 성장하였다. 이 아이들은 다시 더 좋은 기술을 개발하여 사람들의 삶을 더 윤택하게 하였고, 이 과정은 반복되어 온 마을 사람들이 모두 더 잘살게 된 것은 물론이고, 온 나라 사람들도 점점 더 잘살게 되었다.

성장 과정에서 발생하는 문제점

마을은 기술 개발로 인해 다양한 일자리가 생겨나게 되고, 수확도 늘어서 전체적으로 잘 사게 되었다. 그런데 혹시, 그 과정에서 문제점은 없었을까? 사실 앞에서 언급한 사례들은 이제까지 인류와 세계의 역사를 줄여서 이야기한 것이라고도 볼 수 있는데, 이런 발전 과정에서 생긴 문제가 바로 우리가 지금도 고민하고 있는 분배의 문제이다. 분배의 문제는 역사적으로 볼 때 매우 중요한 것이며, 많은 사람들이 이 문제를 해결하기 위해 고심하고 있다.

다시 앞의 예로 돌아가서 생각해 보자. 마을에서 제일 부자는 누구일까? 아마도 농학 박사일 가능성이 크다. 많은 농민들에게 농기계를 팔았기 때문이다. 사실 빌 게이츠가 부자가 된 것도 이와 유사한 방법이었다. 빌 게이츠가 만든 소프트웨어를 전 세계의 사람들이 사서 사용하고 있기 때문에 돈을 많이 벌 수 있었던 것이다. 전 세계의 많은 사람들이 마이크로소프트의 윈도나 오피스 등의 소프트웨어를 사용해서 이전보다 생산성을 높였고, 높아진 생산성의 일부를 대가로 빌 게이츠에게 지불했다. 이와 같이 수많은 사람들에게 대가를 받아서 빌 게이츠는 어마어마한 부자가 된 것이다.

하지만 농민들이나 소프트웨어를 사용하는 사람들의 입장에서 보면, 열심히 일하는 사람은 자신들인데 부자는 농학 박사나 빌 게이츠만 되었다고 불만을 가질 수도 있는 것이다. 농기계나 소프트웨어가 생겨서 농민들이나 세계인들이 조금씩 잘 살게 된 것이므로 농학 박사나 빌 게이츠에게 부가 집중되는 현상은 당연한 결과라고 생각하는 사람들도 있겠지만, 일부의 주장처럼 열심히 일한만큼 돈을 벌어야 한다고 생각한다면, 농민이나 농학 박사는 모두 비슷하게 벌어야 한다는 생각도 가능하다.

이런 관점에서 보면 부자가 된 것은 농학 박사 혼자뿐이므로 잘못된 일이 된다. 더 나아가 여러 방법을 통해서 농학 박사의 부를 농민들에게 재분배하자고 주장할 수도 있다. 그리고 실제로 농민들은 다수이고 농학 박사는 혼자니까, 농학 박사의 부를 재분배하는 데 성공할 수 있을 가능성도 있다. 꼭 힘이 아니라도 농민들은 다수이므로 합법적으로도 가능할 수 있는 것이다.

다수가 항상 옳은 것은 아닌 것처럼 합법적인 부의 재분배라고 해도, 부작용이 생길 수 있다. 어떤 부작용이 생길지 우리는 쉽게 짐작할 수 있는데, 농학 박사는 자신의 재산이 재분배로 인해 줄어들면 아마 크게 낙심할 것이다. 어떤 경우에도 상관없이 성실하게 열심히 농기계를 더 개발하는 농학 박사들도 있겠지만, 또 다른 많은 농학 박사들은 실망해서 더 이상 농기계를 개발하려고 하지 않을 것이다. 나아가 그 마을을 떠날 가능성도 있다. 그러면 그 마을의 산출량은 더 이상 증가하기 어려울 것이다. 마을의 생활 수준은 더 이상 발전하기 어려운 것이다. 바로 잘못된 부의 재분배로 인한 부작용이다.

성장과 분배라는 두 마리 토끼 잡기

만약 농학 박사에게 적당한 대가가 주어지지 않으면, 농학 박사도 할 말이 있다. 농민들이 모두 잘 살게 된 것은 자신의 기계 때문이며, 기계로 인해서 늘어난 수확의 일부분을 자신이 갖는 것은 정당하다는 것이다. 혹시 농학 박사가 너무 욕심쟁이라는 생각하는 사람도 있을 수 있지만, 정당한 일을 한 결과의 대가는 마땅히 그 사람의 소유가 되어야 한다. 그래야 일을 할 동기가 생기는 것이다. 적절한 대가가 지불되면 농학 박사는 계속 새롭고 뛰어난 기능의 농기계를 발명하기 위해 연구할 것이다. 그리고 새로운 기계가 만들어지는 만큼 생산성이 높아진다. 그러면 산출량이 늘어나게 될 뿐만 아니라, 일자리도 더 많이 생길 수 있게 된다. 경제가 전체적으로 발전하는 것이다.

이 이야기는 성장과 분배 중에 어느 한쪽이 중요하다는 것을 의미하는 것은 아니다. 중요한 것은 위의 예에서 본 것처럼 성장과 분배 중에 어느 것을 선택할지를 결정하기 전에 먼저 해야 할 일이 있다는 것이다. 우선 해야 할 일은 바로 기술 개발이고, 기술 개발을 장려하기 위해서는 연구하는 사람에게 적당한 대가를 지불해야 한다는 것이다. 그리고 개발된 기술을 국민들의 인적 자본으로 만들기 위해서 힘써야 한다는 것이다. 이렇게 된다면 성장과 분배의 두 마리 토끼를 모두 잡을 수 있다. 참고로 특허를 침해한다거나, 다른 사람의 아이디어를 가로채는 일, 다른 사람의 책을 무단 복사한다거나, 음악을 무단으로 다운 받는 일들은 창의적인 일을 통해서 사회에 기여하는 사람들이 정당한 대가를 받지 못하도록 하는 행위이다.

가장 좋은 분배 방법으로 알려진 것은 일자리를 주는 것이다. 기술 개발에 성공하여 축적된 부를 빼앗아 다른 사람에게 주는 것보다는 일자리를 주어 정당한 노력의 대가로 부를 얻게 하는 것이 좋은 방법이라는 것이다. 그리고 일자리를 마련하는 제일 좋은 방법은 앞의 사례에서 보듯이 기술 개발에 있다. 기술 개발을 통해 일자리를 마련하고, 이 일자리에 취업한 사람들이 생산에 기여하면서 인적 자본을 축적한 후 다시 기술 개발에 성공한다면, 가장 바람직한 모습이라 할 수 있다.

불쌍한 사람을 돕는 좋은 방법은 '물고기를 주는 것이 아니라 물고기를 잡는 방법을 알려 주는 것이다.'는 말이 있다. 인적 자본의 중요성을 강조한 말이고, 일자리의 중요성을 강조한 말이기도 하다. 잡은 물고기를 나누어 주는 방법으로 분배의 문제를 해결하려 하면 물고기를 받는 사람들도 떳떳하지 못하고, 물고기를 주는 사람 역시 불만이 생길 수 있다.

성장과 분배의 문제는 공공 경제학과 큰 연관이 있으니 관심 있는 독자는 앞서 언급했던 개미와 베짱이 이야기를 참고하기 바란다.

32
복리의 힘과 효율적 시장
금융 경제학 1

금융 시장에서는 저금하는 사람과 돈이 필요한 사람들이 자금을 거래한다.
채권 시장과 증권 시장이 대표적인 금융 시장이다.
효율적 시장 가설은 일확천금을 바라지 말고, 복리의 힘을 활용하는 것이 좋다고 말한다.

금융 시장은 어떤 곳인가?

금융 시장은 사람들이 저금한 돈을 다른 사람들의 투자 재원으로 연결시켜 주는 장소나 기관들을 말한다. 구체적인 사례를 통해 살펴보자. 세계 최고의 갑부인 마이크로소프트의 빌 게이츠의 경우다. 지금부터 30여 년 전, 당시 하버드 대학 2학년생이었던 19세의 빌 게이츠는 마이크로소프트를 세웠다. 그리고 회사를 창업한 다음 해인 대학 3학년 때, 모두들 좋다고 하는 하버드 대학을 포기하고 사업에 전념했다.

그것이 현명한 선택이었을까? 아마 지금의 결과만을 놓고 본다면 잘한 결정이었다고 생각할 수도 있지만, 그 당시에는 사람에 따라 가치관에 따라 달랐을 것이다. 어쨌거나 빌 게이츠가 대학생 창업의 원조라는 생각이 든다. 그런데 입장을 바꿔서 우리가 대학생으로서 창업을 하겠다고 생각한다면, 제일 먼저 겪는 어려움은 무엇일까?

아이디어는 있어야겠지만, 가장 먼저 직면하는 문제는 회사를 설립하는 비용일 것이다. 빌 게이츠의 경우를 빌어서 보면, 컴퓨터 소프트웨어 회사니까 우선 컴퓨터가 있어야 할 것이고, 책상도 있어야 할 것이다. 당연히 사무실도 있어야 했을 것이다. 현실이 이러다 보니 회사를 세우려면, 창업 자금이 가장 시급한 문제가 된다.

이제 자신이 창업을 한다고 가정하고, 회사의 창업 자금을 어떻게 마련할지 생각해 보자. 아마 몇 가지 방법이 있을 것이다. 먼저 자신이나 가족의 돈으로 창업을 하는 것이다. 빌 게이츠의 경우에는 아버지가 변호사였으니까, 부모님의 도움을 받았을 수도 있었을 것이다. 하지만 자기 가족의 돈으로 회사의 창업 자금을 모두 조달하는 것은 보통의 경우에는 어려운 일이다. 특히 부자 가족이 없는 사람은 창업할 엄두조차 낼 수 없을 것이다.

그런 이유로 일반적으로 다른 사람의 자금을 이용해서 창업 자금을 조달한다. 그중 하나가 원금과 이자를 갚기로 약속하고 은행이나, 친구로부터 돈을 빌리는 방법이다. 또 다른 방법은 장차 돈 벌어서 이익이 나면, 이익의 일정 부분을 준다고 설득해서 다른 사람들로 하여금 사업에 자금을 투자하게 하는 것이다. 두 가지 방법은 모두 자신의 돈으로 직접 투자하지 않는다는 공통점을 가진다.

타인의 돈으로 자금을 조달할 경우 자신이 아는 사람만을 통하는 것보다, 모르는 사람의 자금까지 이용할 수 있다면 훨씬 편리하기도 하고, 또 더 많은 돈을 유치할 수도 있을 것이다. 하지만 모르는 사람의 돈을 구해서 사용하려면 도움이 필요하다. 이런 필요로 인해서 모르는 사람들 간의 자금 융통에 도움을 주는 역할을 하는 곳이 생겨났고, 우리는 이런 곳을 '금융 시장financial markets'이라고 부른다. 금융 시장에서는 자금을 공급하는 투자자와 자금이 필요한 기업이나 사람들이 자금을 거래한다. 그리고 자금 거래의 가격은 이자나 배당이라고 할 수 있다.

금융 시장의 핵심 — 채권 시장과 증권 시장

금융 시장 중에서 제일 중요한 두 시장은 채권 시장과 증권 시장으로, 이 두 시장을 직접 금융 시장이라고 부른다. 돈을 빌리는 사람과 빌려 주는 사람이 직접 거래한다는 의미에서 이렇게 부르는 것이다. 채권은 빌린 돈 얼마를 언제까지 몇 %의 이자로 갚겠다고 약속한 증서다.

아는 사람끼리 돈을 빌릴 때 언제까지 갚겠다고 믿고 말로만 하는 경우도 있지만, 차용 증서를 주고받는 경우도 있다. 이럴 때 주고받는 차용 증서도 채권의 일종이라고 할 수 있다. 금융 시장에서 사고팔 수 있는 채권 중에는 회사채 또는 사채라고 부르는 것들이 있는데, 일반적으로 민간 기업에서 발행하는 차용 증서를 의미한다. 공공 기관이나 나라에서 발행한 채권은 각각 공채와 국채라고 부른다. 그리고 채권은 그 종류에 관계없이 필수적으로 표시하는 내용이 있는데, 금액과 기간, 이자율 그리고 발행자가 이자와 원금을 언제 지급할 것인지 등이다.

반면에 증권 또는 주식은 회사의 소유권을 의미하는 권리 증서다. 증권이나 주식을 가진 사람은 회사의 재산을 부분적으로 소유하고 있다는 뜻이다. 보통 이 주식은 회사에 따라 몇 만 장에서 몇 억 장까지 다양하게 발행된다. 그러니까 주식을 소유하고 있다는 것은 발행된 주식 중에 자신이 보유한 주식의 비율에 해당하는 회사 재산을 소유하고 있다는 뜻이다. 주식을 한 장 갖고 있다면, 전체 회사의 재산 중에 극히 일부분을 가지고 있는 것이다. 하지만 아무리 적더라도 회사의 소유자라고 할 수 있으므로, 회사에 이익이 생긴다면 자신의 몫이 있다.

직접 금융 시장에서는 사람들이 해당 회사의 채권을 받고 돈을 빌려 주거나, 주식을 받고 투자한다. 반면, 간접 금융 시장은 은행이나 보험 회사, 그리고 신탁 회사같은 중개 기관이 돈을 빌려 주는 사람과 돈을 빌리는 사람 사이에 끼어있는 경우를 말한다. 저금을 하는 사람의 입장에서는 은행에 저금을 하지만, 은행은 그 돈을 저금 한 당사자에게 묻거나 허락받지 않고 다른 회사나 개인에게 빌려 준다. 돈을 빌리는 사람과 투자자 사이가 간접적으로만 관련된다는 의미에서 간접 금융 시장이라고 부르는 것이다. 저금하는 사람의 입장에서 보면 자신의 돈이 대출된다는 사실만 알 뿐 어느 회사로 대출되는지 알지도 못하고, 사실 별로 알 필요도 없다. 대출에 대한 책임은 은행에서 지는 것이니까 말이다.

가장 확실한 투자 — 저금

많은 사람들의 관심은 아마 돈을 투자할 때, 어디에 어떻게 투자하는 것이 제일 좋은가 하는 것일 것이다. 돈을 은행에 넣어 두려고 해도 어떤 상품이 더 좋은지 궁금하고, 증권이나 채권을 사려고 해도 마찬가지다. 하지만 이런 질문에 대한 대답은 상당히 복잡할 수밖에 없다. 수많은 금융 상품이 있고, 금융 상품 이외에도 부동산이나 귀금속과 같은 투자 대상은 얼마든지 있다. 이런 수많은 투자 대상 중에서 어떤 것이 좋은지 가려내기란 쉽지 않기 때문이다. 각각의 투자 대상에 따라 장단점이 있기 때문에, 많은 전문가들이 고민하고 연구하고 있지만 아직 명확한 결론은 없다.

하지만 일반인의 입장에서는 결론이 의외로 간단할 수 있다고 필자는 생각한다. 근면하게 열심히 일하고 저금하는 것이 가장 확실한 방법이기 때문이다. 그리고 저금은 일찍 시작하면 할수록 더욱 유리하다. 너무 당연한 소리를 하고 있다고 생각하겠지만, 저금만큼 확실한 것이 없기 때문이다.

혹시 단번에 부자가 되는 일확천금의 방법을 찾는다면, 그런 방법은 없다고 생각하는 것이 더 좋을 것 같다. 왜냐하면 그런 방법은 대개 불법이니까 말이다. 강제로 남의 돈을 뺐으면 단번에 부자가 될 수 있다. 그리고 매점매석을 한다면 부자가 될 수도 있다. 하지만 매점매석은 엄연히 불법이다. 복권을 사는 방법으로 부자가 될 수 있다고는 하지만, 당첨될 확률이 적으니 엄청나게 운이 좋은 사람이 아니고는 기대하기 어렵다. 그러니 차라리 저금하는 방법이 시간은 걸리지만 가장 확실한 방법이라는 것이다.

저금은 빨리할수록 좋다 — 복리의 힘

앞서도 이야기했지만 저금은 일찍 할수록 좋다. 그렇게 말하는 데는 특별한 이유가 있다. 바로 복리의 힘이 숨어있기 때문이다. 복리의 힘은 원금에 이자가 붙고, 이자는 원금에 더해진 후, 다시 더 큰 이자가 붙어서 눈덩이가 뭉쳐지듯 불어나는 것을 의미한다. 복리가 얼마나 큰 힘을 발휘하는지 사례를 통해서 생각해 보자.

지금부터 약 300여 년 전에 백인들은 적은 돈을 주고 미국 뉴욕의 맨해튼 전체를 인디언들로부터 샀다고 한다. 정확한 돈의 액수를 모르니까, 100달러 주고 샀다고 하자. 아마 많은 사람들이 "정말 싸게 샀구나!"라고 생각할 것이다. 어떤 사람들은 그저 강탈한 것이라고 생각할 수도 있을 것이다. 인디언들이 이 돈을 은행에 저금했다고 가상으로 생각해 보자. 이 은행 예금에는 이자가 매년 7%씩 붙는다고 한다. 그러면 300여 년이 지난 지금은 과연 얼마의 돈이 되어 있을까?

놀라지 마라. 아마 이 돈은 10억 배 이상으로 늘어나서 1000억 달러가 넘는 돈이 되어 있을 것이다. 정말 엄청난 돈이다. 아마 맨해튼의 토지 정도는 지금도 살 수 있는 금액일 수도 있다. 300년 전에 인디언들이 맨해튼을 팔았을 때도 땅만 판 것이지, 건물은 팔지 않았으니까(건물은 존재하지도 않았으니까 당연히 팔수도 없었다.) 300년 전에 백인들이 100달러를 주고 맨해튼을 샀다면, 제값 주고 샀다고 생각할 수도 있는 것이다. 저금하고 300년이나 기다리라는 이야기냐고 항의하는 독자에게는, 지속적으로 저금한다면 10억 배는 아니지만 저금과 이자가 눈덩이처럼 불어나 시간이 지날수록 부자가 되리라는 것을 약속한다.

어찌됐던 이자에 이자가 붙는 복리의 힘은 300년 만에 원금을 10억 배 이상으로 늘릴 정도로 큰 것인데, 그 힘을 계산하는 방법은 무엇일까? 그 방법을 수학적으로 배우려면 지수 함수가 등장하는 등 상당히 복잡하다. 그래서 여기서는 누구나 쉽게 복리를 계산하는 방법을 알아본다. 바로 '70의 법칙'이라고 부르는 것으로, 70을 이자율로 나누었을 때, 나오는 숫자가 원금이 두 배 되는 대략의 기간이라는 것이다.

　예를 통해 알아보자. 맨해튼의 사례처럼 은행 이자가 7%라고 하자. 여기에 70의 법칙을 적용하는 방법은, 70을 7로 나누는 것이다. 그러면 10이라는 숫자가 나온다. 10년이면 원금이 두 배가 된다는 것이다. 만 원을 7% 금리에 저금하면, 10년 후에는 2만 원이 된다는 뜻이다. 이 계산 방법을 응용해서 앞의 계산을 다시 해보자. 7%의 금리가 적용되면, 10년마다 두 배가 되니까, 20년이면 4배, 30년이면 8배가 된다. 결국 300년 동안에는 2의 30승이 된다는 뜻이고, 계산해 보면 대략 10억이 넘는 숫자가 나오게 되는 것이다.

　만약 이자가 10%면 70을 10으로 나누면 된다. 그러면 7이라는 숫자가 나오는데, 원금이 두 배가 되려면 7년이 걸린다는 뜻이다. 맨해튼의 사례에서 이자가 10%라면 훨씬 더 큰 숫자가 된다. 300년을 7로 나누면 대략 43이 된다. 따라서 2의 43승 정도로 불어난다는 뜻이다. 계산해 보면 대략 800조 달러가 된다. 앞서 7%로 계산했을 때보다 3% 늘어난 것뿐인데, 1000억 달러와 800조 달러라는 8000배의 엄청난 차이를 보인 것이다. 복리의 힘이 무척 크다는 것을 알 수 있다. 확실히 부자가 되는 최선의 방법은 가능한 일찍 저금을 시작해서 복리의 힘을 활용하는 것이라고 할 수 있다.

눈치작전의 실패 — 효율적 시장 가설

　저금이 가장 확실한 재테크 방법이긴 하지만, 그것보다는 어떤 주식을 사는 것이 좋은지 추천해 달라는 사람들도 있다. 이런 사람들을 위해서 경제학에서 만들어진 이론이 바로 '효율적 시장 가설'이라는 이론인데, 일확천금은 없다는 말로 요약할 수 있다.

　효율적 시장 가설을 자세히 설명하려면, 입시 때의 눈치작전을 이야기하는 것이 좋을 것 같다. 자기가 가고 싶은 대학을 선택하는데 있어, 성적이 아주 뛰어난 몇몇 학생들을 제외하고는 많은 학생과 부모님들이 경쟁률이 낮은 곳을 선호하게 된다. 일단 대학에 붙고 봐야 하기 때문이다. 그래서 여러 가족들이 원서를 들고 여러 학교에서 시시각각 변하는 게시판을 보면서 경쟁률이 낮은 곳을 관찰한다. 그러다가 마감 때, 미달하는 곳이라도 찾으면 아주 좋아한다. 그곳에 원서를 넣어서 합격하면 되니까 말이다.

　하지만 많은 수험생과 부모님들이 실제로 눈치작전을 해 보면 큰 소용이 없다는 것을 알게 된다. 왜냐하면 다른 많은 수험생과 부모님들도 똑같이 미달하는 곳을 찾고 있기 때문이다. 혹시 미달하는 곳을 찾아서 원서를 넣고 나서 보면, 다른 많은 수험생들도 막판에 한꺼번에 그곳에 원서를 제출했다는 것을 알게 되는 것이다. 그렇게 되면, 미달이 아니라 경쟁률이 다른 곳보다도 더 높아지는 경우까지 생길 수도 있다. 눈치작전으로 성공하는 경우가 없는 것은 아니지만, 대부분 성공하기 어려운 상황이 되는 것이다.

　입시의 눈치작전이 금융 시장과 대체 무슨 관련이 있는 것일까? 눈치작전과 금융 시장은 관련이 깊다. 투자자들 모두 수익률 높은 투자 대상을 찾고 있는 것이, 들어갈 대학을 찾는 수험생과 같은 모습이기 때문이다. 그러다 만약 누군가가 수익률이 높을 것으로 예상되는 투자 대상을 찾았다고 하면 너나할 것 없이 몰려간다. 내가 달려갈 때 쯤 되면, 가격은 이미 높아져 있을 가능성이 높다. 차라리 막차라도 타지 않았으면 좋겠다는 생각까지 들 정도다. 낮은 경쟁률로 알고 지원한 곳이 높은 경쟁률을 보이게 된 상황의 수험생과 같은 상황이 되는 것이다. 그래서 효율적 시장 가설은 어느 곳에 투자하건 위험을 감안하면 비슷한 정도의 투자 수익률이 기대된다고 이야기하고 있다.

효율적 시장 가설은 주식과 부동산에 모두 해당된다

효율적 시장 가설은 주식과 부동산에 모두 해당된다. 부동산을 사례로 들어 한번 생각해 보자. 어떤 사람이 강남의 아파트를 사기 위해 시세를 계속 관찰하고 있었다. 그래서 시세가 대략 10억 원에 형성되어 있는 것을 알게 되었다. 그래서 10억 원 정도에 아파트를 살 생각으로 열심히 돈을 저금하고 있었다. 그러던 어느 날, 거의 모든 조건이 동일한 아파트가 5억 원에 매물로 나와 있는 것을 알았다. 여러 가지로 조사해 보았으나 아무런 하자가 없고 조건도 나무랄 것이 없었다. 그래서 부동산 중개인에게 물어 보았다. 부동산 중개인도 이 아파트는 사두기만 하면 큰 돈이 될 것이라고 하면서, 주인이 싸게 파는 것은 돈이 급해서 그렇다고 하는 것이었다.

당장 5억 원에 아파트를 구입했다. 그런데 과연 이 사람은 5억 원짜리 아파트를 몇 달 후에 10억 원에 팔 수 있었을까? 아마 아닐 것이다. 먼저 10억 원짜리 아파트를 5억 원에 파는 사람은 누구일까? 바보가 아닌 다음에야 시세가 10억 원이라는 사실을 알고 있으면서 5억 원에 판다는 것은 이해가 되지 않는다. 주인이 미성년자라서 판단 능력이 없어서 그랬다면, 아마 부동산 중개업자라도 조언을 해 주었을 것이기 때문이다.

파는 사람이 돈이 급해서, 급매로 낮게 팔 수 있는 가능성은 있다.

하지만 이 가능성도 현실을 제대로 보지 못한 가능성일 뿐이다. 집주인이 5억 원이 아주 급히 필요했다면, 5억 원에 매매하는 것보다는 아파트를 담보로 5억 원 정도를 대출하는 것이 손쉬운 방법일 것이기 때문이다. 아파트의 가치가 10억이라는 것을 감안하면 더욱 그렇다. 게다가 집을 사고파는 것에 따른 세금 문제까지 생각해 보면 더욱 대출이 경제적이라는 판단을 했어야 한다는 것이다.

지금까지 이야기를 종합해 보면, 우연히 이런 아파트를 살 수 있을 가능성은 거의 없다고 말할 수 있다. 그런데도 실제로 제값보다 훨씬 싼 가격에 나와 있는 아파트가 있을 것으로 생각하는 사람들도 있다. 그리고 그렇게 믿는 사람들은 아마 그런 횡재에 가까운 아파트를 찾고 있을 것이다. 효율적 시장 가설에 의하면 실제로 그런 아파트가 있을 가능성도 적지만, 혹시 그럴 가능성이 있다고 하더라도, 나에게 차례가 돌아올 가능성은 거의 없다. 로또에 당첨되는 것과 같이 현실적으로 거의 불가능하다는 것이 바로 '효율적 시장 가설'인 것이다. 물론, 로또에 당첨되는 사람은 반드시 있다. 하지만 확률이 거의 없기 때문에 로또에 당첨될 것이라고 믿고 올인 하는 것은 현명하지 못하다는 이야기가 바로 효율적 시장 가설이다.

효율적 시장 가설에 의한 가장 확실한 부자 되기

효율적 시장 가설을 비판하는 사람들도 있는데, 그런 사람들은 효율적 시장 가설을 빗대서 이런 이야기를 한다. 효율적 시장 가설을 믿는 누군가가 길을 가다 우연히 100만 원짜리 돈다발이 길에 떨어져 있는 것을 발견했다고 한다. 그런데 이 사람은 자기 눈을 의심했

단다. 효율적 시장 가설에 의하면 100만 원짜리 돈다발이 길에 떨어져 있었으면 누군가가 벌써 집어 갔지, 그냥 떨어져 있을 리가 만무했기 때문이다. 그렇기 때문에 효율적 시장 가설을 믿는다면 그냥 지나가야 한다는 것이다. 이런 지적이 매우 적은 확률로 맞는 것은 사실이다.

하지만 실제로 길에서 100만 원짜리 돈다발을 주워 본 사람이 얼마나 되는지 생각해 보자. 아마 거의 없을 것이다. 그런 측면에서 본다면 효율적 시장 가설이 맞을 확률은 아주 높다고 할 수 있다. 그리고 효율적 시장 가설이 올바르다면 일확천금을 노리기보다는 확실하고 강력한 복리의 힘을 이용하는 쪽이 부자가 되는 가장 확실한 방법인 것이다.

33
투자의 정석
금융 경제학 2

투자를 할 때는 제일 먼저 기대 수익을 생각해야 한다.
하지만 기대 수익이 높더라도 너무 위험하면 곤란하다.
위험을 회피하려면 투자에 따른 위험을 분산하는 것이 중요하다.

투자라고 하면 일반적으로 어렵거나 위험한 것으로 생각하기 쉽다. 하지만 투자가 생각만큼 그렇게 어려운 것은 아니다. 금융 제도와 금융 시장, 그리고 금융 상품에 대한 이해가 있다면, 가장 효과적이고 건전한 투자를 할 수 있다. 이번 장에서는 투기와는 구분되는 투자의 기본에 대해 생각하면서, 경제와 금융에 대한 이해의 폭을 넓혀 보자.

투자에도 정석이 있다

올바른 투자를 위해서는 투자의 정석을 알아야 한다. 이렇게 말하면 무슨 수학 공부라도 하는 것처럼 어렵게 생각하는 사람들도 있을 수 있지만 별로 어려운 이야기는 아니다. 투자에도 지켜야 할 기본 원칙과 방법이 있으므로 이를 제대로 지킨다면 좋은 성과를 올릴 수 있다는 이야기를 거창하게 말 한 것뿐이다.

주식 투자를 한 농부를 사례로 들어 보자. 30여 년쯤 전에 있었던 이야기인데, 미국의 어느 농부가 주식에 돈을 투자했다. 이 농부가 부자가 되었다는 소식을 들은 한 친구가 찾아와서 어떤 주식에 투자했느냐고 물어보았다. 농부는 사과 회사에 투자했는데, 주식 값이 많이 올라서 부자가 되었다고 이야기했다. 친구가 다시 회사 이름이 무엇이냐고 물어보았다. 농부는 애플Apple이라고 했다. 그리고 그 회사는 매킨토시Macintosh라는 사과를 생산한다고 이야기했다. 참고로 매킨토시는 시기는 하지만 맛있기로 유명한 사과다.

사실 농부가 산 주식은 사과 회사 애플이 아니라, 컴퓨터 회사 애플의 주식이었던 것이다. 농부는 컴퓨터 회사 애플을 사과로 잘못 알고 주식을 산 것이다. 당시에 애플의 주가는 100배 이상 올랐으니, 농부는 가히 횡재를 한 셈이다. 잘 알지도 못하고 주식에 투자했는데도 말이다. 소가 뒷걸음질 치다가 쥐를 잡은 격이지만, 농부는 정말 좋았을 것이다.

증권 시장이나 부동산 시장에서는 이와 같은 횡재 이야기가 무용담처럼 많이 돌아다니기 때문에 많은 투자자들이 한번쯤은 비슷한 이야기를 들어 본 적이 있을 것이다.

사실 필자의 선배 한 사람도 컴퓨터로 주식 거래가 가능해진 초기에 컴퓨터 조작을 잘못해서 엉뚱한 주식을 구입한 적이 있다. 이 분은 본인이 원하던 주식을 산 것이 아니라는 사실도 모르다가, 나중에 팔려고 보니까 다른 주식이라는 사실을 깨달았다. 그런데 행복하게도 원래 사려던 주식은 가격이 폭락했는데, 엉뚱하게 구입한 주식의 가격은 많이 올라 있었다고 한다.

이와 비슷한 이야기를 들으면 많은 사람들은 부러운 마음과 함께 나에게도 이런 대박이 올 수 있을까 하는 기대를 한다. 그런데 잘 알려져 있는 사실이지만, 이런 성공담은 가능성이 매우 낮은 이야기다. 이런 방법으로 투자하면 실패하기 십상이기 때문이다. 그렇다면 합리적인 투자 방법은 무엇일까?

합리적 투자의 기본 — 기대 수익을 고려하라

투자에 성공하려면 합리적으로 투자하라고 했는데, 어떻게 하는 것이 합리적인 투자일까? 많은 사람들이 한번쯤은 생각해 보았을 그런 질문이다. 이럴 경우, 필자는 합리적으로 투자하려면 우선 투자했을 때 발생하는 기대 수익을 가능한 한도까지 정확하게 생각해야 한다고 말하곤 한다.

'기대 수익'이라는 것은 확률과 상금을 곱해서 계산하는 것인데,

내가 어느 정도의 돈으로 투자를 했을 때, 얼마의 이익이 발생하는지를 판단하는 기준이 된다. 예를 들어서, 동전을 던져서 앞면이 나오면 1억 원을 주고, 뒷면이 나와도 1억 원을 준다고 하면, 기대 수익은 1억 원이 된다. 앞면이 나올 확률이 절반인데 상금이 1억 원이고, 뒷면이 나올 확률이 나머지 절반인데 그 경우에도 1억 원의 상금을 준다. 상금과 그 상금에 해당하는 확률을 곱해서 더하면 1억 원이 되니까 기대 수익은 1억 원인 것이다. 쉽게 생각해서 앞면이 나오거나 뒷면이 나오거나 관계없이 1억 원이 생기니까, 기대 수익은 무조건 1억 원이라고 생각하면 된다. 이 경우에 앞면이나 뒷면이나 무조건 1억이 나온다는 뜻으로 '무조건 1억'이라는 이름을 붙여 주자.

그런데 만약 동전을 던져서 앞면이 나오면 2억 원을 주고, 뒷면이 나오면 한 푼도 안 준다면 기대 수익은 얼마일까? 이 경우에도 확률은 절반씩이라서, 확률인 2분의 1 곱하기 각각의 상금을 계산하여 더하면 1억 원이 기대 수익이 된다. 이 경우에도 기대 수익은 역시 1억 원이 되는 것이다. 그런데 이 경우에는 뒷면이 나오면 한 푼도 못 받게 되니까 '위험한 1억'이라고 부르자.

투자했을 때 기대할 수 있는 수익인 기대 수익은 높으면 높을수록 좋다. 그래서 투자할 때 제일 먼저 생각해야 하는 것이 기대 수익이고, 기대 수익이 클수록 괜찮은 투자 대상이라고 생각하는 것이 옳다. 그런데 여기에는 한 가지 문제가 있다. 앞면을 던져도 1억 원을 주고, 뒷면이 나와도 1억 원을 주는 '무조건 1억'의 경우와 앞면이 나오면 2억 원을 주고 뒷면이 나오면 꽝이 되는 '위험한 1억'의 경우에 기대 수익은 모두 1억 원이다. 기대 수익은 완전히 일치하지만, 두 가지 경우 중에서 어느 쪽을 선호할지는 사람마다 다를 수 있다.

무조건 1억인 경우와 위험한 1억 중에서 여러분은 어느 것을 택하겠는가? 아마 많은 사람들이 무조건 1억이 좋다고 할 것이다. 한 푼도 못 받는 경우는 싫기 때문에, 확실하게 1억 원을 받는 것이 더 좋다고 생각하는 것이다. 혹시 2억 원을 받게 되면, 아주 좋겠지만 만일 한 푼도 못 받는 경우가 생긴다면 싫기 때문이다. 이와 같이 기대수익이 같더라도 확실한 것을 불확실한 경우보다 좋아하는 사람을 '위험 회피적risk averse'인 사람이라고 한다.

반면에 위험한 1억 원을 더 선호하는 사람은 '위험 선호적risk loving'인 사람이라고 부르는데, 위험 선호적인 사람들은 도박을 아주 좋아하는 경향이 있다. 아무리 위험해도 혹시 큰 돈을 벌 수 있다고 하면 뛰어드는 사람들인 것이다. 참고로 무조건 1억과 위험한 1억이 자신에게는 똑같다고 하는 사람을 '위험 중립적risk neutral'이라고 한다. 대부분의 보통 사람들은 위험 회피적인 사람들이라서 위험 선호적인 사람보다 훨씬 더 많다고 알려져 있다. 위험 회피적인 사람들은 위험한 일의 보상이 더 커야 안전한 일과 비슷하다고 생각하는 반면, 위험 선호적인 사람들은 위험한 일을 돈을 내고서라도 수행하는 경우가 있다. 위험 선호적인 사람들은 별로 많지 않다는 것을 짐작할 수 있다.

위험에는 보상이 따라야 한다

일반적으로 위험을 싫어하는 사람들에게 위험한 일을 하도록 하려면 적당한 보상을 하지 않고서는 어렵다. 이처럼 이들에게 위험한 행동을 하는 대가로 지불하는 보상을 '위험 프리미엄risk premium'이라고 부른다.

조금 전의 사례를 통해서 위험 프리미엄을 생각해 보자. 앞에서 말한 '무조건 1억'이라는 투자 게임에 사람들이 어느 정도의 가치를 두는지 알기 위해서 경매를 한다고 하자. 여러 사람들에게 경매를 시작하여 가장 많은 참가비를 내는 사람 한 명에게만 이 게임에 참여할 권리를 준다고 하면, 참가비로 얼마를 제시할까?

대부분의 사람들은 아마 1억 원보다 적게 내고 참여하려고 할 것이다. 1억 원보다 적게 내고 1억 원을 받으면 차액만큼 이익이니까 당연히 그럴 것이다. 물론 참가비가 적으면 적을수록 좋지만, 너무 낮으면 참가할 수가 없게 된다. 게임이 진행되면 너도 나도 금액을 조금이라도 높여 참여하겠다고 할 것이다. 그러다 보면 참가비가 올라가서, 결국은 1억 원에 매우 근접하는 참가비가 설정될 것이다. 이 참가비가 이 게임의 가치인 것이다. 즉 위험한 게임이 아니므로 위험 프리미엄이 없다는 것을 기억하기 바란다.

이와 같은 연장선에서 생각하면 '위험한 1억' 게임의 값어치는 1억 원보다 적을 가능성이 크다는 결론이 나온다. 그것은 바로 위험 프리미엄 때문인데, '위험한 1억' 게임에 참여하여 운이 좋으면 2억 원을 벌 수 있지만, 잘못하면 한 푼도 벌 수 없는 위험이 따른다. 그러니까 기대 수익은 조금 전과 같이 1억 원이지만, 만일의 경우 한 푼도 받을 수 없게 되는 위험이 존재한다.

앞에서와 마찬가지로 사람들에게 이 게임의 참가 자격을 경매에 부쳤다고 하자. 위험 회피적인 사람들이 참여한다면 아마 1억 원보다는 적은 금액이 낙찰될 것이다. 예를 들어 2000만 원에 낙찰되었다고 하자. 이 경우 기대 수익 1억 원과 참가비 2000만 원의 차액인 8000만 원이 위험 프리미엄인 것이다.

2000만 원도 너무 많다고 생각하는 사람들도 있을 수 있는데, 이런 사람들은 극도로 위험 회피적인 사람들이다. 혹시 사기가 아닌지 의심하는 사람도 있을 것이고, 사기가 아니라고 해도 2000만 원을 손해 보면 안 된다고 생각하는 사람들도 있기 때문이다. 만약 어떤 사람이 생활비나, 아이들 학자금, 그리고 전세금 같은 용도로 긴히 사용하기 위해 2000만 원을 가지고 있다고 한다면, 이 사람에게 돈 2000만 원은 없어서는 안 될 아주 중요한 돈이다.

그래서 이런 경우에는 아무리 기대 수익이 크고, 위험 프리미엄을 8000만 원이나 준다고 해도 절대 2000만 원을 위험에 처하게 만들지는 않아야 한다. 이렇게 꼭 필요한 돈의 경우에는 위험한 곳에 투자하지 않고, 지키는 것이 좋다. 예를 들면, 이렇게 꼭 필요한 돈은 정부에서 보증하는 은행 예금으로 저금하는 것이다.

반면에 당장에 사용하지 않아도 될 여유 돈을 가지고 있다면, 기대 수익이 높은 곳에 투자하는 것이 좋은 방법이다. 앞서 이야기한 2000만 원 참가비의 동전 던지기 게임은 기대 수익이 매우 높으므로, 여유 돈으로 해볼 만하다. 물론 룰이 정확하게 지켜진다는 전제에서 하는 이야기다. 마지막으로 다시 한 번 강조하고 싶은 투자의 원칙은, 위험 부담이 있는 투자는 기대 수익이 높더라도 여유 돈으로 하라는 것이다. 이것은 기억해 두어야 할 가장 중요한 투자 지침이라고 할 수 있다.

위험을 줄이려면 분산 투자하라

여유 돈으로 투자를 한다고 해도 투자에 따른 위험 부담을 덜고 싶은 것이 모두가 가진 한마음일 것이다. 그럼 투자를 할 때, 위험을 줄이는 방법은 없을까? 위험을 줄이는 가장 핵심적인 방법은 분산 투자라고 말할 수 있다.

앞의 동전 게임으로 되돌아가서 생각해 보자. 동전 던지기를 하면서 참가자가 부담하는 위험은 뒷면이 나오면 손해보게 될 2000만 원의 참가비다. 이런 위험을 줄일 수 있는 방법이 바로 분산 투자다. '계란을 한 바구니에 담지 말라.'는 격언대로, 여러 투자 상품에 분산해서 투자하는 것이다. 분산해서 투자하면 위험도 분산된다고 하는 것은 많이 들어 본 이야기에 틀림없지만, 실제로 과연 그럴까 하고 의문을 가지는 사람들도 있을 것이다.

동전 던지기 사례를 응용해서 분산 투자와 위험 줄이기에 대해 이야기해 보자. 원래 동전 던지기 게임에서는 동전을 한 번만 던진다. 그래서 앞면이 나오면 이기고, 뒷면이 나오면 지게 된다. 그리고 지게 되면 2000만 원이라는 큰 돈을 손해 보게 된다. 이 경우, 위험을 줄이는 방법은 다음과 같이 규칙을 바꾸는 것이다. 동전을 한 번 던지지 않고 열 번 던지도록 하고, 매번의 상금과 참가비를 10분의 1로 줄인다.

이렇게 여러 번 던지게 되면 2000만 원을 손해 보게 되는 위험은 현저히 줄어들어 거의 없어진다. 작은 게임을 여러 번 하면, 큰 게임을 한 번하는 것보다 위험이 분산되는 것이다. 왜 그런지는 작은 게임과 큰 게임을 비교해 보면 쉽게 알 수 있다. 큰 게임은 동전의 뒷면이 나오면 참가비 2000만 원을 손해보고 게임은 단번에 끝난다. 앞면이 나오면 2억 원(물론 처음에 낸 참가비 2000만 원은 돌려받지 못한다.)을 받게 되니까 아주 좋지만, 뒷면이 나오면 2000만 원을 손해 보는 것으로 게임이 끝나는 것이다. 이렇게 단 한번 만에 2000만 원을 손해 보는 경우가 생길 수 있으니까, 위험하다고 느끼는 것이다.

반면 작은 게임은 매 게임마다 뒷면이 나오면 200만 원을 손해 보게 된다. 대신 앞면이 나오면 2000만 원을 받게 된다. 이 작은 게임을 10번 반복하면 큰 게임 한 번과 기대 수익에 있어서는 마찬가지가 된다. 하지만 이렇게 10번을 반복하게 되면, 2000만 원을 모두 손해 볼 확률은 10번 내내 뒷면이 나오는 경우밖에 없다. 동전을 10번 던져서 모두 뒷면이 나올 확률은 한 번 던져서 뒷면이 나올 확률인 50%보다 훨씬 적다. 그래서 2000만 원을 손해 볼 확률은 현저히 줄어든다. 위험을 분산시킨 효과인 것이다.

동전을 10번 던지는 동안, 앞면이 나올 때 마다 2000만 원씩 받지만 뒷면이 나올 경우에는 200만 원씩 손해 보게 된다. 생각해 보면, 한번만이라도 앞면이 나오면 2000만 원을 받게 되니까 손해는 아닌 것이 된다. 참가비가 2000만 원인데, 그 돈을 다시 받은 셈이니까 말이다. 나머지 9번 모두 뒷면이 나오더라도 손해는 없는 것이다. 그리고 동전을 10번 던지니까, 확률대로라면 5번은 앞면, 5번은 뒷면이 나올 것이다. 그렇다면, 결국 참가비를 제외한 8000만 원을 보상으로 받게 되는 것이다. 2000만 원을 손해 볼 확률은 거의 없고, 기대 수익인 8000만 원을 받을 확률은 높아지는 것이 바로 위험을 분산한 효과인 것이다.

투자 대상이 연관되어 있으면 위험은 분산되지 않는다

증권이나 부동산 투자의 경우에도 분산 투자는 위험을 줄이는 좋은 방법이 될 수 있을까? 당연하게 분산 투자는 증권이나 부동산에 투자할 때도 역시 위험을 줄이는 효과를 가지고 있다. 따라서 하나의 대상에 큰돈을 투자하는 것보다는 여러 곳에 작은 돈으로 나누어서 투자하는 것이 위험을 분산하는 방법이 될 수 있겠다.

그런데 여기서는 동전 던지기와는 다른 점 하나를 고려해야 한다. 투자한 여러 대상이 서로 연관되어 있으면 위험이 분산되지 않는다는 것이다. 즉 서로 관련이 큰 여러 종목에 투자하는 것은 안전하지 못하다고 할 수 있다.

예를 들어 같은 재벌 회사의 여러 주식을 산다면, 그 재벌에게 어떤 일이 생겼을 때 구매했던 모든 주식이 한꺼번에 위험에 노출된다. 같은 이유로 동일 업종의 주식들을 여러 종류 구매하는 것도 위험을 분산하는 효과가 적다. 그 업종에 종사하는 기업들에게 공통으로 영향을 주는 일이 발생할 경우에 구매한 여러 주식이 동시에 위험에 노출되기 때문이다. 그래서 주식 투자에서 위험을 분산하려면 서로 다른 경향을 보이는 주식에 투자하는 것이 바람직하다. 참고로 동전 던지기는 동전을 던지는 각각의 행동이 서로 연관되어 있지 않기 때문에 분산 투자의 효과가 존재한다.

부동산도 아파트와 같이 한 가지 종류에만 집착하는 것보다 여러 지역으로 분산하고, 토지나 건물 등 여러 종류로 나누어 투자하는 것이 위험을 줄일 수 있다. 이 중에서 제일 좋은 투자 방법은 일정 부분은 부동산에, 또 일정 정도는 증권에, 그리고 또 얼마 정도는 은행이나 채권에 투자하는 것과 같이 나누어 여러 부분에 투자하는 것이다. 부동산도 여러 종류로, 증권도 여러 종류로 분산하는 것이 바람직하다.

어떤 사람들은 이렇게 분산해서 투자하려면 돈이 많아야만 가능하다고 생각한다. 그래서 부자들만 분산해서 투자할 수 있다고 생각한다. 하지만 사실은 그렇지 않아서 소액 투자자들도 분산해서 투자할 수 있다. 소액 투자자가 적은 돈으로 분산해서 투자하는 방법 중에는 금융 기관의 투자 상품에 돈을 맡기는 것이 있다. 예를 들어서 주식형 상품에 돈을 투자하는 것이다. 주식형 상품에 투자된 돈을 모은 금융 기관은 스스로의 위험을 분산하기 위해 여러 종목에 나누어 투자하기 때문이다. 이 경우, 소액으로 여러 종목의 주식에 투자하는 것과 마찬가지가 된다. 위험이 분산되는 효과가 있는 것이다. 자칫 소액 투자자들이 이 사실을 모르고 한 종목에만 투자하거나 한 업종에만 투자하다 보면, 위험에 더 노출되어 좋지 못한 경험을 하기 쉽다. 부동산에도 요즘에는 REITS라는 간접 투자 상품이 나와서 소액 투자가 가능하며, 따라서 분산 투자가 가능하다.

34
이자율과 경기 부양

통화 정책

이자율은 돈의 가격이다.
이자율이 떨어지면 채권이나 은행 예금 수요는 감소하지만,
주식이나 부동산에 대한 수요는 증가한다.

이자율은 돈의 가격

사전적으로 이자는 '소득의 한 형태로서 채무 증서를 소유함으로써 얻게 되는 소득'으로 정의된다. 쉽게 말로 풀어 이야기해 보자. 지금 쓸 수 있는 돈을 쓰지 않고 저금한 후 시간이 지나면 원래의 돈에다 덤으로 더 받을 수 있는 돈을 이자라고 말한다. 그리고 이자를 얼마나 주는지 표시한 것이 이자율이다. 그래서 이자율을 돈의 가격이라고 한다.

이자와 관련한 유명한 이야기에 중국의 조삼모사朝三暮四라는 고사가 있다. 옛날 중국의 송나라에 저공狙公이라는 사람이 있었다고 한다. 저공은 많은 원숭이를 기르고 있었는데, 가족의 양식까지 가져다가 먹일 정도로 원숭이를 좋아했다. 저공狙公의 저狙라는 말도 원숭이를 뜻하는 것이니만큼 저공은 원숭이를 좋아하고 원숭이들도 저공

을 잘 따랐다.

하지만 워낙 많은 원숭이를 기르다 보니 먹이를 대는 일이 날로 어려워졌다. 할 수 없이 저공은 원숭이에게 나누어 줄 먹이를 줄일 수밖에 없었다. 그런데 먹이를 갑자기 줄이면 원숭이들이 자기를 싫어할 것 같아서 원숭이들에게 물어보았다. "너희들에게 나누어 주는 먹이를 앞으로는 '아침에 세 개(朝三), 저녁에 네 개(暮四)'씩 줄 생각인데 어떠냐?" 그러자 원숭이들은 모두 하나같이 화를 냈다. 그래서 저공은 생각하다가 "그럼, 아침에 네 개(朝四), 저녁에 세 개(暮三)씩 주마."고 했더니, 원숭이들이 기뻐했다.

이런 속임수에 쉽게 넘어가는 원숭이들은 바보 같다. 그래서 조삼모사라는 고사성어는 원래 남을 속이는 사기나 협잡 같은 행위를 비유하는 뜻으로 쓰이고 있다. 하지만 조삼모사라는 고사성어 속에는 중요한 경제 원리가 담겨 있다. 시간에 따라 돈의 가치가 달라지며, 그 돈의 가치 차이는 바로 이자라는 중요한 원리가 숨어 있는 것이다.

실제로 원숭이에게는 아침에 먹이를 더 많이 받는 것이 저녁에 많이 받는 것보다 유리하다. 한 개 더 받은 것을 저축해 두었다가 점심에 먹을 수도 있고, 다른 원숭이에게 빌려 줄 수도 있다. 원숭이들이 경제적인 마인드를 가졌다고 보기는 어렵지만 이 고사를 경제학적으로 해석하면 그렇다는 것이다. 물론 한나절 사이에 받을 수 있는 이자가 매우 적을 것은 확실하지만 말이다.

비슷한 사례로 직장인들에게 연봉 계약을 할 때, 1년 연봉을 나누어서 같은 금액을 월급으로 매달 받을 것인가 아니면 연말에 몰아서 다 받는 것이 좋은지를 물어보면, 대부분의 직장인들은 매달 월급으로 받는 것을 더 좋아한다고 대답할 것이 자명하다. 매달 월급을 받아야 당장 먹고살기도 하지만, 돈의 가치가 시간에 따라 달라진다는 것도 월급으로 받아야할 이유의 하나이다. 직장인들의 입장에서는 월급을 받아 돈을 모아 저축하면, 연말까지 이자를 받을 수 있으므로 연말에 연봉을 한꺼번에 받는 것보다 좋다. 참고로 미국에서는 급여를 2주에 한 번씩 주는 경우가 많은데, 돈과 이자에 대해서 더 철저하다고 할 수 있을 것 같다. 그리고 현실성은 적지만 1년 연봉을 선불로 받거나, 월급을 월초에 받을 수 있다면 더 좋을 것이다.

금리가 올라가면 돈의 가격이 올라간다

물건의 가격을 표시하는 것이 돈인데, 돈마저도 가격이 있으니 재미있다는 생각이 든다. 다른 물건의 가격과 마찬가지로 돈의 가격도 올라가고 내려갈 수 있는 것이다. 이자율 또는 이자율의 다른 이름인 금리가 인상되면, 돈의 가격은 올라간다. 그래서 금리가 올라가면 소비자들은 비싼 돈을 빌리지 않고 저축하려고 노력한다. 또한 기업들도 돈의 가격인 금리가 높아지면 투자를 망설이게 된다. 결국 다른 조건들이 다 일정한 상태에서 금리가 인상되면 소비자들은 소비를 줄이면서 절약하게 되고 기업은 투자를 줄이거나 동결한다.

앞에서 예로 들었던 칠득이의 이야기를 다시 한 번 활용해서, 금리가 인상되면 저축이 늘어나는 이치를 한번 살펴보도록 하자. 칠득이가 처음에는 돼지 저금통에 1억 원을 저축했다가, 친구에게 빌려 줘서 이자를 받고 난 다음부터는 재테크를 알게 되어 은행으로 곧장 가곤했다. 그런데 은행에 저축하고 난 뒤, 얼마 지나지 않아 금리가 올라가서 이자를 더 받게 되었다. 칠득이는 아주 행복했다. 이자로 돈을 조금 더 벌게 되어 득의양양해진 칠득이는 욕심이 났다. 그래서 용돈이나 생활비를 줄여서 더 많이 저축하려고 노력했다. 돈맛을 알았다고나 할까!

칠득이와 같은 구두쇠 작전은 금리가 오르는 상황에서는 흔히 볼 수 있는 장면이다. 지난 1997년 IMF 구제 금융 시대에 금리가 20~30%까지 올라갔을 때, 많은 사람들이 은행에 돈을 저축하기 위해 노력했던 것을 보면 쉽게 이해가 갈 것이다. 아마 칠득이는 용돈을 줄일 수 있는 한도까지 소비를 더 줄여서 저축을 많이 하려고 계속 노력할 것이다. 결국 금리가 올라가면 많은 사람들이 소비를 줄이고 저축을 하게 되는 것이다.

금리 인상의 효과 — 저축과 경기 하강

앞에서도 이야기한대로 칠득이는 금리가 인상되는 바람에 더욱 저축을 열심히 하게 되었다고 한다. 그런데 아무 생각 없이 그냥 가까운 은행에 저축했을까? 만약 칠득이가 재테크를 좀 더 잘 알게 된다면, 여러 은행의 상품을 비교해 보고 그중에서 가장 높은 금리를 주는 상품을 골랐을 가능성이 높다. 그리고 은행에 저축하는 것과 채권에 투자하는 것을 비교해서 더 높은 금리를 주는 쪽을 선택했을 가능성도 있다.

그런데 칠득이가 재테크 공부를 하면서 여러 가지 금융 상품을 비교하고 나서 보니까, 저축한 돈 1억 원으로는 주식을 살 수도 있고 부동산에 투자할 수도 있다는 것을 알게 되었다. 하지만 일단 금리가 올라간 상태에서는 부동산이나 주식보다는 높은 금리를 주는 채권이나 은행 예금이 더 좋다고 판단했다.

칠득이는 둘 중에 채권을 구입하기로 결심했다. 증권은 말 그대로 증권 회사에서 살 수 있다는 것을 짐작할 수 있었지만, 채권은 어디에서 사야 하는지 알 수가 없었다. 그래서 무엇이든지 알아낼 수 있는 인터넷을 찾아보았다. 그랬더니 채권도 증권 회사에서 구입할 수 있다고 했다. 그리고 사채 시장에서도 구입할 수 있다는 것을 알게 되었다. 칠득이는 사채 시장이 어딘지 몰랐기 때문에, 사채 시장이 어디에 있는지 찾아보았다. 그 결과 사채 시장이 특정 장소를 이야기하는 것은 아니지만 사적으로 돈을 빌릴 수 있는 곳이며, 주로 명동 같은 곳에서 채권 매입, 상품권 매입 같은 말이 붙어 있는 곳을 말하는데, 대개는 사무실이나 구두 수선하는 곳이라고 이야기해 주었다. 여러 가지로 재테크 방법을 생각하던 칠득이는 결국 증권 회사에서 보증하는 채권을 구입하여 은행에서보다 높은 이자를 받기로 결정하였다.

칠득이의 재테크 방법을 종합해 보면 금리가 올라가면 소비를 줄이고 은행 예금이나 채권 구매를 늘렸다는 것을 알 수 있다. 그런데 금리가 올라갔을 때, 소비를 줄이는 것은 칠득이만이 아니다. 만복이나 다른 소비자들도 같은 이유로 소비를 줄이고, 저축을 늘린다. 국가적으로 볼 때, 금리가 올라가면 소비는 줄고 저축은 늘어나게 되는 것이다.

또한 금리가 올라가는 상황에서는 기업 입장에서도 소비를 줄이고 저축을 하려고 한다. 참고로 기업이 소비를 줄인다는 이야기는 투자를 뒤로 미룬다는 이야기다. 투자하려면 돈을 빌려야 하고, 빌린 돈에는 이자를 지급해야 한다. 그런데, 지급해야 하는 이자가 올라간 것이다. 결론적으로 금리가 인상되면 소비자는 소비를 줄이고 기업은 투자를 뒤로 미루어서 국가 전체적으로는 경기가 하락하게 된다. 금리 인상의 효과는 저축 증대와 투자 연기로 인한 경기 하강 또는 경기 진정이라고 요약할 수 있는 것이다.

금리가 내려가면 저축률은 낮아지지만, 투자는 증가한다

반대로 금리가 떨어지면 저축은 줄고 경기는 부양될까? 그렇다. 금리가 떨어지면 저축은 줄고 경기는 부양되는 측면이 있다. 1997~1998년경, IMF 시기를 돌이켜 보자. 당시는 금리가 아주 높아서, 채권 금리가 30%대까지 갔었다. 그러다가 이후로 금리가 쭉 떨어져서 지금은 4~5% 정도 수준으로 거의 사상 최저 수준이라고 할 수 있다.

여러 매스컴에서 우리나라의 개인 저축률이 거의 최저 수준이라고 보도하는 것을 보아도 금리가 낮은 것을 알 수 있다. 그런데 한 가지 주의해야 할 것은 매스컴에서 저축률이 높아져야 한다고 걱정하기까지 한다는 사실이다. 금리가 낮아지면 저축률이 떨어지는 것은 당연하다. 그런데도 매스컴에서는 금리 이야기는 하지 않고 저축률이 떨어져서 걱정이라고 해설을 하는 것이다. 과거 이렇게 금리가 낮았을 때와 비교해서도 저축률이 낮다고 지적하고 걱정한다면 일리가 있겠지만 말이다.

금리가 낮으면 기업도 저축보다는 투자를 해야 한다. 그리고 대부분의 경우 실제로 투자가 늘어나고 경기는 부양된다. 하지만 기업들이 금리가 낮은데도 과거 비슷한 금리의 경우보다 투자를 하지 않는다면, 이것은 걱정거리라고 할 수 있다. 기업들이 낮은 이자율에도 불구하고 투자를 미루고 현금 보유고를 늘리는 이유는 여러 가지가 있을 수 있지만, 그중 하나는 불확실한 미래 상황 때문이다.

내일 어떤 일이 발생할지 모르는 불확실한 미래에 대처하기 위해서는 상황 변화에 가장 대응하기 좋은 현금을 갖고 있는 것이 유리하기 때문이다. 이런 경우 경기를 부양하기 위해서는 낮은 금리는 물론이고, 불확실한 상황도 없애야 투자가 활성화될 수 있다. 불확실성은 정책에서 야기되는 불확실성과 환경에서 오는 불확실성으로 나누어 생각할 수 있다. 환경에서 오는 불확실성은 어떻게 할 수 없다 하더라도, 정책의 불확실성이라도 정책 당국에서 줄여 준다면 그만큼 투자가 활성화될 수 있으리라 생각된다.

이자율과 주가의 관계

이자율로 다시 돌아가서, 금리가 올라가면 주가는 어떻게 될까? 이 질문에 대답하기 위해서 칠득이의 예로 돌아가자. 칠득이는 저금한 돈을 주식에 투자할지, 채권에 투자할지를 생각하고 있다. 금리가 상승했으므로 채권을 선택하면 이자를 더 받게 되지만, 주식은 금리가 오른다고 해도 직접적인 영향을 받지 않는다. 따라서 둘 중에서 채권을 선택하는 것이 좋다. 즉 국가적으로 보면 직접적인 변화가 없는 주식보다는 금리가 올라서 더 높은 이자를 주는 채권을 선택하는 칠득이 같은 사람들이 많아지는 것은 당연하다고 할 수 있다. 칠득이처럼 현금을 가지고 있는 사람들은 금리가 상승하면 채권을 더 사게 될 것이라는 이야기다. 채권 수요는 올라가고 주식 수요는 증가하지 않는다는 이야기이기도 하다.

모든 사람이 현금을 가지고 있는 것은 아니다. 대신 주식을 가지고 있는 사람들도 있을 수 있다. 이런 사람들 중에는 주식을 팔아서라도 이자율이 올라간 채권을 사는 것이 유리하다고 생각하는 사람들도 있을 것이다. 이렇게 생각하는 사람들이 주식을 팔게 되면(주식 공급이 증가하면) 주가는 떨어지게 될 것이다. 즉 다른 것은 다 그대로라는 전제에서 보면, 금리가 상승할 때 주가는 떨어진다.

경기, 이자율 그리고 주가

이자율이 올라가면 주가가 떨어진다는 사실은 다른 것이 그대로인 상태에서 적용되는 논리이기 때문에, 다른 것이 변한다면 이야기는 달라질 수 있다. 예를 들어서, 이자율이 언제 올라가는지를 생각해 볼 필요가 있다. 이자율은 경기가 상승 국면에 있을 때 올라가기 마련이다. 그 이유는 경기가 과열되는 것을 막기 위함이기도 하고, 자금에 대한 수요가 많기 때문이기도 하다. 그런데 경기가 상승 국면에 있을 때는 기업들의 수익성도 좋다. 또 앞으로도 좋아질 것으로 예상된다. 이럴 때는 주가도 올라가게 된다.

이럴 때, 경기가 좋아지고 있다는 점을 생각하지 않고 이자율과 주가가 어떤 관계인지만을 보면 관계가 반대인 것처럼 보이게 된다. 이자율이 높아지면 주가도 올라가는 것처럼 보인다는 것이다. 사실 주가가 올라가는 이유는 경기가 좋아지고 있기 때문인데 말이다.

그러면 높은 금리가 주가를 끌어내릴 수 있는 것일까? 경기 상승의 폭이 줄어들기 시작하면, 높은 금리는 주가를 끌어내리는 작용을 하기 시작한다. 그리고 기업들의 수익성이 금리에 비해서 좋아 보이지 않을 때, 금리 인상이 더 큰 효과를 발휘한다고 보면 된다. 이런 시기는 대개 경기가 상승해서 정점에 다다른 시점이라고 할 수 있다.

이때 높은 금리가 본격적으로 주가를 끌어내리기 시작하며 그 속도는 매우 빠르다. 따라서 높은 금리가 주가를 낮추는 역할을 하는 것은 사실인 것이다. 한 가지 참고할 것은 이런 상황에서는 주식에서 높은 이자를 받는 은행 예금으로 갈아타는 것이 재테크 측면에서 더욱 유리할 것이다. 높은 가격으로 주식을 팔아서 좋고, 예금에서 향후 높은 금리를 받아서 좋기 때문이다. 정리해 보면 투자자 측면에서는 경기가 상승 국면일 때는 이자율이 다소 높더라도 주식에 투자하고, 경기의 상승 국면이 마무리될 때는 높은 금리를 주는 은행 예금으로 갈아타는 것이 좋다는 것이다.

금리가 인상되면 경기가 진정된다

경기가 올라가다가 과열되는 조짐이 나타나면, 정부에서는 금리를 인상해서 과열을 진정시키는 정책을 사용하기도 한다. 경기가 과열될 때 금리가 인상되면 소비자들은 소비를 줄이고 기업들도 투자를 줄여서 경기가 진정되는 측면이 있기 때문이다.

다른 각도에서 이자율을 보면 경기가 과열될 때 물가도 함께 올라가는 경향이 있다. 물가가 상승하면 물건 하나를 사려고 해도 예전보다 돈을 더 내야한다. 돈을 더 내기 위해서는 당연히 돈이 더 필요해진다. 화폐에 대한 수요가 늘어나는 것이다. 돈에 대한 수요가 늘어나면 돈의 가격인 이자율이 따라서 상승하는 것은 당연하다고 할 수 있다.

좀 복잡해지는 것 같아, 이쯤에서 경기가 과열된 다음에 어떻게 진행되는지 요약해 보자. 경기 과열은 우선 물가 상승을 불러온다. 물가 상승은 화폐 수요의 상승을 불러오게 되고 화폐 수요의 상승은 이자율을 상승시킨다. 그리고 이자율의 상승은 최종적으로 경기를 진정시키는 작용을 한다. 즉 경기는 과열된 상태에서 시간이 지나면 하락하게 되며, 이 과정을 경기 변동이라고 부른다.

경기 상승 → 물가 상승 → 화폐 수요 상승 → 이자율 상승 → 경기 진정

반대로 경기가 바닥을 지나 회복하는 경기 변동의 과정도 마찬가지로 설명할 수 있다. 일반적으로 경기가 불황인 시기에는 물가가 하락하게 되고, 물가 하락은 곧 이자율 하락으로 나타난다. 그리고 이자율 하락은 경기를 부양시키는 동기로 작용한다. 앞의 경기 상승과 반대로 불황일 때는 이자율 하락을 통해서 경기가 좋아지는 것이다.

경기 하락 → 물가 하락 → 화폐 수요 하락 → 이자율 하락 → 경기 부양

통화 정책

위의 경기 변동 과정을 보면, 경기는 상승하거나 하락하지만 그냥 내버려 두어도 결국은 회복되어 진정하게 된다는 것을 알 수 있다. 경기는 좋았다가도 나빠지고, 다시 좋아지기도 하는 것이다. 그래서 고전파 경제학자들은 현재는 불황이라도, 길게 보면 호황으로 가게 되니까 기다리면 회복된다고 이야기하였다. 그리고 이 이야기는

옳다.

하지만 여기서 한 가지 생각해야 할 점이 있다. 바로 경기가 변동하는 과정에 시간이 너무 오래 걸릴 수도 있다는 것이다. 경기 회복에 시간이 너무 오래 걸린다는 점을 꼬집어서 유명한 경제학자인 케인스Keynes는 "길게 보면 우리 모두 죽는다In the long run, we are all dead."는 말을 하였다. 그렇게 문제점을 지적한 후, 불황에서 빨리 벗어나는 방법을 제시했다.

불황에서 빨리 벗어나는 방법을 알기 위해 앞에서 공부한 경기 변동의 과정을 다시 한 번 살펴보자. 우선 불황일 때는 물건들이 잘 안 팔리니까 물가가 하락하고, 물가가 하락하면 화폐에 대한 수요가 줄어든다. 화폐 수요가 줄어드니까, 화폐의 가격인 이자율도 하락하게 된다. 이자율이 하락하면 소비와 투자가 늘어나서 경기가 다시 좋아지기 시작한다.

과정은 복잡하지만, 경기가 회복되기 직전에 이자율이 하락한다는 것을 알 수 있다. 케인스는 여기에 착안해서 이자율을 인위적으로라도 하락시키자고 이야기했다. 또한 이자율을 하락시키기 위해서는 화폐 공급을 늘리면 된다고 방법론까지 제시했다. 그러면 경기도 좀 더 빨리 회복될 것이라는 것이다. 종합해 보면 경기 회복 전에 나타나는 이자율의 하락을 인위적으로 만들어 경기 회복을 촉진시키자는 이야기가 케인스의 이론이다. 이런 케인스의 이론은 '케인지안 경제학'이라는 이름으로 현재까지도 인정받는 이론이 되었다.

이자율이 떨어지면 경기 부양이 된다는 이야기에 대하여, 왜 통화 정책이라는 이름을 붙였을까? 그 이유는 바로 이자율을 떨어뜨리는 방법이 통화량을 늘리는 방법이기 때문이다. 정부에서 이자율을 떨어뜨리는 정책을 사용하겠다고 발표했을 때는 이자율을 떨어뜨리는 수단을 사용하겠다는 의미를 가지고 있다. 그 수단이 바로 통화량을 늘리는 방법이다. 통화량이 증가한다는 것은 공급의 확대를 의미하므로, 자연히 통화의 가격인 이자율은 떨어지게 된다. 결국 이자율을 낮추어서 경기를 부양하려면 통화 공급을 늘리는 방법을 활용해야 하는 것이다. 그런 이유로 이자율 조정 정책은 통화 정책 중의 하나인 것이다. 10부에서는 통화량과 물가의 관계에 대해서 더 자세히 알아본다.

제10부

통화량과 물가

35
화폐 공급과 물가
통화 제도 1

물가는 결국 통화량에 따라 결정된다.
중앙은행은 통화량을 조절해서 인플레이션이나 디플레이션을 억제하려고 한다.
통화량의 조절 방법은 공개 시장 조작이나 지급 준비율 변경 등이 있다.

통화라고 하면 어떤 사람들은 언뜻 전화 통화通話를 생각하는 사람도 있는데, 이제부터 우리가 공부할 통화는 말을 주고받는 의미의 전화 통화가 아니고 돈 또는 화폐를 의미하는 통화通貨이다. 그럼 통화 제도를 공부하기 전에 많은 사람들이 좋아하는 돈이 외계인들의 눈에는 어떻게 비치는지를 통해서 돈의 중요한 특징을 살펴보자.

돈이 가치를 가지려면 믿음을 주어야 한다

외계인 ET가 지구에 내려왔다. 배가 고파서 먹을 것을 찾으려고 궁리를 하다가 우선 지구 사람들이 어떻게 먹는지를 관찰하기로 했다고 하자. 자세히 보니 지구인들은 음식점에 들어가서 먹고 싶은 것을 주문해서 먹는다. 그리고 음식을 먹은 다음에는 어떤 지구인의 그림이 그려진 초록색 종이를 내는 것이다. ET도 똑같이 시도하기로 했다. 그런데 ET는 돈이 없었기 때문에 아무 종이에나 지구인들의 돈과 비슷하게 초록색을 칠한 다음에 지구인 그림을 그려 넣었다. 그리곤 음식점에 가서 자기가 먹고 싶은 것을 먹은 다음에, 그 종이를 냈다. ET는 어떻게 되었을까? 당연히 ET는 무전취식으로 음식점 주인에게 혼나고, 음식을 먹은 대가로 한동안 설거지를 해주어야 했다고 한다. 물론 처음에 음식점 주인이 ET를 보고 놀랐을 것은 무시하고 하는 이야기다.

　여기서 우리가 생각해야 할 것은 진짜 돈이나 ET가 낸 돈이, 똑같이 돈 자체로는 아무 의미가 없는데도 음식점 주인은 진짜 돈을 받은 경우에만 힘들게 만든 음식을 준다는 것이다. ET가 낸 돈과 진짜 돈의 차이는 뭘까? 그것은 돈 자체로는 별 의미의 차이가 없다고 해도,

진짜 돈은 다른 데 또 쓸 수 있기 때문이다. 지구 사람들의 돈은 받아서 다른 곳에서 또 사용할 수 있지만, ET가 낸 돈은 다른 곳에서는 다시 사용할 수가 없는 것이다. 진짜 돈은 또 다른 곳에서도 사용할 수 있다고 정부가 보증했고 국민들 사이에도 그럴 것이라는 믿음이 있다. 그렇기 때문에, 돈 자체로는 전혀 값어치가 없는 초록색 종이에 불과하지만 가치 있는 물건과 바꿀 수 있는 것이다. 돈과 동일한 모양의 위조 지폐가 가치를 가지지 못하는 것이 바로 이와 같은 이유인 것이다. 자신이 받는 돈에 대해서 다른 곳에 쓸 수 없을 것이라는 의구심이 생긴다면, 돈을 받고 물건을 주는 사람은 없을 것이다.

예를 들어서 가계 수표라는 것이 예전에 있었는데, 개인적으로 쉽게 발행할 수 있는 편리함이 있었다. 또 돈이 없을 때도 필요한 금액을 적기만 하면 되는 그런 수표였다. 그런데 이렇게 편리한 점이 있었는데도, 가계 수표는 활성화되지 못했다. 받는 쪽에서 혹시 부도가 나면 어쩌나 하는 불신이 있어서, 제 역할을 다 할 수 없었던 것이다. 반면 한국은행에서 발행한 돈은 가계 수표와 똑같이 종이에 인쇄된 것인데도 사람들이 모두 의심 없이 받는다. 그 차이를 통해서 화폐의 역할을 알 수 있다.

이렇게 자체로서는 가치가 없는데도 유통되는 화폐를 '법화法貨, fiat money'라고 부른다. 법적으로 만든 화폐라는 뜻이다. 아까 ET가 낸 돈도 화폐라고 부를 수 있을지는 모르지만, 법화는 아니었기 때문에 유통되지 못했던 것이다. 요즘에는 화폐의 종류가 적지만 옛날에는 많았다. 조개껍데기나, 금, 은 같은 귀금속, 심지어는 담배까지 돈의 역할을 했던 적이 있다. 이렇게 자체로서도 값어치를 갖고 있는 물품으로 된 화폐를 '물품 화폐'라고 부른다.

물품으로서 화폐의 역할을 할 수 있는 것은 요즘에도 있는데, 예를 들어 담배 같은 것은 아직도 화폐로 받아들여지는 나라들이 있다고 한다. 담배를 피우는 사람들이 값어치를 두기 때문에 담배가 화폐로서 유통된다는 설명이 가능하다. 한 가지 재미있는 것은 담배를 피우는 사람뿐만 아니라 피우지 않는 사람도 담배를 화폐로 받아들이고 있다는 점이다. 아마도 담배 피는 사람들이 보편적으로 담배를 화폐로서 받아들인다는 것을 알고 있기 때문이라고 짐작할 수 있다.

돈에 대한 믿음이 깨지면 어떤 일이 생길까?

돈이 돈으로서의 역할을 하려면 다른 곳에서도 받아준다는 믿음이 있어야 한다. 그런데 이런 믿음이 깨지면 어떻게 될까? 그렇게 되면, 말 그대로 돈이 없어지는 상황이 된다. 우선은 아주 불편해질 것이 뻔하다. 돈이 없으므로 일단은 물물교환을 해야 하는 사태가 일어날 것이다. 음식점에서 밥을 먹고, 시계 같은 것을 대가로 지불하거나 설거지를 하는 일이 벌어지는 것이다. 아주 불편할 것이다.

그런 일이 정말 벌어질 수 있을까 생각하는 사람들이 있을 수 있다. 하지만 위조 지폐가 만연하면 이런 일은 실제로 일어날 수 있다. 또, 엄청난 초 인플레이션이 생긴다고 하면 물물교환 시대로 돌아갈 가능성이 생긴다. 예를 들어 하루에 100%씩 가격이 상승한다면, 돈은 의미가 없어질 것이기 때문이다. 초 인플레이션에 대해서는 정확한 기준을 세우기는 어렵지만, 만약 1년 동안에 물가가 100배 이상 오른다면 초 인플레이션이라고 부를 수 있다.

이런 비슷한 사례가 2차 대전 중에 있었다고 한다. 독일에 어느 형제가 있었는데, 형은 술을 좋아하고 일하는 것은 싫어하는 베짱이 같은 사람이었고, 동생은 개미같이 열심히 일하는 사람이었다고 한다. 형은 매일 술만 마시고 일은 전혀 하지 않았지만, 동생은 열심히 일해서 번 돈을 아껴 쓰고, 또 아껴 써서 저금을 했다. 그런데 형에게는 자신이 마신 술병을 모아놓는 습관이 있었다고 한다.

  2차 대전이 끝났다. 동생에게는 저금한 돈이 있었고 형에게는 빈 병이 아주 많이 있었다. 그런데 2차 대전이 끝난 후의 독일은 물품이 부족한 상황에서 초 인플레이션을 겪고 있었다. 형이 모은 술병이 동생이 모은 돈보다 훨씬 많은 가치를 가지게 된 것이다. 이런 상황은 돈은 돈으로서의 제 역할을 하지 못하는 상황이다. 아마 형은 횡재했다고 생각했겠지만 반대로 동생은 무척 억울했을 것이다.

인플레이션이 일어나는 이유

인플레이션은 왜 일어나는 것일까? 경제학에서는 오랜 기간 동안 인플레이션에 대해서 연구해 왔다. 연구의 성과만큼 학설도 여러 가지가 있는데, 그중에서 대표적인 '화폐 수량설Quantity theory of money'을 사례를 통해서 설명해 보자.

  어린아이 두 명이 어떤 방에서 소꿉장난을 하고 있다고 한다. 두 아이는 "이 방이 우리나라다."라고 이야기하고 놀기 시작했다. 한 아이는 예쁜 인형을 가지고 있고, 다른 아이는 예쁘게 만들어진 장난감 돈 만 원을 가지고 있다. 그런데 인형을 가지고 있는 아이는 장난감 돈이 가지고 싶어 졌고, 장난감 돈을 가지고 있는 아이는 인형이 가지고 싶어 졌다. 그래서 두 아이는 돈과 인형을 서로 맞바꾸자고 했다. 이와 같이 장난감 인형과 돈을 바꾼다면, 인형은 얼마에 팔린 것일까? 돈은 만 원이고, 인형은 하나니까, 장난감 돈 만 원이 인형의 가격이 된다. 결국 아이들의 나라에서 인형의 가격은 만 원인 셈이다.

그런데 엄마가 옆에 있다가 만 원을 가진 아이의 돈을 10만 원짜리 장난감 돈으로 바꾸었다면 어떠했을까? 아마 인형의 가격은 10만 원이 되었을 것이다. 이 상황의 의미는 결국 한 나라 안에서 물건의 가격은 돈이 얼마 있는지에 달려 있다는 것이다. 인형은 그대로인데, 아이들의 나라에서 화폐 공급이 만 원에서 10만 원으로 늘어났으므로, 인플레이션이 생긴 것이라고 할 수 있는 것이다.

아이들의 나라에 비해서 우리의 현실은 훨씬 복잡해서 혼란스럽고, 정리하기가 어렵다. 하지만 잘 생각해 보면 소꿉놀이의 사례가 현실에도 적용된다는 것을 알 수 있다. 한국은행이 엄마의 역할을 하는 것이고, 아이들은 국민들의 역할인 것이다. 어쨌거나 결국 가격이라는 것은 그 나라에 돈이 얼마나 많이 있는지에 따라서 결정된다는 것이 바로 '화폐 수량설'이다.

앞의 사례에는 물건이 하나만 있어서 단순했지만, 이제 조금 더 복잡하게 물건을 두 개로 해서 설명하자. 조금 전의 소꿉놀이로 다시 돌아가서, 한 아이가 만 원을 가지고 있고, 다른 아이는 인형뿐 아니라 아이스크림도 가지고 있다고 하자. 만약 돈을 가진 아이가 인형과 아이스크림을 돈을 주고 산다고 하면, 우리는 인형과 아이스크림의 가격이 각각 얼마인지 알 수가 없다. 하지만 인형과 아이스크림의 가격을 합치면 만 원이라는 것은 알 수 있다.

이번에도 앞의 경우와 마찬가지로 옆에 있던 어머니가 만 원을 10만 원으로 바꾸었다고 하자. 인형의 가격이 어떻게 변할지, 아이스크림의 가격이 어떻게 변할지는 여전히 잘 알 수가 없다. 하지만 두 물건의 가격을 합치면 10만 원이 될 것이라는 것은 예측할 수 있다.

왜냐하면 그 돈을 다른데 쓸 곳이 있다면 모르지만 사용할 다른 곳이 없기 때문이다.

이런 상황에 물건 값은 어떻게 될까? 그야말로 아이들 마음대로 일 것이다. 예를 들어 아이스크림 값으로 100원을 주고, 나머지 모든 돈을 인형 살 때 줄 수도 있다. 물론 반대로 할 수도 있다. 이와 마찬가지로 실물 경제에서도 각 물건 가격이 어떻게 될지 단언하기 어렵다. 현실 경제에서는 사람도 두 명이 아니라 훨씬 많고, 물건의 수도 무수히 많다. 따라서 각각의 물건 가격이 어떻게 변화할지 예측하기는 아이들의 경우보다 더 어렵지만, 통화량이 증가하면 전체 물가 수준이 올라갈 것이라는 사실은 예상할 수 있다. 앞서 이야기한대로 이와 같이 전체적인 물가 수준이 올라가는 현상을 인플레이션이라고 부른다.

'화폐 수량설'은 결론적으로 물건의 종류나 사람들이 아무리 많아도, 화폐 공급이 많아지면 궁극적으로는 인플레이션이 발생한다는 이론으로 정리할 수 있다. 다만, 어느 한 물건의 값이 어떻게 되는지를 예측하는 이론은 아니다.

통화량을 조절하는 방법1. 돈을 더 많이 발행한다

앞에서 화폐 수량설을 통하여 통화량과 인플레이션은 불가분의 관계가 있다는 사실을 알았다. 그러면 물가의 수준을 결정하는 중요한 요인인 통화량은 누가 결정하는 것일까? 아마 많은 사람들이 우리나라의 중앙 은행인 한국은행이라고 답할 것이다. 맞는 대답이다. 돈은 조폐 공사에서 인쇄하지만, 한국은행이 조폐 공사에 의뢰해서 돈을 인쇄하는 것이니까, 한국은행이 우리나라의 통화량을 결정한다고 할 수 있는 것이다.

그럼, 중앙 은행에서 통화량을 늘리고 싶을 때는 어떻게 할까? 가장 쉬운 방법은 조폐 공사에 의뢰해서 돈을 더 많이 인쇄하는 방법이다. 그런데 인쇄한 돈을 누구에게 얼마씩 나누어 주는지를 생각해야 한다. 인쇄한 돈을 사람들에게 나누어 주어야 시장에서 유통이 될 텐데, 어떻게 나누어 줄지가 문제인 것이다.

이와 같이 한국은행이 어떻게 돈을 시장에 유통시키는가 하는 방법을 바로 통화량 조절 방법이라고 한다. 인쇄한 돈을 한국은행이나 조폐 공사 사람들이 나누어 가질 수는 없다. 불공평하기 때문이다. 그래서 누구에게나 공평한 방법을 찾아야 한다.

아마 누구나 한번쯤 '하늘에서 돈이 떨어졌으면 좋겠다.'는 생각을 해 본 적이 있을 것이다. 공평한 방법 중에 제일 쉽고도 무자비한 방법이 바로 이와 같이 하늘에서 무작위로 돈을 뿌리는 '헬리콥터 돈'이라는 방법이다. 이 방법은 공평한 방법이긴 하지만 실제로 현실에서 사용되기 보다는 경제학자들이 가상적으로 생각한 방법이다.

왜냐하면 통화를 공급하는 여러 가지 방법에는 각각 장단점이 있기 때문에, 그런 방법의 장단점을 이야기 하지 않으면서 단순히 통화량이 늘었다는 사실만을 이야기하고자 하는 경우에 주로 인용하는 내용이기 때문이다. 즉 돈이 풀린 상황에만 초점을 맞추기 위해서 하는 이야기라는 것이다. 그래서 현실에서는 이런 방법으로 통화량을 조절하는 경우는 매우 드물다.

예외적으로 2008년의 금융 위기를 극복하기 위해 미국이나 일본 등에서 이와 비슷한 방법을 동원한 바 있다. 침체되는 경기를 부양하기 위해서 'Stimulus Money'라는 이름으로 각 가정에 돈을 무상으로 나누어 준 것이다. 어떤 나라에서는 일정 소득 이하인 가정에만 인쇄한 돈을 나누어 주었다. 물론 돈을 들고 각 가정을 방문해서 나누어 준 것은 아니고, 은행 계좌로 이체하거나 수표를 발행하였다. 어찌됐건 이렇게 되면 당연히 통화 공급은 늘어난다.

인쇄한 돈을 공급하는 또 다른 방법은 인쇄한 돈을 정부의 예산으로 활용하는 것이다. 사회 간접 자본을 구축하면서 인건비나 자재비로 인쇄한 돈을 지급하는 방법이다. 실제로 100여 년 전에 대원군이 경복궁을 재건하면서 필요한 재원을 충당하기 위해 사용한 방법이다. 앞서도 이야기했지만, 이렇게 통화공급을 늘리면 인플레이션이라는 부작용이 발생한다. 대원군의 경복궁 재건에서 발생한 초 인플레이션처럼 말이다.

통화량을 조절하는 방법2. 공개 시장 조작

화폐 공급을 늘리는(돈을 분배하는) 또 다른 방법으로 생각할 수 있는 것은 한국은행이 시중에 있는 채권을 사는 것이다. 여러분이 아는 것처럼, 채권이란 것은 돈이 필요한 사람이 돈을 빌려 준 사람들에게 언제까지 돈을 갚겠다고 약속한 증서다.

채권을 한국은행이 산다면 한국은행은 돈을 채무자에게 빌려 주어야 한다. 한국은행은 원칙적으로 자기 돈이 없는데 돈을 빌려 주어야 한다면, 채권을 살 수 있는 금액만큼 돈을 찍어 내야 한다는 이야기다. 결국 한국은행이 채권을 산다면, 채권의 가격만큼 시중의 통화량이 늘어나는 것이다. 물론, 나중에 한국은행에서 이 돈을 돌려받게 되면 늘었던 통화량은 다시 줄어들게 되지만, 그 기간 동안 통화량은 증가하는 것이다. 그리고 이처럼 중앙 은행이 공개된 시장에서 채권을 사거나 팔아서 통화량을 조절하는 것을 '공개 시장 조작open market operation'이라고 부른다.

만약 반대로 시중에 돈이 너무 많이 풀려서 물가가 오르는 인플레이션 조짐이 보이면 한국은행은 통화량을 줄이고 싶을 것이다. 이럴 경우에는 반대로 채권을 팔면 된다. 그런데 한국은행에서는 채권을 팔아서 시중의 통화량을 조절하고 싶지만 가지고 있는 채권이 없다면, 이때는 어떻게 할까?

이런 상황이 발생하면 한국은행은 자신의 이름으로 새로 채권을 발행한다. 채권이니 당연히 이자가 있고, 게다가 한국은행에서 발행한 채권이니 떼일 염려가 없으므로 구매하겠다는 사람들이 많을 것이다. 이런 사람들이 채권을 사면, 그 돈은 한국은행으로 들어가게 되어, 결국 시중에는 돈이 줄어든다. 통화량이 줄어들게 되는 것이다. 이처럼 한국은행이 통화량을 조절하려고 만든 채권을 '통화 안정 채권currency stabilization bond'이라고 부른다.

통화량을 조절하는 방법3. 일반 은행에 직접 돈을 빌려 준다

통화량을 조절하는 또 다른 방법으로는 한국은행이 시중의 일반 은행에게 인쇄한 돈을 직접 빌려 주는 것이다. 시중 은행들의 입장에서 보면 중앙 은행으로부터 저리에 돈을 빌려서, 일반인들에게 대출한다면 이익이 발생하므로 싫어할 이유가 없다. 그리고 나중에 대출금을 회수해서, 중앙 은행에서 빌린 돈을 갚으면 된다.

만약 통화량을 늘리고 싶은데 은행들이 돈을 빌려 가지 않는다면 중앙 은행은 어떻게 해야 할까? 이자율을 낮추어 은행들이 돈을 빌리고 싶게 만들면 된다. 이렇게 중앙 은행에서 의도적으로 결정한 금리를 '정책 금리'라고 부른다.

일반적으로 서민들은 돈을 빌릴 때, 담보가 필요한 경우가 많은데, 시중 은행들도 한국은행에 담보를 제공할까? 필자도 정확히는 잘 모르지만, 아마 은행들도 일반 서민들과 같다고 생각하면 될 것이다. 우수한 시중 은행은 신용으로 빌릴 수 있겠지만, 반대로 재무 구조가 취약하고 신용이 떨어지는 시중 은행은 갖고 있는 회사채나 다른 자산을 담보로 잡힐 수도 있을 것이다. 또 신용이 떨어지므로 높은 금리를 부담해야 할 수도 있다. 신용이건 담보를 잡건, 시중 은행이 중앙 은행으로부터 돈을 빌리면 통화량이 증가한다는 이치는 같다.

통화량을 조절하는 방법 4. 지급 준비율 제도를 이용한다

중앙 은행이 통화량을 조절하는 또 다른 방법은 바로 지급 준비율 cash reserve ratio 제도를 이용하는 것이다. 시중 은행은 고객들의 돈을 예금으로 받아서, 그 돈을 더 높은 금리에 대출하는 기업이라고 볼 수 있다. 그런데 예금을 했던 고객이 자신의 돈을 인출하려는데, 은행에서 돈을 모두 대출해 줘서 지불할 돈이 없다고 하면 어떻겠는가? 그렇게 되면 당연히 아무도 예금을 하지 않을 것이다. 그래서 은행에서는 예금자의 지불 요구를 충족시키기 위해 예금으로 받은 돈의 일정 부분을 현금으로 갖고 있게 된다.

은행에서는 얼마 정도의 돈을 현금으로 가지고 있어야 할까? 시중 은행의 입장에서는 더 많은 대출을 해야 이익이 생기니까, 현금을 덜 가지고 싶어 한다. 하지만 현금을 너무 적게 가지고 있으면 고객들이 예금을 찾으러 왔을 때 곤란한 일이 일어날 수 있다. 그러다 보면 급한 상황이 벌어질 수 있고, 현금이 일시적으로 부족해서 은행이 망하게 되는 난처한 상황에 처해질 수도 있다.

이런 상황이 발생하면 은행이 어려운 지경에 빠지는 것뿐 아니라 경제 전체가 불안정해져서 모두 힘든 상황이 된다. 이런 상황으로 인해 수많은 은행이 망했고 그 여파로 경제가 급격히 나빠졌던 사건이 1930년대 미국에서 발생했던 대공황 Great Depression이다.

이런 경우가 생기지 않도록 중앙 은행은 시중 은행들을 감독하면서 예금 중의 일정 부분을 현금으로 보유하고 있도록 지도한다. 그럼에도 불구하고 예금자들이 한 번에 몰려올 경우, 감당할 수 없는 은행은 중앙 은행에 도움을 요청하게 된다. 도움을 요청받은 중앙 은행은 현금을 공급하여 은행의 일시적 곤란을 막는 보험 회사의 역할을 수행한다. 그리고 보험금으로 활용하기 위하여 은행 예금액의 일정 비율을 중앙 은행에 예치하도록 한다.

이 비율을 바로 '지급 준비율'이라고 하는데, 시중 은행은 한국은행이 제시한 지급 준비율을 꼭 지켜야 한다. 만약 이와 같은 규칙을 지키지 않으면 급할 때 중앙 은행에서 돈을 빌리지 못하는 것과 같은 조치를 당할 수도 있기 때문이다.

지급 준비율과 통화량은 어떤 관계가 있을까? 지급 준비율이 낮아지면 시중의 일반 은행들은 돈을 적게 보유하고 있어도 되므로, 대출을 더 많이 할 수 있게 된다. 그리고 대출이 많아지면 시중에 통화량이 증가하게 되고, 이것은 곧바로 물가와 경제에 영향을 미치게 된다. 그래서 한국은행은 지급 준비율을 높이거나 낮춤으로서 시중의 통화량을 조절할 수 있다. 다만, 지급 준비율을 많이 낮출 경우에는 시중 은행들이 자칫 현금 부족 사태에 빠질 수도 있다.

36
통화량과 신용 창조
통화 제도 2

한국은행에서 발행한 통화가 유통되는 과정에서 신용 창조가 발생한다.
신용 창조에는 일정한 시간이 걸린다.
이는 통화 정책의 효과도 시간이 걸린다는 것을 의미한다.

통화량은 시중에 유통되는 돈의 양을 말한다. 앞서 이야기한대로 통화량을 제대로 조절하지 않으면 경기가 침체되거나 인플레이션이 생길 수 있다. 통화량을 원하는 대로 조정하기 위해서는 먼저 통화량을 측정해야 한다. 통화량의 측정 방법에는 여러 종류가 있다. 여러 종류의 통화량 측정 방법을 알아보고, 그 과정에서 신용 창조에 대해서도 생각해 본다.

통화량 조절 정책이 필요한 이유

통화량의 종류에 대해 이야기하기 전에 우선 통화량을 조절하는 주기관인 한국은행의 입장에서 통화량을 바라보는 것이 필요하다. 한국은행은 통화량이 많으면 인플레이션이 생긴다는 것을 알고 있다. 그렇다고 통화량을 무조건 줄이는 정책을 사용하지는 않는다. 통화량을 줄이면 돈이 부족해져서 사람들이 경제생활을 할 때 불편해지기 때문이다. 물건을 사거나 팔려면 돈이 있어야 하는데, 돈이 없어서 못 쓰는 상황이 생길 수 있다. 또한 돈이 귀해지니까 물건 가격도 떨어진다. 이렇게 되면 경기가 침체되고, 인플레이션의 반대인 디플레이션이 생길 수도 있다. 참고로 디플레이션이 인플레이션보다 경제에 더 나쁘다고 생각하는 경제학자들도 많다.

결국 통화량이 너무 많으면 인플레이션이 생기고, 너무 적으면 경기 침체와 디플레이션이 일어날 수 있으니까, 한국은행은 통화량을 잘 조절해야 한다.

통화의 종류와 통화량의 개념

통화량을 잘 조절하려면 우선 시중에 돈이 얼마나 있는지를 정확히 아는 것이 중요하다. '아는 것이 힘이다.'라는 우리나라 속담과 '측정할 수 있는 것은 조절할 수도 있다 What's measurable is also controllable.'라는 외국 속담도 있지 않은가! 현재의 통화량도 모르면서 통화량을 조절하겠다는 것은 무리라고 할 수 있다. 현재의 몸무게를 모르면서 목표 몸무게에 어떻게 도달하겠는가. 현재 시중에 있는 통화량을 어떻게 알 수 있을까? 어떤 사람은 "한국은행에서 돈을 인쇄하는 것이니까, 통화량을 알려면 인쇄된 돈이 얼마인지 잘 기록해 두면 되는 것 아닌가?"라고 생각한다. 물론 찢어지거나 타버린 돈 때문에 생기는 오차는 있겠지만 말이다.

맞는 말이다. 이와 같이 한국은행이 인쇄하여 시중에서 유통되는 돈을 본원 통화本源通貨라고 부르는데, 본원 통화가 얼마인지 알아 두는 것도 현재의 통화량을 알 수 있는 한 가지 방법이다. 하지만, 사람들이 실제로 자기 돈이라고 생각하는 금액을 모두 합치면 본원 통화보다 신기하게도 훨씬 더 많다. 바로 신용 창조 때문인데,『흥부전』을 이용해서 신용 창조가 무엇인지 알아보자.

『흥부전』을 보면 다 아는 것처럼 동생인 흥부는 가난하고 형인 놀부는 돈이 많다고 알려져 있다. 그런데 놀부가 부자라고 하더라도 꼭 현금을 많이 가지고 있을 것이라고 단정 지을 수는 없다. 놀부는 현금도 있겠지만, 은행에 저금한 돈도 있을 것이고, 요즘으로 치면 채권에 해당되는 재산을 갖고 있을 수도 있다. 또한 곡식이나 비단과 같은 현물이나 부동산, 금 같은 보물을 더 많이 가지고 있을 수도 있기 때문이다.

실제로 많은 수의 부자들이 현금보다는 부동산이나 주식, 채권과 같은 것들을 더 많이 소유하고 있는 경우를 본다. 우리가 생각해야 할 통화란 개념 속에는 지갑 속의 현금 말고도 염두에 두어야 할 것이 많다는 뜻이다. 그래서 우리가 일반적으로 누구를 가리켜 부자라고 말할 때는 그 사람이 현금화할 수 있는 자산이 많다는 것을 의미한다.

현금화할 수 있는 자산에는 여러 가지 종류가 있는데, 얼마나 쉽게 현금화할 수 있는지에 따라서 통화량에 포함하기도 하고 제외하기도 한다. 아래에서는 통화량에 포함하는 자산의 종류를 설명한다.

1. 보통 예금

우선 우리가 현금처럼 생각하는 은행의 보통 예금은 언제든지 가서 찾을 수 있다. 365일, 공휴일이나 밤에도 언제든지 마음만 먹으면 찾을 수 있다. 이렇게 금방 찾을 수 있고, 찾아도 손해가 없는 예금을 '요구불 예금'이라고 부르는데, 많은 사람들이 현금처럼 생각하고 있다.

2. 저축성 예금

같은 은행의 예금이라도 정기 예금이나 정기 적금 같은 것들은 금방 찾으면 손해기 때문에 사람들은 여유를 두고 기간을 채운 뒤에 찾는다. 이렇게 정해진 기간이 되어야 찾을 수 있는 예금을 '저축성 예금'이라고 부르는데, 현금은 현금이지만 조금 천천히 찾을 수 있는 현금이라고 할 수 있다.

3. 양도성 예금 증서

CD라고 부르는 '양도성 예금 증서'도 통화량에 포함되어야 하는 것 아닌가라고 물을 수 있는데, 물론 맞는 말이다. 다만 양도성 예금 증서는 정기 예금 같은 것들보다도 만기가 더 긴 경우가 많으므로, 시간적 여유를 조금 더 가진 뒤에 현금화할 수 있는 예금이라고 생각하면 된다. CD와 비슷한 것으로 금전 신탁도 있는데, 이런 것들도 현금화가 가능하니까 통화량에 포함시킬 수 있을 것이다.

한 가지 더 우리가 알아야 할 것은 한국은행에서 통화량을 측정하는 데는 금 같은 보석류나, 부동산은 통화량에 포함하지 않는다는 것이다. 쉽게 현금화가 가능하다는 면에서 통화의 종류가 아니라고 할 수는 없지만, 통화량을 측정하는 데 사용되는 통화의 개념에 포함시키기에는 좀 부담스러운 면이 있기 때문이다. 현금화가 가능하다는 기능을 가지기는 했지만, 돈은 아니니까 말이다. 거기다 현금화했을 때 현금이 얼마나 될지도 거래 가격에 따라 달라지기 때문에 통화량에 포함하기도 어렵다.

이런 현물은 그 자체로서 통화의 의미를 가지는 것은 아니므로 현금으로 모습을 바꾸었을 때부터 비로소 통화량 측정의 대상으로 인정된다. 반면에 은행 예금은 돈으로서, 은행이나 금융 시장을 통해 항상 교환되고 유통된다. 그래서 통화에 보석이나 부동산은 포함하지 않고, 은행 예금은 통화량에 포함하는 것이다.

이제까지는 중앙 은행과 일반 은행에 대해서만 이야기만 했다. 그런데 우리나라의 금융 기관에는 은행과 비슷한 기능을 하는 기관이 여럿 있다. 증권 회사, 상호 저축 은행이나, 투자 신탁 회사, 보험 회사, 신용 카드 회사 같은 곳들이다. 이런 곳에 예치된 자금도 통화량에 포함해야 하는지 한국은행은 고민하게 된다.

통화량 측정에 사용되는 통화 지표들

한국은행은 현재의 통화량을 정확히 파악해야만 측정된 통화량을 근거로 통화량을 정확히 조절할 수 있다. 이런 조절이 맞아떨어져야 경기 침체나 인플레이션을 통제할 수 있는 것이다.

우리나라와 세계의 여러 나라에서는 통화량의 크기와 변동 사항을 알 수 있도록 통화를 지표로 만들어서 측정하고 있는데, 그중에 가장 대표적인 통화 지표가 M1이다. 은행에서 언제든지 손해 없이 찾을 수 있는 당좌 예금이나 보통 예금 같은 요구불 예금과 수시 입출금식 예금은 언제든지 찾을 수 있다는 면에서 유사 현금으로 볼 수 있다. 그래서 요구불 예금인 예금 통화와 수시 입출금식 저축성 예금을 본원 통화인 현금 통화에 더해서 통화량이라고 보는 것이다. 이렇게 계산된 통화량을 우리말로는 '협의 통화'라고 한다.

협의 통화(M1)=본원 통화+요구불 예금+수시 입출금식 저축 예금

앞에서 말한 것처럼 일정한 기간이 지나면 이자가 붙은 저축성 예금과 우리나라 기업이나 가계가 예금한 외화인 '거주자 외화 예금'까지 더한 통화량, 즉 M1에 저축성 예금과 거주자외화 예금까지 더한 통화량을 'M2'라고 부른다. 이것을 우리말로 '광의 통화'라고 하는데, 한국은행에서는 우리나라의 상황에 맞추어 아래와 같은 기준으로 광의 통화를 산정하고 있다.

광의 통화(M2)=M1+2년 이내의 정기 예금, 적금 및 부금+시장형 상품+2년 이내의 실적 배당형 상품+2년 이내의 금융채+기타(투신 증권 저축, 종금사 발행 어음)

Lf라는 것도 있다. 우리말로는 '금융 기관 유동성'이라고 하는데, Lf는 M2에다 양도성 예금 증서인 CD와 금전 신탁 수탁액까지 모두 더한 것이다. 즉 본원 통화와 요구불 예금, 저축성 예금 그리고 거주자 예금에다, CD와 금전 신탁을 합친 금액이다.

Lf = M2+M2 포함 금융 상품 중 만기 2년 이상 정기 예금과 적금

및 금융채 등+한국 증권 금융(주)의 예수금+생명 보험 회사(우체국 보험 포함)의 보험 계약 준비금+농협 국민 생명 공제의 예수금 등

또 다른 지표인 'L'은 '광의 유동성'이라고도 불리는 것으로, Lf에다 정부와 기업 발행 유동성 상품을 합한 통화량이다.

L = Lf+정부 및 기업 등이 발행한 유동성 시장 금융 상품(증권 회사 RP, 여신 전문 기관의 채권, 예금 보험 공사채, 자산 관리 공사채, 자산 유동화 전문 회사의 자산 유동화 증권, 국채, 지방채, 기업 어음, 회사채 등)

이런 경제 지표들 중에서 실물 경제와의 관계에 따라 한국은행에서는 중심 지표를 M1에서 M2, Lf, L 등으로 바꾸어 사용했는데, 그중에서 요즘 많이 사용하고 있는 것은 M2라고 할 수 있다.

발행된 돈과 시중의 통화는 다르다

한국은행에서 발행한 돈인 본원 통화는 결국 은행에 예금하는 것이다. 그래서 따지고 보면, 두 금액이 같은 것 아닌가라는 생각을 할 수 있다. 본원 통화를 저금하는 것이 은행의 요구불 예금이므로, 본원 통화와 M1은 같은 것인데, 굳이 본원 통화와 M1을 따로 파악할 필요가 있을까라는 생각이 드는 것이다. 하지만 본원 통화인 현금만 파악하는 것과 은행에 예금된 돈을 합한 M1을 파악하는 것에는 엄청난 차이가 존재한다.

민간이 보유한 본원 통화인 현금을 예금한 것이 은행 예금인 것

은 맞지만, 금액상에는 차이가 생긴다. 이런 차이가 발생하는 원인은 대출을 통해서 같은 돈을 여러 사람들이 활용하기 때문이다. 은행은 예금을 받은 다음에 그 돈을 운용해서 번 돈으로 이자를 지급한다. 예금을 운용할 때는 그 돈으로 주식이나 부동산을 살 수도 있지만, 보통은 예금보다 더 높은 이자를 받고 기업이나 개인에게 대출을 한다. 예금에 이자를 주고도 돈을 버는 것이다. 이 과정에서 금융 기관들은 돈을 여러 번 활용하게 된다.

은행에서 대출을 하면 같은 돈을 여러 번 활용하게 된다는 사실을 사례를 통해 자세히 알아보자. 놀부가 1억 원을 예금했다고 하자. 놀부는 자기 돈을 은행에 저금한 것이므로, 자기 돈은 1억 원이라고 생각할 것이다. 놀부가 언제든지 찾을 수 있는 돈이니까, 그 생각은 당연히 맞다.

한편 은행에서는 놀부의 돈 1억 원을 다른 사람에게 대출한다. 흥부에게 대출했다고 하자. 흥부는 대출을 받아 1억 원의 현금을 가지게 되었으므로, 자기도 돈 1억 원을 가지고 있다고 생각한다. 흥부는 빚이 1억이고, 현금도 1억이니까 빚 갚으면 재산은 없겠지만, 당장 현금으로 1억이 있는 것도 사실이다.

한국은행에서 발행한 본원 통화만 따지고 보면 1억 원이지만, 놀부와 흥부 두 사람이 가지고 있는 돈을 더하면 2억 원이다. 이처럼 중앙 은행에서 인쇄한 돈과 사람들이 생각하는 통화량은 서로 다르다. 그래서 시중에 있는 현금은 2억 원이라고 생각하는 통화량 지표가 바로 M1이다. 대출을 통해서 같은 돈을 여러 사람이 활용하고 있는 것이다. 앞서도 이야기했지만 인쇄된 1억 원만을 통화량으로 생각하는 지표는 '본원 통화'다.

새로운 신용이 창조되는 데는 시간이 필요하다

여기서 조금 더 생각할 것이 있다. 대출을 받은 사람인 흥부가 대출받은 돈을 실제로 쓸 때까지는 짧게는 몇 시간에서 며칠, 길게는 몇 달의 기간이 필요하다. 이 시간 동안에 아마 대부분의 사람들은 대출받은 돈을 또 금융권에 넣어 두게 된다. 그러면 대출금은 짧은 시간이라 하더라도 다시 은행의 예금이 될 것이고, 그 은행은 또 대출을 할 것이다. 그러면 M1같은 통화량은 다시 증가하게 된다. 그러다 보니까, M1은 본원 통화의 몇 배가 되는 것이 보통이다. 이렇게 같은 돈이 대출을 통해서 늘어나는 이치를 '신용 창조Money creation'라고 부른다.

참고로 한국은행의 홈페이지를 보면, 2008년 말 기준으로 본원 통화는 25조 원 정도인데 반해, M1은 330조 원이나 되었다. 신용 창조를 통해서 본원 통화의 13배가 넘는 돈이 유통되고 있다는 이야기다. 같은 돈을 최소한 13명이 소유하고 있다는 이야기도 되는 것이다. 그리고 이 숫자를 '통화 승수Money multiplier'라고 부른다. 통화 승수는 한국은행에서 인쇄한 돈의 몇 배가 대출을 통해서 창조되었는지를 측정한다.

여기에 더 많은 금융 상품을 포함하면, 통화량은 더욱 늘어나게 된다. 왜냐하면 금융 상품이 많아지면 예금 액수의 합계가 많아질 것이기 때문이다. 신용 창조의 과정에서 놀부가 은행의 보통 예금에 저금하지 않고 정기 예금에 저금했다면, 정기 예금은 M1에 포함되지 않으므로 M1 통화량에서 빠진다. 그런데 금융 상품을 늘려서 정기 예금까지 포함하는 M2 통화량을 계산하면 놀부의 저금액만큼 M2 통화량이 일차적으로 증가한다. 거기다 정기 예금된 돈을 대출받은 사람이 다시 정기 예금에 저금한다면, 또다시 M2 통화량은 증가하게 된다. 그래서 M2는 M1보다 훨씬 크다. 마찬가지로 Lf도 M2보다 크다.

여기서 덧붙이고 싶은 이야기는 새로운 신용이 창조되려면 일정한 시간이 걸린다는 것을 염두에 두어야 한다는 것이다. 한국은행에서 통화량을 늘리면, 국민들은 남는 돈만큼 은행에 더 많이 예금하게 된다. 늘어난 예금은 다시 다른 사람에게 대출되는데, 은행에서 대출을 하기 위해서는 적절한 사람이나 기업을 물색하고 심사하게 된다. 그러면 그 과정에서 시간이 좀 걸리는 것은 당연하다. 게다가 다시 은행에 저금하고, 그 금액이 또 대출되고 이런 과정이 여러 번 반복되려면 일정한 기간이 필요하다. 이 이야기는 매우 중요한 정책적 시사점을 갖고 있다.

샤워실의 바보

경제학자들 사이에서는 유명한 이야기로 '샤워실의 바보A fool in the shower'라는 이야기가 있다. 샤워실의 바보는 노벨상을 수상한 미국의 유명한 경제학자 프리드먼Milton Friedman 교수가 한 이야기로 샤워를 하러 샤워실에 들어간 바보가 주인공이다. 이 이야기의 주인공을 우리는 만복이라고 하자.

만복이는 샤워를 하기 위해 샤워실에 들어가서 물을 틀었다. 샤워기에서 나오는 물이 너무 차가웠다. 그래서 수도꼭지를 뜨거운 쪽으로 조금 돌렸다. 그래도 물이 계속 차가운 것이다. 그래서 이번에는 수도꼭지를 많이 돌렸다. 이제 온도가 좀 맞는 것 같았다. 그래서 샤워를 하려고 했는데, 샤워기에서 나오는 물이 갑자기 너무 뜨거워졌다.

조금 참고 기다리면 적정한 온도가 되었을 것을, 참지를 못하고 계속 돌렸으니 너무 뜨겁게 된 것이다. 그래서 만복이는 다시 차가운 쪽으로 돌렸다. 물이 아직도 뜨거운 것 같았다. 만복이는 차가운 쪽으로 더 돌렸다. 이제야 온도가 맞는 것 같다고 생각했는데, 조금 있으니까 다시 너무 차가워졌다. 결국 만복이는 뜨거웠다 차가웠다를 반복하는 물로 인해 샤워를 못하고 말았다고 한다. 밖에서 그 모습을 바라보는 사람의 입장에서 보면 정말 바보로 보일 것이다.

어쨌거나 바로 이 샤워실의 바보 이야기가 통화량 조절에 시간이 걸린다는 것과 관련이 있다. 샤워실에서의 물 온도 조정은 시간이 걸린다. 마찬가지로 중앙 은행에서 통화량을 조절하면, 신용 창조를 통해서 최종 통화량이 조절되지만, 그 과정에 시간이 걸린다. 그런데 많은 사람들이 정책의 효과가 발휘되기까지의 시간을 참지 못하고 중앙 은행의 정책이 잘못됐다고 지적한다. 그러면 압력에 못이긴 중앙 은행에서는 하는 수 없이 수도꼭지를 더 돌리지 않을 수 없게 된다. 너무 많이 돌린 수도꼭지 덕분에 국민들은 찬물과 더운물을 번갈아 가면서 맞아야 하는 만복이처럼 되고 만다. 물론, 중앙 은행의 정책 당국자가 만복이처럼 성격이 급하거나 정책을 잘못 세우는 사람이어도 결과는 같아진다.

위의 이야기는 통화량을 조절하는 통화 정책에 해당될 뿐만 아니라, 다른 많은 경제 정책에도 해당된다. 경제 정책은 일정한 시간이 필요하다. 그런데 그 시간을 못 참고 연신 수도꼭지를 돌려 대면 더러워진 몸을 깨끗하게 씻어 낼 수 없다. 제대로 된 샤워를 할 수가 없는 것이다. 경제 정책도 마찬가지다.

에필로그

　지난 200여 년간 경제학이 한 가장 큰 공헌은 시장을 통한 경제 운용이 효율적이라는 사실을 발견한 것이었다. 사실 공산주의 사회에서 도입하고 실패한 계획 경제를 제외하고는 시장 경제를 대체할 만한 경제 운용 방식이 제안된 적도 없다. 잘 알다시피 계획 경제는 커다란 실패로 끝이 났기 때문에 시장 경제 이외의 그럴듯한 경제 운용 방안은 현재로서는 없다고 할 수 있다.

　이 발견을 토대로 많은 국가들이 시장 경제를 도입하였다. 심지어는 사회주의 국가인 러시아, 중국 그리고 북한에서도 부분적이긴 하지만 시장 경제를 도입하였다. 그런데 어떤 경우에는 시장 경제가 큰 성공을 거두었지만, 실패한 경우도 많았다. 이와 같은 실패의 원인들 중 가장 중요한 것은 '시장이 실패하는 경우Cases of Market Failure'를 고려하지 않았기 때문이다. 지금까지 이 책에서는 다양한 사례를 통해서 시장이 효율적인 경우와 시장이 실패하는 경우를 설명하였고 이를 극복하려는 경제학의 처방도 설명하였다. 참고로 본서에서 설명한 시장 실패의 사례들은 다음과 같다. 외부 효과나 공공재, 시장 지배력의 존재, 도덕적 해이와 역선택으로 나타나는 정보 격차, 너무 높은 거래 비용의 존재 등을 시장이 실패하는 경우라고 할 수 있다. 이런 시장 실패를 잘 알고 있어야 하는 것은 시장 경제를 성공적으로 이끌기 위한 핵심적 지식이다.

시장 경제와 시장 실패의 극복

시장이 실패하는 많은 경우에도, 시장은 시행착오를 거쳐서 자연스럽게 진화하고 발전하여 시장 실패를 극복하는 능력을 갖고 있다. 상거래를 통하여 시장 참여자들이 문제점을 보완하기 위한 혁신을 시도함으로써 자연스럽게 진화하며 발전한다. 맥밀런의 『시장의 탄생』에 나오는 다이아몬드 시장의 사례를 보자. 판매자와 구매자 간에 정보의 격차가 존재하면 시장은 실패할 수 있다. 다이아몬드 시장도 그중 하나이다. 다이아몬드의 정확한 품질을 파는 사람은 알지만, 구매자는 모르는 경우가 많기 때문이다. 판매자는 이 정보를 이용하여 품질보다 비싼 값을 받으려 할 수 있고, 이를 짐작한 구매자는 다이아몬드 구매를 망설이게 된다. 전형적으로 시장이 실패할 수 있는 상황이다.

시장이 실패하지 않기 위해서는 정확한 정보와 신뢰가 가장 필요한 상황인 것이다. 그런데 대표적인 다이아몬드 시장 중 하나인 뉴욕의 다이아몬드 딜러들은 계약서도 없이 구두 계약으로 수백만 달러의 다이아몬드를 서로 주고받는다. 이런 거래가 가능한 이유는 뉴욕의 다이아몬드 시장이 소수의 거래인들만이 참여할 수 있고, 한번 계약을 위반한 상인은 더 이상 다른 거래인들과 거래할 수 없는 구조로 자연스럽게 진화되었기 때문이다. 시장 실패가 나타날 수 있는 정보의 비대칭성을 시장이 해결한 것이다. 이런 경우 확실히 시장은 실패를 극복하고 효율적인 결과를 나타낸다.

시장과 정부

시장이 효율적이기 위해서는 정부의 역할도 필요하다. 시장의 자연스러운 진화 과정을 보장하는 것뿐만 아니라, 필요한 경우에 규칙을 강제하는 역할을 수행하여야 하기 때문이다. 시장만으로는 해결할 수 없는 시장 실패의 상황을 극복하도록 진화하지 못한 상황에서 정부의 역할은 더욱 절실하다.

예를 들어, 또 다른 시장 실패의 상황인 독점 기업의 경우를 보자. 제약 회사들이 성공을 기약할 수 없는 모험인 신약 개발에 많은 자본을 투자하는 이유는, 성공한다면 보장되는 특허권(독점권의 다른 이름이다.)에 따른 높은 가격과 엄청난 이익 때문이다. 하지만 가난한 나라의 가난한 사람들은 이렇게 개발된 신약을 비싼 가격 때문에 이용하지 못한다. 그리고 그 결과로 죽어 가고 있다. 비인도주의적이라고 제약 회사들을 비난한다고 문제가 해결될까?

문제의 핵심은 모험인 신약 개발에 많은 자본을 투자한 기업들에게 이익을 보장해야 하지만, 그와 동시에 가난한 환자들도 치료를 받아야 한다는 것이다. 해결책은 생각보다 간단할 수 있다. 가난한 국가에서는 저렴한 가격에 복제 약품을 만들어 팔 수 있도록 허용하는 것이다. 이렇게 하여도 제약 회사의 수입에는 별 타격이 없다. 어차피 대부분의 이익이 선진국에서 발생하고 있기 때문이다. 단, 복제 약품이 선진국에 다시 유입되지 않도록 하여 제약 회사의 이윤을 보장하는 각 정부의 역할은 중요하다. 정부가 이런 역할을 수행하지 않는다면, 제약 회사는 복제 약품을 허용하지 않거나 막대한 투자비가 소요되면서 성공 가능성은 낮은 신약 개발을 아예 포기할 수도 있기 때문이다.

요약해 보면 경제가 성공적으로 작동하기 위해서는 현재로서는 최선인 시장에 경제 운용을 맡기되, '시장 실패'가 나타나는 경우에 주의해야 한다. 시장 실패의 경우에 해당되지 않는다면 시장에 맡기면 가장 효율적이다. 시장 실패에 해당된다면 해결책을 찾아야 한다. 해결책 중 첫 번째는 뉴욕의 다이아몬드 시장처럼 자연스럽게 시장 실패가 시장의 당사자들에 의해서 해결되는지를 파악하여야 한다. 해결되는 경우 시장에 맡기되, 그렇지 못한 경우에는 시장 실패를 방지하는 대책을 적용하여야 할 것이다. 대책을 마련하는 데 있어서 정부는 중요한 역할을 한다. 하지만, 그 대책을 누가 어떻게 마련하였던 간에 시장 경제의 원칙에 맞도록 원활하게 시장이 움직이도록 하는 것이어야 한다.

김상택 교수의 경제원론 첫걸음

쉽게 배우는
경제학⁺

1판 1쇄 찍음 2005년 8월 18일
1판 7쇄 펴냄 2008년 9월 10일
2판 1쇄 찍음 2010년 2월 7일
2판 7쇄 펴냄 2023년 8월 30일

지은이 | 김상택
발행인 | 박근섭
펴낸곳 | ㈜민음인

출판등록 | 2009. 10. 8 (제2009-000273호)
주소 | 06027 서울 강남구 도산대로 1길 62 강남출판문화센터 5층
전화 | **영업부** 515-2000 **편집부** 3446-8774 **팩시밀리** 515-2007
홈페이지 | minumin.minumsa.com

도서 파본 등의 이유로 반송이 필요할 경우에는 구매처에서 교환하시고
출판사 교환이 필요할 경우에는 아래 주소로 반송 사유를 적어 도서와 함께 보내주세요.
06027 서울 강남구 도산대로 1길 62 강남출판문화센터 6층 민음인 마케팅부

ⓒ김상택, 2010. Printed in Seoul, Korea

ISBN 978-89-94210-19-3 03320

㈜민음인은 민음사 출판 그룹의 자회사입니다.